정토로 가는 길

도서출판 배문사

후회 없는 인연이 되라
後悔   因緣

발원(發願)하옵니다

　정토(淨土)로 가는 길이란 책을 읽은 보살의 가정에 화목의 꽃이 피어나고 만나는 사람마다 마음의 희망과 용기를 불어 넣어 싹이 트게 하며 가정마다 웃음꽃이 활짝 피어나고 신심(信心)과 원력(願力)으로 보살들을 부처님의 아뇩다라삼먁삼보리(阿耨多羅三藐三菩提) 동산에 오르게 한 다음 보살들을 보광(普光) 거사(居士)가 성불(成佛)하시기를 발원(發願)하면서 기도 전진할 것을 맹세하겠습니다.
　그리고 우리 불자들은 배우자를 부처님으로 보시고 행복한 가정을 불국토로 바꾸는 노력을 하시면서 부처님 나라로 바꾸어 나가기를 발원합니다.

　나무 아미타불
　나무 아미타불
　나무 아미타불

인사 말씀

청산은 나를 보고 말 없이 살라 하고
창공은 나를 보고 티 없이 살라 하네
탐욕도 벗어놓고 성냄도 벗어놓고
물같이 바람같이 살다가 가라 하네

미숙한 소생의 욕심은 명예와 부, 모두를 다 가지고 싶은 마음이었으나 찬불가를 읽고서부터 나의 정신과 생활관이 너무나 부끄럽고 마음이 욕심 덩어리라는 것을 알았습니다. 그래서 생활관을 욕심 없이 내려놓는 연습을 하다 보니 가정사가 많이 바뀌었습니다.

불교는 티 없이 말이 없고 신선하고 청정한 불교라는 것을 알고부터 어떻게 하면 모든 도반들이 부처님 품안으로 조금이나마 들어갈 수 있을까 하는 생각을 하다 기도 정진을 하는 것이 좋을 것 같아 정신없이 정진하다 보니 마음의 불교라는 것을 알게 되었으며 나의 마음에서 불교의 꽃이 피고 익어가고 있는 것을 알았으며 불교의 꽃이 만발하여 혼자 생각하기가 아까워서 여러 도반들과 함께 즐겨 볼까 하여 좁은 소견으로 《정토로 가는 길》이라는 글을 적어 보았습니다.

저로서는 영광으로 생각하고 감사하다고 생각하겠습니다. 아무쪼록 하는 사업이 번창하시고 가정에 행복이 있으시기를 바라며 지금은 100세 인생이라 하였으나 우리 도반들께서는 100세가 아닌 120세 인생으로 살아가시기를 바라면서 늘 행복하시기를 기원드립니다.

2023년 4월

허 영 드림

나는 행복하네

사람으로 태어나기 어렵다는데
나는 사람으로 태어나서 행복하네

사람으로 태어나도 불교 만나기가 어렵다는데
나는 불교를 만났으니 행복하네

불교를 만나도 올바른 스승을 만나기가 어렵다는데
나는 올바른 스승을 만났으니 행복하네

올바른 스승을 만났어도 해탈하기가 어렵다는데
나는 해탈의 길을 가고 있으니 행복하네

해탈의 길에 들어갔으니 목숨 걸어 해탈할 것을
부처님께 맹세하였으니 나는 행복합니다.

사랑님

세상이 넓고 크다 하지만
사랑님의 애정은 하늘과 같고
사랑님의 숨소리는 비파소리요
입에서 나온 향기에
내 마음이 울렁거리네
펄럭이면 님의 향기
내 마음을 흔들어 놓고
예쁜 몸 훈기가 솔솔 풍기니
천생연분 즐거워하네
사랑님의 발자국
향기가 퐁퐁 솟아오르니
웃음꽃이 활짝 피고
벌 나비 춤을 추고
화려한 꽃길에는
향기가 가득하니
사랑님의 웃음에
꽃망울이 활짝 피어나네.

차 례

삶, 설화

부처님의 본생담(本生譚) __ 20
고타마[瞿曇] 싯다르타[悉達多] 석가모니 일생 __ 28
데바닫다(提婆達多) __ 42
인도 여덟 나라 왕들 __ 44
아사세왕(阿闍世王) 반성과 등불 유래 __ 47
아힝사카(앙굴마) __ 51
극락세계(極樂世界) 탄생한 사연 __ 54
관세음보살 탄생한 사연 __ 57
지장보살(地藏菩薩) 탄생한 사연 __ 70
아난다(阿難陀; 아난존자)의 깨달음 __ 76
양무제(梁武帝) 죽음 __ 78
황백스님 어머니의 마음 __ 82

모성애 __ 90
자식을 버린 어머니 __ 92
중생 입보고 극락 지옥을 안다 __ 99
말이 씨가 된 구업 __ 101
손가락질 받는 효자 __ 104
동전 두 닢의 보시공덕 __ 106
구경연민은 __ 108
고려장 폐지사연 __ 110
달마대사 __ 113
에밀레종 __ 117

마음

마음이란? __ 120
화는 자기도 죽이고 남도 죽인다 __ 122
억울하고 분한 마음 참아라 __ 124
실천행을 하면서 살자 __ 126
이러한 보살행위를 합시다 __ 128
늘 고맙습니다. 감사합니다 __ 130
참는 덕 __ 133
죽어가는 순간 마음가짐 __ 135
다음 생을 가꾸는 일 __ 138
왜 절에 다니는가 __ 141
도를 얻으려면 __ 143
절은 왜하나 __ 145
잠들기 직전에 기도하라 __ 148
불공의 덕 __ 150

받아 주지 아니하면 내 것이 된다 __ 152

미생물이라도 살리면 가피를 받는다 __ 155

송보살의 일생 __ 157

할머니의 천도재(薦度齋) __ 160

원한을 풀고 가자 __ 163

이 몸을 금생에 건지리라 __ 165

인과응보 __ 168

우란분절(盂蘭盆節)의 유래 __ 170

불상의 전설 __ 176

가사의 유래 __ 177

가사의 명칭 __ 178

불교 발생지인 인도에서 소멸된 이유 __ 180

생전예수재(生前豫修齋)의 유래 __ 182

인등을 켜는 이유 __ 186

기타

중생심(衆生心)이란 __ 188
염주의 사연 __ 190
합장 __ 192
천수경편집 __ 194
금강경편집 __ 198
금강경을 왜 읽으라 하나 __ 201
자각의 종교인 불교의 실천구조 __ 204
보살이란? __ 206
    바라이죄 · 사바라이 · 관세음보살 · 관자재보살 · 212
    칠관세음보살 · 성관세음보살 · 여래십명호 · 214
    호명보살이란 · 도리천 · 부처님의 육신통 · 연기법 · 216
    부처님의 십대제자 · 왜 걸식을 하나 · 아난존자 · 221
    卍 길상 · 사성제 · 팔정도 · 부처님의 설법 · 224
    부처님께서 발우와 금란가사를 주다 · 지장이란 · 225
    지장보살의 세 가지 원력 · 육환장 · 마정수기 · 226
    오관 · 오안 · 삼업과 십악 · 십선법 · 십불선법 · 육인 육처 · 229
    삼종가피 · 삼학 · 불교기색채 · 수행자의 마음 가짐 · 231
    소승불교 남방불교 · 대승불교 북방불교 · 232
    대승불교의 실천정신 · 삼신할머니 · 좌선 · 자비 · 233

나무아미타불 · 불성 · 스님을 높여 부르는 말 · 235
　　　스님들의 행적이나 덕성에 따라 호칭 · 235
　　　오탁 · 아라한의 이름 · 236

마흔 여덟 가지 계(戒) __ 238

부처님의 가르침 여덟 가지 __ 240

수기란/삼귀계/삼보 __ 242
　　　오계 · 오욕락 · 오독심 · 오온 · 중도란 중정의 도 · 244
　　　문수보살 · 보현보살 · 선재동자 · 선지식 이란 · 245
　　　현장법사 · 자구불료 · 246

사무량심/삼법인/계율/염불 __ 250
　　　염불수행목적 · 염불소리에 숨겨진 비밀 · 251

천도재(薦度齋) __ 254
　　　천도재의 유래가 되는 재 · 천도재의 공덕 · 사십구재 · 254

원한을 남기지 말자 __ 257
　　　심중육도 · 258

천상/삼유인/삼보 __ 260
　　　피안교의 종류 · 육바라밀 · 사바라밀 · 육바라밀권장 · 263
　　　인욕의 종류 · 보시공덕 · 무재칠시 · 사섭 · 사지 · 266
　　　공양의 종류 · 육법공양의 유래 · 267

도(道) 닦는 이의 마음가짐 __ 269
    교단의 계율 제정 · 수도자의 명칭 · 271
신심(信心)의 열 가지 공덕(功德) __ 272
중생(衆生)은 첫째가 선행(善行)이다 __ 274
초기불교 분류 __ 275
    범패 · 여래선 · 조사선 · 소욕지족 · 276
    무아란 · 법당에서 세운 부처님 모셔진 곳 · 277
    비로자나불 · 노사나불 · 석가모니불 · 278
삼처전심/삼륜청정 __ 279
부모님의 사랑 십중대은(父母任愛十重大恩) __ 283
    대웅전 · 대웅보전 · 대적광전 · 극락전 · 미륵전 · 281
    원통전 · 약사전 · 나한전 · 무량수전 · 명부전 · 282
인도 찰제리(刹帝利) 카스트제도 __ 286
참회로 죄업을 소멸할 수 있다 __ 288
참회기도 발원문(懺悔祈禱發願文) __ 290
    참회종류 · 오불 · 육방예경 · 천왕문 · 사상 · 295
    해탈의 소승적 견해 · 해탈의 대승적 견해 · 원왕 · 296
    무상참회 · 자각인 종교인 불교의 실천구조 · 298
마음을 올바르게 쓰자 __ 299
  보리심을 내는 일 · 팔상도 · 불교사대성지 · 303

　　　　마하살이란 · 티벳왕사 링린포체 · 303

티베트의 장수마을 __ 305

　　　　만해 한용운 · 활산 성수 스님 · 선이란 · 306
　　　　삼매란 · 참선에 들어가기 전에 주의사항 · 308
　　　　부처님의 열 가지 힘 · 사리란 · 불자란 · 참선이란 · 309
　　　　참선의 종류 · 참선도달점 · 참선은 큰 세 가지 · 311
　　　　참선화두 · 화두 · 공안이란 · 화두란 · 화두삼요소심 · 314
　　　　간화선 · 선불교의 본질 · 318

불교의 역사 __ 319

　　　　불조정전법맥 · 323

조사선의 역대(祖師禪歷代) __ 326

팔만 사천 대장경 __ 344

통도사 __ 346

눈 속에 핀 오동꽃 동화사 __ 348

범어사(梵魚寺) __ 350

경주 석굴암 __ 350

대구 팔공산 갓바위 __ 351

아름다운 사찰 불국사(佛國寺) __ 351

금산 보리암(錦山 菩提庵) __ 354

칠불암(七佛庵) __ 355

불교상식(佛敎常識) __ 357

시

어머니의 마음꽃 __ 368
사 경 __ 370
인생길 __ 372
비지땀 __ 373
님의 소리 __ 374
참 선 __ 376
운명(殞命) __ 378
오 늘 __ 378
낙엽(落葉) __ 379
극락 가는 길 __ 380
행복의 열쇠 __ 381
가야할 길 __ 382
불법 찾아 __ 384
마 음 __ 385
니리골 __ 386
이어진 사랑 __ 387

삶,
설화

부처님의 본생담(本生譚)

아주 옛날 연등불(燃燈佛)께서 출현하실 무렵 선혜(善慧)라고 하는 바라문(婆羅門; 국왕보다 윗자리에 있는 계급)이 살고 있었다. 선혜 바라문의 아버지와 어머니는 청정하고 좋은 집안의 태생으로 아주 아름답고 뛰어난 용모를 지니고 있으며 사람들의 존경을 받고 있었다.

아버지는 오직 바라문의 수행에 힘을 기울이고 어머니는 선혜 아기를 훌륭한 바라문으로 키우고자 열과 성의를 다하여 살아왔으나 선혜가 어릴 때 아버지와 어머니는 많은 재산을 남기고 돌아가셨다. 그 당시 집사(執事)는 장례를 마치고 나서 선혜가 장성(長成)할 때까지 재산을 잘 간수하고 있다가 선혜 도령이 장성이 되자 집사는 재산 목록을 넘겨주면서 이 재산은 칠대(七大) 할아버지 때부터 물려받은 재산이라고 설명하여 주었다. 그러나 선혜의 귀에는 집사의 말이 들리지 않고 다만 한 생각이 그를 사로잡고 있었다. 할아버지와 아버지 그리고 조상님들은 이 많은 재산을 두고도 세상을 떠날 때 한 푼도 가져가지 못하였다.

나는 '이 재산을 가져갈 종자(種子)를 심어야겠다.' 하는 뜻을 정하고 국왕에게 가난한 사람들을 모으게 하여 그들에게 재산을 보시하고 고행의 길을 나선 선혜의 마음속에는 항상 아버지와 어머니의 죽음에 대한 생각이 떠나지를 않고 날로 깊어져서 인생에 대한 회의(懷疑; 의심을 품음)를 느끼며 오는 세상에서 생(生)을 받는 것은 고통이며 태어난 몸은 언제인가 늙고 병들어 죽는 성질을 지닌 것이 인생이다. 나는 이 같은 인생을 벗어나 생이 없고 늙고 병이 없고 죽음도 없는 열반을 구하지 않으면 안 된다.

선혜는 이 같은 생각을 하여 열반을 구하기 위하여 히말라야 기슭의 나무 밑에서 정진(精進; 부지런히 수행하여 번뇌를 여의고 불법을 듣고 꾸준히 계율을 지켜 나아가는 것)을 하며 익힌 곡식을 먹지 않고 과일과 풀잎을 먹으면서 정진한 결과 오래지 않아서 선정(禪定)과 신통력을 얻었다.

선혜행자(善慧行者)가 신통력을 얻고 선정의 즐거움을 누리면서 정진에 힘쓰고 있을 무렵 연등불(燃燈佛)께서 출현하시었다.

연등불께서 출현하실 때 삼천대천세계가 모두 진동하고 서른두 가지 상서로운 징조가 나타났으나 선혜행자는 선정에 들어 있었기 때문에 연등부처님이 출현하신 것을 보지 못하였다. 연등불께서는 번뇌가 다한 사십만의 비구들을 데리고 희락(喜樂)이라는 큰 도시에 이르러 선현정사(善現精舍)에 머물러 있다는 소문이 번지자 도시의 사람과 사문(沙門; 고행자) 장자(長者) 대신(大臣)들과 왕(王)과 왕족들은 그들이 가진 귀중한 물건들을 가지고 연등불을 찾아가 향과 꽃을 공양하며 예배하고 설법을 들었다. 이 도시의 사람들은 진리(眞理; 참된 도리)를 설한 부처님의 설법을 듣고 기쁨에 젖어 연등불과 그 제자들을 공양에 초청하였다. 이튿날 그들은 많은 음식을 준비하고 부처님께서 오실 길을 닦고 꽃을 뿌리고 여러 가지 빛깔의 깃발을 장식하고 있으나 선혜행자는 많은 사람들이 기뻐하며 일을 하고 있는 것을 보고 사람들에게 물었다.

사람들은 오히려 선혜존자(善慧尊者)님 당신은 모르십니까? 연등불께서 바른 깨달음을 얻고 거룩한 법륜(法輪)을 굴리면서 여러 고장을 다니시다가 우리 고장에 오시어 지금 선현정사(善現精舍)에 머물고 계시는 것을 모르십니까? 우리는 부처님을 초청하였기 때문에 길을 닦고 도시를 장식하고 있습니다. 이 소리를 듣고는 선혜행자는 생각을 하여 보니 이 세상에서는 부처라고 하는 소리만을 듣기도 어려운 일인데 더욱이 부처님이 출현하심과 또한 만나기란 하늘에서 떨어진 바늘이 겨자씨 십자화과(十字花果; 일년생 이년생이 있으며 맵고 향기로운 맛이 있는 씨는 양념과 약재로 쓰임)에 꽂히는 것보다 더 어려운 일이다. 하물며 눈앞에 부처님을 뵙고 그 설법을 듣는 일이야 얼마나 어렵고 귀중한 인연인가, 나도 이 사람들과 함께 부처님께서 오실 길을 닦아야 하겠다고 생각하고, 여러분 나에게도 길을 닦도록 해주십시오. 나도 여러분과 함께 부처님께서 오실 길을 닦고 싶습니다.

모든 사람들은 선혜행자의 신통력이 있음을 알고 선혜행자의 뜻을 받아들이면서 물이 고여서 닦기 어려운 곳을 맡기면 신통력으로 닦을 것이다 하는 생각으로 맡겼다.

선혜행자는 저들의 생각과 같이 신통력으로 길을 말끔히 할 수 있으나 그렇게 하는 것은 성(誠)과 열(熱)을 다한 것이 되지 못한 것이라 나는 성의를 다해 온몸으로 봉사를 해야 한다는 생각을 하고 흙과 모래를 가져다 물이 고이거나 물로 인하여 끊어진 길을 메우기 시작하였다. 그러나 길을 다 고치기 전에 연등불과 그 제자들이 다가오고 있다. 이 때 하늘에는 온갖 풍악을 울리고 갖가지 천상의 아름다운 꽃을 비 오듯 뿌리며 사람들은 향을 사르고 화환을 바친다.

선혜행자는 부처님을 바라보니 서른두 가지 성인(聖人)의 모습을 갖추시고 부처님만이 지니는 여든 가지 모양으로 장엄(莊嚴; 공덕을 쌓아 자신을 가다듬는 것)하시었으며 그 주위는 아름답고 장엄한 광경을 보고서 넋을 잃고 생각하여 본다. 나는 오늘 부처님께 생명을 바쳐야 한다 하는 생각으로 가까이 다가오신 부처님께 사뢰었다. 부처님 진흙을 밟지 마시고 부디 제 머리털과 몸을 밟고 지나가십시오. 마치 마구리(길쭉한 물건의 두 끝에 덮어 끼우는 쇠붙이 따위) 구슬의 나무로 된 다리를 밟는다 하는 생각하시고 사십만의 아라한과 함께 저의 등을 밟고 걸어가십시오. 그러면 저에게는 영원한 이익이 되고 즐거움이 될 것이옵니다. 그는 곧 머리를 풀어 진흙 위를 덮고 땅 위에 몸을 엎드려 끊어진 다리를 놓았다. 그는 엎드려 부처님을 우러러보면서 생각하여 본다. 만약 나에게 어떤 희망이 있다면 그것은 내가 온갖 번뇌를 다 불살라 버리고 부처님을 따라가 승단(僧團)의 한 젊은이가 되는 것이다. 그리하여 연등불처럼 깨달은 이가 되어 많은 사람을 법의 배에 실어 윤회(輪廻)의 바다를 건너게 한 뒤에야 열반에 들 것이다. 이것이 나에게 맞는 일이다. 연등불께서는 진흙 위에 엎드린 선혜행자의 머리맡에 이르렀다. "연등불께서는 선혜행자의 뜻이 언제 이루어질 것인가를 살피기 위하여 먼 미래를 관찰하시고 대중을 향하여 여러분 여기 고행을 하는 행자가 진흙 위에 엎드려 있는 것을 그대들은 보고 있는가" 그는 부처가 될 결심으로 엎드려 있다.

그의 소원은 반드시 성취될 것이며 지금으로부터 4아승지 10만겁을 지난 뒤에 성도(成道; 불과에 이르는 도를 수행하여 이루는 것)하여 석가모니 부처가 될 것이며 카필라성의 숫도다나왕을 아버지로 하고 마야부인을 어머니로 하여 태어날 것이다.

선혜행자는 부처의 씨앗이요, 싹이니라. 이 말씀을 듣고 나니 하늘에 오를 듯이 기뻤다. 연등불은 선혜행자를 칭찬하신 뒤에 꽃을 공양하고 오른쪽으로 도는 예를 마치신 뒤에 떠났다. 사십만의 비구들도 선혜행자에게 향과 꽃을 공양하고 예를 갖추고 떠났다.

선혜행자는 오직 최상의 보리(菩提)를 얻고자 할 뿐이며 또 이런 일이 있었다.

먼 옛날 설산에서 보살행을 닦고 있었다. 그때 제석천신은 나찰의 몸으로 변신해서 설산에 내려와 명랑한 목소리로 세상의 모든 일은 영원한 것이 없어 한번 나면 반드시 없어지나니 이러한 옛 부처의 게송 반쪽만을 이야기하고 지나간다. 이 반쪽게송을 들을 때 나의 심경은 마치 목말랐던 사람이 물을 얻고 옥에 갇혔던 사람이 자유를 만난 것 같았다.

나는 나찰에게 뒤의 것을 마저 설해 달라고 부탁을 하니 나찰은 너는 네 일만을 생각하고 내 일은 조금도 생각해주지 않는구나. 나는 몹시 주리고 있으며 내가 먹는 것은 사람의 따뜻한 살점과 뜨끈뜨끈한 핏덩이야 하며 이것들을 준다면 그 뒤의 반쪽을 마저 설해주겠소. 설산동자는 이 말을 듣고는 이 몸은 얼마 못가서 죽을 몸이며 썩어질 육체를 버리고 영구히 변하지 않는 법신을 얻고자 합니다. 그러자 나찰은 내가 벗어놓은 옷을 깔고 앉아 낭랑한 음성으로 생과 멸에 붙잡혀 끌려가는 마음을 없애면 고요하고 즐거우리라 하였다.

나는 그 게송의 뜻을 깊이 새기고 게송을 바위와 나무 잎사귀에 써놓았다. 설산동자는 일찍이 세상의 무상함을 깨달았다. 삶의 근본적으로 잘못되었다고 생각하고 해답을 얻기 위해서 설산에서 수도하는 중에 나찰에게 내가 생각하고 있는 것과 같은 해답을 시원하고 듣고 나니 환희심을 느껴 내 몸을 나찰에게 던져주려고 하는데 나찰은 어디로 갔는지 사라졌다.

또 이러한 경우도 있었다.

어느 때 가리왕(歌利王)이라는 왕이 사냥을 갔다가 잠시 쉬어 가려 하여 따뜻한 양지쪽에 자리잡고 앉아 있다가 따뜻한 햇살에 잠이 살포시 들었다.

궁녀들은 왕이 잠이 들었으니 한가로이 앉아 있다가 약간 떨어진 곳에서 바위에 선인(仙人)이 좌선하고 있는 것을 보고 궁녀들은 우리 이렇게 있지 말고 선인에게 가서 좋은 법문을 들어보자 하고 다 같이 조용히 선인 앞에 가서 우리들은 궁녀들이라 알리고 좋은 법문을 청하여 재미있는 설법을 정신없이 듣고 있는데 잠에서 깬 왕은 눈을 떠서 옆을 보니 궁녀들이 보이지 아니하여 사방을 둘러보아 궁녀들이 점잖은 선인을 둘러싸고 공경심에 가득 차 있는 것을 발견하였다.

항상 자신만을 받들기를 바라는 가리왕은 질투가 발동하여 화가 머리끝까지 나서 선인이 설법하는 곳까지 가서 "너 뭐하는 사람이냐 하고 물었다." "나는 성내는 마음을 닦는 사람이요." 하니까 왕은 화가 더하여 욕됨을 닦는다면 내가 너를 칼로 팔을 잘라도 성을 안 내는가 보자 하면서 칼을 뽑아 한쪽 팔을 자르고 나서 이래도 성이 나지 않느냐고 물었다. "나는 조금도 성이 나지 않소이다." 하니까, 왕은 화가 더 나서 다른 팔을 자르고 물었다. "그래도 화가 나지 않습니다." 한다.

왕은 양다리까지 자르면서 물었다. 이래도 화가 나지 않느냐 "나는 전혀 화가 나지 않습니다." 하니까, 왕은 양쪽 눈까지 뽑아냈다.

  그러나 선인은 조금도 화를 내지 않고 좌선을 하고 앉아 있으면서 선인은 오히려 왕이 화가 풀려 나를 미워하지 않으면 좋겠다하는 생각만 하고 있었다. 그때 하늘에서 돌비가 내려 가리왕을 죽이고 인욕(忍辱) 선인은 조금도 다치지 않고 그전처럼 다시 몸이 회복되었다.

  그러나 선인은 죽은 가리왕을 원망을 하지 않고 나에게 분함이 없이 좋은 곳으로 갔으면 하는 마음을 가졌다고 합니다.

  감정은 화의 씨앗이니 항상 마음가짐을 조심 있게 안정을 찾아야 합니다.

고타마[瞿曇] 싯다르타[悉達多] 석가모니 일생

  인도 북부 히말라야 남쪽 기슭에 석가족(네팔 타라이지방)에 조그마한 요진(姚秦; 좋은 나라) 카필라성 왕국을 이루며 농업부국으로 부유한 나라로 다스리고 있는 정반왕(淨飯王; 숫도다나왕)과 코올성 성각 장자인 맏딸 마야(摩耶)부인과 결혼하여 왕위에 오른 지 30년, 정반왕 나이 오십이 지난 지금 왕비인 마야부인이 태몽 꿈을 꾸었는데 도솔천(兜率天)에서 호명보살(護明菩薩)로 계시다가 사바세계로 내려와 흰 코끼리가 은빛 찬란한 코로 흰 연꽃 한 송이를 물고 우렁찬 소리를 외치더니 황궁궁전으로 들어가 마야부인이 자고 있는 침대 주위를 오른쪽으로 세 번 돌고 마야부인의 오른쪽 갈비를 헤치고 들어가는 꿈을 꾸고 잉태(孕胎)하여 세월이 흘러 친정으로 출산하기 위하여 친정으로 가는 도중에 산기가 나서 룸비니 동산 무우수 바라차(無憂樹 波羅叉; 근심 없는 나무) 아래서 기원전 566년에 탄생하여 저절로 사방 일곱 발자국 떼고 바른손을 들어 하늘을 가리키고 왼손으로 땅을 지표하며 천상천하유아독존(天上天下唯我獨尊) 삼계개고(三界皆苦) 아당안지(我黨安之)의 게송을 말하는 것을 보시고 마야부인은 놀라고 말았다.

며칠 지나자 불행하게도 마야부인은 태자가 태어난 지 이레 만에 운명하여 이모인 마하파도파리(摩訶婆闍波提)에 의탁하여 사람들의 존경과 사랑 속에서 무럭무럭 잘 자라고 있을 때 성안에 사람들은 왕자의 탄생을 축하하기 위하여 궁으로 모여드는데 그 궁중 속에 백발이 성성한 아시타 선인(仙人)은 천안(天眼)으로 보는 덕망 높은 선인이었다.

아시타 선인은 왕자의 상(相)을 볼까하여 왔다고 여쭈니 선인을 왕자가 있는 곳으로 안내되어 왕자를 정중하게 두 팔로 안고 왕자의 얼굴을 자세히 살펴 보시더니 선인의 눈은 빛이 나고, 기쁨에 넘치는 미소가 얼굴에 가득하시더니 선인의 말씀이 왕자가 부처님이 되시면 모든 중생을 구제할 것이고 왕이 되신다면 전륜성왕(轉輪聖王; 금, 은, 동, 철의 4가지 칠보를 굴리면서 위업으로 굴복시켜 천하를 다스리는 왕)이 되어 온 세상을 다스리는 왕이 될 것입니다. 선인은 부처님이 될 힘이 강하게 보였다.

선인은 슬픈 눈물을 흘리고 있는 것을 보시고 정반왕이 "왜 눈물을 흘리고 있습니까?" 하니 선인이 하는 말이 "나는 나이가 많아 오래지 않아 죽을 것이니 부처님의 좋은 설법을 들을 수 없으니 눈물을 흘리는 것입니다." 그날부터 정반왕은 근심하기 시작하였다.

왕자는 사랑 속에 건강하게 무럭무럭 잘 자라 태자나이 12세가 되던 해 농업국이라 국민들의 파종식(播種式) 행사에 정반왕따라 참석하여 농부들이 일하는 모습과 논을 파헤친 흙속에서 벌레들이 허둥거리다 새들이 날아와 벌레를 쪼아 먹는 것을 보고 왜 약한 자를 죽이는가 하는 생각을 하기 시작하였다.

정반왕은 왕자의 행동을 유심히 보시고 나라에서 가장 학식이 뛰어난 비슈바미트라 하는 학자를 태자의 스승으로 모시고 코샨티데바라는 군사학과 병법 및 무예 스승으로 모시어 가르침을 받고 보니 태자가 너무나 총명하고 영리하여 학문과 무예 병법 군사학을 가르칠 수가 없어 스승자리를 그만두었다.

태자는 생각 끝에 학문은 지식을 넓혀줄 뿐 인생의 근본적인 문제에 대해서는 무력하다는 것을 알게 되며 태자의 행동이 달라지자 정반왕은 그냥 이대로 두어서는 아니 되겠구나 하는 생각이 들어 태자나이 17세가 되자 선각왕의 딸 아쇼다라(耶輸陀羅)와 결혼하여 라후라(羅睺羅; 장애라는 뜻) 아들을 보았다.

정반왕은 태자가 출가하지 못하게 계절에 맞는 삼시궁(三時宮)을 지어 겨울에는 춥지 않도록 따뜻한 궁전과 여름에는 더위를 피할 수 있는 시원한 궁전을 짓고 봄, 가을에는 알맞은 춘추전(春秋殿)을 지어주었다. 삼시궁전의 하나는 9층 7층 5층으로 지어 바깥 출입을 하지 않고 삼시궁에서만 놀게 하였다. 여기에다 첫째 비는 아쇼다라, 둘째 비는 구리(瞿裏), 셋째 비는 녹야(鹿耶)를 두고 매일 삼시궁을 번갈아 향락에 젖어 출가를 잊어버리게 하였다. 오늘도 향락에 젖어 있을 때 허공에서 천자(天子)가 게송을 읊었다. 그대 나이 젊을 때 출가하여 숙세(宿世; 전생의 세상)의 발원(發願)을 이루시오.

세간의 중생은 오욕락[五欲樂; 색(色), 애(愛), 상(相), 행(行), 식(識)]에 빠져 헤어날 길이 없는데 '그대는 어서 빨리 정각(正覺; 참되고 올바른 깨달음)을 이루어 그들을 구하시오' 하는 소리를 하늘에서 게송을 하는 것은 태자 귀에만 들린다. 하늘에서 태자 귀에 게송을 하던 그날 밤에 왕은 꿈을 일곱 가지 꿈을 꾸었다.

꿈의 내용은

첫째 꿈, 제석천(帝釋天)의 깃발이 동쪽 문으로 나오는 꿈을 꾸었다.

둘째 꿈, 태자가 커다란 흰빛의 코끼리를 타고 남쪽 문으로 나오는 꿈.

셋째 꿈, 네 마리의 말이 끄는 보배로 된 수레를 탄 태자가 서쪽 문으로 나오는 꿈.

넷째 꿈, 보배로 장식한 큰 수레가 북쪽 문으로 나오는 꿈.

다섯째 꿈, 성안에 네거리에 매달린 북을 태자가 치고 있는 꿈.

여섯째 꿈, 태자가 높은 누각에 올라가 보배를 흩어서 보시하는 데 사방에서 모인 무수한 사람들이 보배를 얻어가는 꿈.

일곱째 꿈, 성 밖 멀지 않은 곳에서 여섯 사람이 땅에 엎드려 큰소리로 울부짖는 꿈.

이상한 꿈을 꾼 왕은 선인에게 꿈의 해몽을 부탁한다.

첫째 꿈은 태자께서 출가할 꿈이요.

둘째 꿈은 출가한 태자께서 불과(佛果; 부처가 깨달은 지혜)를 증득(證得; 올바른 지혜로 깨달음)할 꿈이요.

셋째 꿈은 네 가지 두려움이 없는 지위에 오르심을 나타낸 꿈이요.

넷째 꿈은 성불(成佛; 부처가 되는 것) 하실 꿈이요.

다섯째 꿈은 부처님의 법(法)을 만인에게 알리는 꿈이요.

여섯째 꿈은 만인이 부처님의 가르침을 받아 지니는 꿈이요.

일곱째 꿈은 여섯 사람 외도(外道; 불법 이외의 다른 교법이나 사악한 설법의 이단) 부처님의 위력에 눌려 근심하는 모습입니다.

왕은 선인의 해몽을 듣고는 이제 떠날 날이 다가오고 있나 보다 생각하고 태자의 출가를 막아보자는 마음으로 신하들을 불러 궁의 성곽을 더 높이 쌓고 있는데 하늘 사람들은 태자가 정각(正覺)을 이룰 때 가까워진 징조를 보이기 위하여 제석천이 정거천(淨居天)을 노인의 모습으로 변장시켜 사대문에서 노인 환자 행상을 보여주고 스님으로 변장하여 태자의 앞에 가면서 게송을 읊었다.

제행무상 시생멸법(諸行無常 是生滅法)

변천하는 모든 법은 덧없이 모든 것은 나왔다가 없어지나니

생멸멸이 적멸위락(生滅滅已 寂滅爲樂)

나고 없어지는 법 없어지면 그때 고요하여 즐거우리라.

태자는 스님의 게송을 듣고는 출가할 마음을 굳게 다짐을 한다.

이때 태자비 야쇼다라는 사랑하는 사람과 이별한다는 괴로움과 두려움을 생각하다가 잠이 드는데 태자비의 꿈속에서 천지가 진동하고 제석천의 깃발이 꺾어져 땅에 뒹굴고 하늘에 별들이 한꺼번에 쏟아져 내렸다.

놀란 태자비가 뜰에 나가자 마부 찬 다카가 커다란 일산(日傘; 긴 우산)을 들고 나가는데 어느새 태자비의 머리털이 깎이어 없어지고 몸에 걸친 영락(瓔珞; 목걸이 팔찌 몸에 두르는 구슬을 꿴 장식품)과 보배구슬이 냇물에 떨어져 흘러가고 있는 것을 주우려고 물위에 허리를 굽힌 태자비는 자기 몸에서 옷이 저절로 벗겨져 실오라기 하나 걸치지 않은 알몸이 물에 비쳤다.

태자비는 부끄러워 주위를 살피는데 앉은 자리가 땅속으로 꺼지며 손발이 떨어져 공중에 떠다니고 태자비가 누워 있던 침대는 네다리가 꺾어져 주저 앉았고 온갖 보배로 된 산은 무너지고 궁전 뜰의 나무들은 바람에 날리어 꺾어져 있으며 밖의 해와 달은 빛을 잃었고 궁전에 있던 등불도 성 밖으로 몰려 나갔다. 그리고 성을 지키는 신장들의 울부짖는 소리가 진동하고 카필라성은 변하여 광야(曠野)가 되었고 꽃과 과일은 말라 떨어지고 성을 지키는 군사들은 어디론가 달아나고 없었다. 태자비는 소스라쳐 잠에서 깨어나 이 꿈이 틀림없이 흉몽이고 불길한 징조라고 생각하여 태자에게 꿈 이야기를 상세히 말하였다.

태자는 태자비의 꿈 이야기를 듣고는 이제 떠날 때가 되었나보다 생각한 태자는 생(生) 노(老) 병(病) 사(死)의 고통을 보시고 기원전 537년 2월 8일 29세 나이로 밤에 마부 찬 다카를 데리고 성문을 나가 처음 당도한 곳이 아누 피야 고을로 흐르는 아노마강 숭고(崇古)에 다다라 말과 몸에 지닌 패물 그리고 머리카락을 잘라 마부 찬 다카에게 주어 궁으로 돌려보내고 태자가 입고 있던 호화스러운 궁전 옷은 마침 지나가는 사냥꾼과 옷을 바꾸어 입고 아마노강을 뛰어넘어 누부리야 숲에 처음으로 좌선〔坐禪; 정신을 집중하여 무념무상(無念無想)의 경지에 들어가 수행하는 장소로 정하고 8일간 정진(精進) 하다 보니 누부리야 숲이 마땅치 않아 박가바 선인이 수도하고 있는 곳으로 옮겨 사문유관(四門遊觀; 고행 길로 들어가다)을 하다 보니 여기서는 수행하는 목적이 천상에 태어나기 위해 수행한다는 소리를 듣고서는 여기서도 깨달음을 얻을 수 없어 라자가하[王舍城]을 떠나 아라다칼라마타 스승을 만나보니 나이가 많아 보였으나 아직도 건강하여 여기서 수행을 할까하여 여기서는 무엇을 가르치고 있습니까? 하니 무념무상을 한다하여 이곳서도 깨달음을 얻을 수 없을 것 같아 다시 스승을 찾아간 곳은 웃다카라마풋타 스승을 만나 수행하는 목적이 여기서는 비상비비상처(非想非非想處; 마음속에 떠오르는 물건의 형체 또는 없는 것도 아니 삼매의 경지)에 이르는 길을 수행하고 있다고 한다.

　태자는 여기서도 깨달음을 얻지 못할 것 같아 스승을 뒤로하고 떠나 이 세상에서 완전무결한 스승은 어디를 찾아보아도 내가 나를 의지해 배울 수 있는 스승은 없다 생각하여 이제부터는 내 자신이 스승이 될 수밖에 없구나. 아름다운 숲이 우거진 이 동산 기슭에는 네란자라강[尼連禪河]이 잔잔히 흐르고 있는 이곳을 수도장으로 정하고 고행을 하다 보니 육체는 나무토막처럼 메말라 앉아 있고 드러난 늑골(肋骨)은 마치 헌집의 서까래와 같았으며 척추는 베틀의 북을 이는 것 같고 뱃가죽을 만지면 등뼈가 만져지고 등뼈를 만지면 뱃가죽이 잡히며 머리카락은 다 빠지고 머리의 피부는 말라 마치 오이와 같았다.

　눈은 깊숙이 꺼졌으나 깊은 우물 속의 물이 빛을 받아 빛나는 것같이 살아 있으나 사람이라는 느낌은 받을 수 없으며 숨을 쉬는 것 같지도 않고 마치 감각이 없는 썩은 나무토막같이 육체와 정신은 떨어져있는 것 같다. 그리하여 어느 날 육체를 버려서는 아니되리라 하는 마음을 깨닫고 마음을 비우고 생각을 쉬면서 통이 사라지고 마음과 생각이 일면 고통이 살아난다는 사실을 깨닫고 새 옷을 구하며 갈아입고 아름다운 숲이 우거진 기슭에는 네란자라강[尼連禪河]이 잔잔히 흐르고 있는

강에서 몸을 씻고 수도장으로 정하여 선정(禪定)에 들어갔다. 한편 가까운 마을에 선생(善生; 수자탐)이란 소녀의 꿈에 마을의 수호신이 보살이 되어 공양하러 내려오는 꿈을 꾸었다.

선생(수자탐)은 새벽에 천 마리의 젊은 암소 젖을 짜서 일곱 번을 끓여 쌀을 넣고 끓인 우유죽을 황금의 그릇에 담아 보살이 공양하러 오도록 기다렸다가 보살이 오자 공양을 올렸다.

보살은 선생(수자탐) 소녀가 준 우유죽을 공양 받고 건강을 회복하여 불타가야(不陀伽倻; 부처가 깨달음을 이루어 성도한 땅)의 보리수 아래 앉아 깊은 사유(思惟)하고 있는데 마왕 파순(魔王 波旬)은 고타마가 깨달음을 얻지 못하게 마왕의 세 딸을 젊은 여인으로 변장시켜 고타마가 선정에 들어간 곳을 찾아가 모든 아양을 부리며 애교를 하였으나 고타마는 세 딸을 보고는 너희들은 몸은 비록 아름답지만 모든 악이 얼굴에 가득해 견고하지 않고 부정이 흘러 생(生) 노(老) 병(病) 사(死)가 항상 따른다.

손에는 팔찌, 귀에는 귀고리를 흔들면서 교태 섞인 웃음으로 탐욕의 화살을 쏘지만 지혜로운 사람은 그대들의 욕망을 독약으로 안다. 칼날에 발린 꿀은 혀를 상하게 하고 사악한 욕정은 독사의 머리와 같으니 내 이미 유혹을 뛰어 넘었다. 너희들은 본래 모습을 드러내고 물러가거라 하니 마왕(魔王)의 딸 첫째는 이름이 은애(恩愛), 둘째 상락(常樂), 셋째 대락(大樂)이며 세 딸은 할머니의 모습을 하고 돌아가자 마왕이 선정(禪定)에 들어 있는 태자에게로 와서 항복을 하자 드디어 기원전 531년 12월 8일 35세 성도(成道)하였으며 동쪽 하늘에서 솟아오르는 혜승을 보시고 21일 만에 깨달음을 얻었다. 하지만 별이 아니고 바로 별로 보이는 마음이란 것을 알았다.

한편 순타라는 처녀의 몸으로 부처님이 깨닫고 난 뒤 제일 먼저 잣죽을 올렸다. 깨달은 태자는 마왕에서 항복받고 선정(禪定)에 들었다.

제1선정에서는 욕망과 악을 떠났으나 잡념이 남아 있는 마음을 초월한 기쁨을 맛보았고,

제2선정에는 잡념을 없애고 고요한 마음의 통일을 얻은 삼매의 기쁨을 느꼈고,

제3선정에서는 제2의 선정에서 얻은 기쁨까지를 초월하여 바르게 생각하고 바르게 아는 즐거움을 느꼈다.

제4선정에서는 즐거움을 근심도 없는 편안함만 남았다. 그리하여 마음을 바르게 통일하고 번뇌를 떠나 자유로운 상태에 도달하였다. 이리하여 초저녁에 사물을 관찰하는 천안통을 얻고, 깊은 밤 자정 무렵에는 과거의 생애를 아는 숙명통을 얻고, 새벽 가까워서는 고뇌가 없어지고, 번뇌를 깨뜨리는 지혜를 얻었다.

깨달음을 얻고 나서 불타가(佛陀伽, 붓다; 부처님)되어 1,250인의 성도들에게 부처님께서 득도하시고 제일 먼저 녹야원(鹿野園)에서 같이 수도하고 있는 수도자들에게 만나콘다

냐, 앗사지, 마하나마, 밧다야, 빗파 다섯 비구에게 근기(根器)에 알맞게 중도사상과 사성제(四聖諦) 팔정도(八正道)를 설법하신 것이 초전법륜(初轉法輪)이며 기원전 532년이었다.

　부처님은 전도생활(傳道生活)을 하고 있을 때 아버지인 숫도다나왕은 아들이 어떻게 생활하고 있는지 궁금하여 대신 중에서 믿을 만한 카운디냐를 보내어 아들이 어떻게 지내고 있는지 알아보고 오너라하고 보낸 카운디냐는 부처님의 제자가 되어 돌아오지 아니하여 다시 대신 중에서 알폐, 발데 십력가력 마님구리를 차례로 보냈으나 모두가 부처님의 제자가 되어 궁으로 돌아오지 아니하자 마지막으로 대신 중에서 가장 신임하는 우다인을 보냈으나 궁으로 돌아오지 아니하고 부처님이 대중들 앞에서 설법하시는 것을 보고 대중들 사이에서 설법을 듣고 마음속으로 나도 부처님의 제자가 되어야 하겠다는 마음을 가지고 있었다.

　부처님은 설법을 무사히 마치시고 나와 아난다야 나는 말 한마디도 하지 아니하였다. 아난다는 부처님의 말씀을 듣고는 어리벙벙하고 있을 때 부처님은 알아차리고 아난다야 걱정하지 마라. 나는 사사로운 말은 하지 않았다는 말이다. 그제야 이혜가 되어 빙그레 웃고 우다인은 부처님의 설법을 다 듣고 난 뒤 바로 제자가 되어 부처님을 공경하면서 부처님을 설득하여 숫도다나왕과 석가족을 만나게 하여 주었다. 그 뒤로 부처님은 전도생활하다가 죽림총(竹林叢)에서 병을 얻어 고향으로 가는 도중에 대장장이 금세공 춘다[純陀]를 만나 춘다의 저녁 공양을 초대받아 진귀한 전단향나무 버섯으로 공양을 받고 나서 춘다를 불러 이 버섯 공양은 다른 사람에게는 주지 말라고 당부하시면서 땅에다 묻으라고 하시고 부처님은 고통스러워 하셨다.

춘다는 이 버섯이 독버섯인 줄 모르고 부처님께 공양 올렸는데 이 공양이 최후의 공양이 되고 말았다.

비구들은 춘다가 독버섯을 부처님께 공양한 것을 알고 춘다를 벌을 주자고 하였으나 부처님께서는 춘다가 독버섯인 줄 모르고 공양을 올렸으니 그냥 두어라 나는 열반(涅槃)에 들기 위해 고향으로 돌아가는 길이며 삼개월 있으면 열반에 들어간다고 하지 아니 하였느냐. 춘다 때문에 열반에 들어가는 것이 아니니 그냥 두어라. 여래가 성도(成道)하여 처음으로 받은 공양과 입멸(入滅; 생사를 초월 한도에 들어감(죽음))에 앞서 받은 최후의 공양은 그 공덕이 가장 큰 것이다 하시며 부처님께서는 열반에 들어가기 직전에 120세인 수바트라[須跋] 바라문이 마지막 제자가 되어 "부처님이 안 계시는 우리들은 누구를 믿고 살아가야 합니까?" 하고 여쭈니 부처님께서는 자등명(自燈明)에 대한 마지막 설법을 하신다.

"아난다야 자신을 등불로 삼고 자기 자신에게 의지해야 한다. 부디 다른 것에 의지해서는 아니 되며 계율을 존중하고 법(法)을 등불로 삼아라. 자기에게 귀의하고 법에 의지하고 귀의하여라." 설법을 다하시고 서력 544년 2월 15일 북방 구시나가라 성 밖 언덕 위 사라쌍수(娑羅雙樹) 아래서 80세 일기로 전도생활의 종지부를 찍고 열반에 드실 때 갑자기 땅이 크게 진동하고 커다란 광명이 온 세계를 비추고 해와 달이 비추지 못하는 곳까지 밝게 비추면서 대중들 가슴속에 웅장한 원음(圓音)이 울려 서로의 가슴에서 가슴으로 전해지고 산과 하늘도 울리며 금수와 초목까지 전해지고 허공에도 울려 퍼졌다.

그리고 장례의식은 화장을 하기 위해 불을 지폈으나 타지 아니하니 아니룻다(아나율, 阿那律) 수제자인 마하가섭존자(摩訶迦葉尊者)가 부처님을 뵙기 위하여 하늘이 불이 붙지 않게 하였다고 한다. 그때 마하가섭존자께서는 밤이 새도록 설법을 마치고 부처님을 뵙기 위해 5백 명의 비구들과 오고 있는 중에 길에서 나건타(尼乾陀) 교도(敎徒)를 만났는데 손에 커다란 만다라 꽃을 들고 있어 부처님의 안부를 물으니 부처님께서는 멸도(滅度; 불과를 얻어 생사를 벗어나는 것) 하신 지 7일이 되었다고 하자, 마하가섭존자는 길을 재촉하여 쿠시나가라에 도착하자마자 향(香)더미에 쌓인 부처님의 얼굴은 못 볼망정 관을 만지기 위해 다가가자 부처님의 두발이 관 밖으로 나와 그 발을 보고, 마하가섭존자는 예배를 하자 두 발이 관속으로 들어가는 것을 보고, 관을 세 바퀴 돌고 향나무더미에서 스스로 불이 일어나 화장을 마쳤다고 합니다.

천상천하 유아독존(天上天下 唯我獨尊)

하늘 위 하늘 아래 나만이 홀로 높다. 이 세상에서 존귀한 것 생명체들은 각기 불성을 지니고 있는 존귀한 존재라는 원래의 뜻이다.

삼계개고 아당안지(三界皆苦 我黨安之)

삼계 모두가 고통 속에 있으니 내가 의당 그들을 편하게 하겠다는 의지의 천명이다.

난타(難陀)와 딸

부처님의 이모인 마하파자파티(摩訶婆闍波提)의 아들과 딸을 낳았다. 부처님의 배 다른 친동생이다.

데바닫다(提婆達多)

　데바닫다(제바달다)는 석가여래 부처님의 사촌[從弟]으로서 어려서부터 자만심이 강하고 샘이 많으며 질투심이 강했다.
　열심히 수행하여도 별다른 진전이 없으니 부처님이 자기를 싫어하기 때문에 남과 같이 지도를 해주지 않는다고 생각하고 있다. 그는 십력가섭(十力迦葉)에게 사사(師事; 스승으로 섬김) 받아 신통력을 얻게 되었다. 그 후 교단을 빼앗으리라 생각을 하고 있을때 그는 이미 신통력을 잃고 있었으나 데바닫다는 자신이 그것을 깨닫지 못하고 있었다. 그는 부처님에게 가서 공손하게 인사를 하고 말하였다.
　세존이시어 당신은 이미 늙었으며 기력은 쇠약하니 교단을 이끌어가겠습니다. 저에게 교단을 맡겨 주십시오 하는 말을 듣고는 부처님께서는 나의 제자 가운데 사리불(舍利弗) 목건련(目犍連)과 같이 총명하고 나한과(羅漢果)를 얻어 사람이 많아도 교단을 맡기지 않고 있는데 너와 같이 지혜가 없는 어리석은 자에게 맡기겠느냐. 이 소리를 듣고는 부처님을 해칠 것을 결심하고 데바닫다는 왕사성에서 500명을 데리고 가야산에 들어가 부처님의 흉내를 내면서 지냈다.
　데바닫다는 부처님을 죽이기 위해 부처님이 지나가는 곳에 머물다 부처님이 오시면 500명으로부터 돌을 던지게 하였으나 이루지 못하고 그 뒤에 바위를 굴렸으나 바위가 깨진 파편으로 발에 상처를 냈을 뿐이었다. 화가 난 데바닫다는 아쟈세왕(아쟈타샷투)에게 아주 사납고 큰 코끼리 호재가 있었다.

　데바닫다의 계획은 호재 코끼리에게 술을 먹여 걸식하는 부처님을 습격하도록 하는 것이었다. 부처님께서는 아침 공양을 하기 위해 가사를 입고 발우를 들고 걸식을 하시었다. 이때 데바닫다는 이때다 생각하고 사나운 호재 코끼리에게 술을 먹여 부처님이 오시는 길목에 풀어 놓았다. 호재 코끼리는 부처님을 향하여 돌진하고 있는데 부처님께서는 태연하게 앞으로 나아가시었다. 사납게 돌진해오던 호재 코끼리는 부처님 앞에 이르자 갑자기 유순해져 부처님 발 아래 엎드렸다.

　그리고 부처님의 뒤를 따라가는 것이 아닌가. 이 광경을 본 아야세왕과 데바닫다는 놀라고 말았다. 그 뒤 데바닫다는 부처님을 죽이려고 연구한 것이 열 손가락에 독(毒)을 바른 손톱으로 상처 나게 긁었다. 그러나 부처님의 발등이 딱딱하게 굳어 있어 도리어 그 손톱이 상처가 나 자신의 몸으로 독이 번져 그 자리에서 죽고 말았다. 부처님께서는 죽은 데바닫다를 보고 하시는 말씀이 인과응보(因果應報)로다 말씀하시었다고 한다.

　이렇게 욕심과 남을 못살게 하는 자는 자기 꾀에 넘어간다고 하였습니다. 우리 불자는 이러한 욕심을 내어서는 아니 되겠습니다.

인도 여덟 나라 왕들

　인도에 여덟 나라 왕들에게는 석가여래 부처님의 존재가 큰 골칫거리였다. 어느 날 왕들이 모여 앉아 의논한 결과 석가여래와 그 제자들이 있는 기사굴 앞 산중턱에 코끼리 오백 마리에 코끝에 칼을 달고 술을 잔뜩 먹여서 풀어 놓기로 약속을 하여 코끼리를 몰고와 풀어놓으니 술에 취한 코끼리는 이리저리 날뛰며 기사굴 쪽으로 몰려오니 기사굴에 있던 제자들은 다 달아나고 석가여래와 사촌동생 아나율만이 남아 있었다. 아나율은 장님이기 때문이었다.
　아나율은 왕족으로서 자만심이 많아 아무나보고 반말을 하여 늘 시비가 많았다. 또 아나율은 잠을 많이 자서 하루는 석가여래가 그에게 "잠자는 것은 어두운 마음을 연습하는 것이니 잘 때 자고 쉴 때 쉬고 공부할 때는 공부해야지 이건 날마다 잠만 자니 그래 가지고 어떻게 하니, 내가 들으니 벵갈만 복판에 큰 조개가 있는데 한번 잠들면 삼천년을 잔다더라. 그러니 네가 그런 종류가 아니겠는가" 하셨다. 그 소리에 아나율은 왕족의 성미로 분하고 원통해서 그날부터 칠일 동안 잠을 자지 않고 공부를 하다가 눈이 멀게 되어 그 후 석가여래가 그의 마음을 잘 단속해서 공부하게 하여 그에게 천안통(天眼通)이 열렸다. 그런 후 오늘은 안 보여서 그랬는지 석가여래 옆에 남아 천안으로 보니 코끼리 떼가 마구 몰려오는데 석가여래는 두 손을 높이 쳐든 채 태연히 앉아 계시는 것이다. 그런데 놀라운 광경이 벌여졌다.

석가여래께서 높이든 두 손 열 손가락에서 밝은 기운이 나오더니 그 기운이 바깥에서 금빛 나는 사자가 손가락 마디마다 나타나니 코끼리들이 무서워 그만 주저앉아 술기운에 못 이겨 그만 잠이 들어 코끼리는 본연의 온순한 마음이 되어 슬금슬금 다 돌아가 버리자 아나율이 말한다.

부처님께서 누가 뭐라 하든지 마음을 빼앗기지 말고 제 마음을 들여다보라고 하셨지요. 제가 조금 전에 보니 부처님은 호신술이 있어서 두 손만 벌려도 금색 사자가 나타나는 것을 보았는데 부처님은 무슨 일이 있어도 마음만 들여다보면 되겠지만 우리야 제 마음을 아무리 들여다보아도 코끼리가 금방 달려들어 칼로 찌를 텐데 하며 저희한테는 적용되지 않습니다. 사실 아나율도 그 광경을 보고서야 그렇게 말할 만했을 것이다. 아나율아, 나는 수많은 생을 닦아 부처가 되었다. 그 수없이 많은 생을 통해 알던 사람들, 또 함께 닦던 사람들을 가르쳐주어야 하겠다는 생각이 남아 있어 내가 이 세상에 온 것이지 더 닦을 것이 있어서 온 것은 아니다. 너도 내 사촌동생이어서가 아니라 여러 생을 닦으려 하였으나 잘 안되어 이 모양이 됐으니 너를 닦게 해주려고 온 것이다.

그런데 아무것도 모르는 코끼리들이 나에게 제도하는 것을 그만두라고 칼을 가지고 몰려드니 어찌 하겠느냐. 그렇다고 너 이들의 마음대로 해라 하고 두 손을 든 것이다.

그러나 코끼리의 해침을 받고 몸을 다시 받을 인연이 없는 고로 밝은 기운이 일어났고 그 밝은 기운이 다시는 어두워지지 않는다는 뜻으로 금색이 되었고, 코끼리가 제일 무서워하는 것이 사자이니 그 금빛이 금색 사자로 나타난 것이다. 네게 어떤 호신술이 있어서 신통 조화를 부린 것은 아니다.

나의 육신을 보호하기 위해서 신통술을 부리지도 아니함이다. 신통술을 부렸다면 부처님께서는 오고 감이 없는 것이며 자비심 즉 중생을 사랑하는 마음만 있을 뿐이며 아무 분별심없이 자비심에 부응했을 뿐이다.

코끼리의 행동을 숨어서 보고 있든 여덟 나라 왕들은 기절초풍하고 자기 나라로 도망갔다. 이것을 본 부처님께서는 인과응보(因果應報)로구나 하시었다고 한다.

아사세왕(阿闍世王) 반성과 등불 유래

    부처님께서 마갈타국(摩竭陀國)의 서울인 왕사성(王舍城)에 있는 가사굴산에서 천이백오십 인의 비구와 함께 계셨는데 거기에는 법의 왕자이며 문수사리를 비롯 삼만 이천의 보살들도 자리를 함께 하고 있었다. 그때 카필라왕사성에서는 빔비사라왕(頻毘娑羅王) 베다하국의 왕녀인 위제희(韋提希) 사이에 아사세(아쟈타삿투) 태자가 있었다.
    그는 나쁜 친구 데바달다(제바달다)의 꼬임에 빠져 아버지인 빔비사라왕을 일곱 겹으로 된 방에다 가두어 놓고 신하들에게 명령하여 한 사람도 얼씬거리지 못하도록 하여놓고 왕의 자리를 차지하였다.
    빔비사라왕을 공경하고 사랑하던 왕비 위제희(韋提希)는 왕이 굶고 있는 것을 알고는 생각 끝에 왕비는 깨끗이 목욕을 하고 나서 우유와 꿀, 가루로 반죽한 것을 몸에 붙이고 구슬 장식 속에다 포도주를 먹고 연명해 나가면서 기사굴 산을 향해 합장하고 이렇게 나직이 말한다. 덕이 높은 목련존자는 내 친구이다. 원컨대 자비를 베풀어 나에게 팔계(八戒)를 설해주었다. 그러나 왕(王)이 이 사실을 알고는 어머니를 죽이려 하자 총명하고, 지혜로운 신하 월광(月光; 찬드라프라디파)이 예배하고 부모를 살해하신다면 왕족의 이름을 더럽히게 될 것입니다, 하고는 두 신하는 물러나려 하였다.

아사세왕은 깜짝 놀라 기바에 말했다. "그대는 나를 도와주지 않겠는가" 하고는 어머니인 위제희(韋提希) 부인을 깊은 골방에 가두어 다시 나오지 못하도록 했다. 시간이 가고 하루하루 날짜가 지나가다 신하 데바닫다의 꼬임에 넘어간 것을 알고는 후회하고 아버지를 석방하려 신하를 보냈는데 빔비사라왕은 궁에서 신하가 말을 타고 오는 말굽소리를 듣고는 고통을 주로 오나보다 생각하고 미리 자진해 죽었다.

세월이 흘러 하루는 왕의 아들 왕자가 밥을 잘 먹지 아니하여 아사세왕이 왕자를 무릎 위에 올려놓고 숟가락으로 밥을 떠서 왕자 입에 넣어주고 하는 것을 보고 있던 어머니가 무심코 너도 저렇게 먹였는데 하니까 아사세왕은 이 말을 듣고는 자기가 아버지를 죽인 것이 생각이 났다. 간신배들의 말이 옳다고 생각하여 너무나 큰 잘못을 뉘우쳐 후회하기 시작하였다. 그러나 아사세왕은 인도 대륙을 통일하는 큰 업적을 남기기도 했는데 아버지를 죽이고 수많은 무고한 생명을 죽인 과보인지 온몸에 흉한 종기가 돋게 되어 전국의 유명한 의사를 불러 치료했지만 아무런 효험이 없어 죽음의 목전에 다다랐을 때 한 신하가 찾아와서 "왕(王)이시여 고민을 풀 수 있는 분이 있으니 가보시겠습니까?" 하고, 여쭈었더니 왕은 "누구냐"고 물으셨다.

신하의 대답은 "석가모니 부처님이십니다." 대답하였다. 이 말을 듣고는 부처님 앞에 나아가 자신의 과오를 깨닫고 참회하자 온몸에 돋은 악성종양이 씻은 듯이 사라지며 마음이 후련한 것을 느꼈다. 그 뒤로 왕은 진심으로 부처님께 귀의하고 관세음보살 찾고 부처님을 왕궁으로 초대 법회를 열고 기원정사로 떠나려 하시자 왕은 기바라는 신하에게 "오늘은 무엇으로 부처님을 받들면 좋겠느냐" 하니까 신하가 "등을 궁궐에서 기원정사까지 등불을 켜서 불야성을 이루시면 좋겠습니다." 하였다.

근본설일체유부(根本說一切有部)의 비나야약사(毘奈耶藥事) 제12에 있는 부처님 당시에 있던 실제 사실로서 난다랴하는 가난한 여인이 어렵게 구걸한 돈으로 자신의 자식에게 먹일 것을 구하기에 앞서 부처님께 먼저 등(燈) 공양을 올렸다. 그 등불은 권력이나 많은 재물을 가진 왕이나 부자가 올린 등불보다 더 오랫동안 꺼지지 않고 빛을 밝히고 있는 것을 보고 놀란 아난다와 대중들에게 부처님께서 설하시기를 "가난하지만 마음 착한 여인 난다라의 넓고 큰 서원과 정성으로 켜진 등불이므로 꺼지지 않을 것이며 이 공덕으로 그 여인 난다라는 오는 세상에 반드시 성불하게 될 것이다."라고 하시며 그 여인 난다라에게 수기(授記) 하셨다는데서 비롯되었다고 합니다. 그리고 4월 8일에 등불 다는 것은 부처님 당시부터 등불 달기를 시작하였다고 합니다.

부처님의 지혜 광명을 상징하는 연등공양을 올리고 나서 반드시 관등(觀燈)을 해야 합니다. 그냥 달았다고 돌아서지 마시고 내가 올린 연등 아래서 다소곳이 합장을 하고 이 등 공양을 통해 온 가족의 안녕과 소원성취를 기원하고 만나는 인연마다 부처님의 은혜를 더욱 가슴 깊이 새겨 부처님 인연을 헛되지 않게 살아가고자 다짐을 해야 합니다.

* 연등축제(燃燈祝祭)
신라 : 정월 15일에 등을 달았다.
고려 : 2월 15일에 등을 달았다.
고종 : 고종때부터 지금까지 4월 8일에 간등(看燈)하였다고 합니다.

아힝사카(앙굴마)

매우 슬기롭다는 뜻의 이름을 가진 아힝사카는 많은 사람의 사랑을 받아왔다. 아힝사카 스승의 아내는 남편이 집을 나간 틈을 타서 일찍부터 연모해오던 아힝사카의 곁에 가서 평소에 가지고 있던 생각을 하소연하며 불의의 즐거움을 맛보려 했다.

아힝사카는 놀라고 두려워 꿇어 앉아 말했다. 스승은 아버지와 같다면 그 부인은 어머니이십니다.

도(道)가 아닌 것은 마음의 고통일 뿐입니다. 굶주린 자에게 밥을 주고 목마른 자에게 물을 주는 것이 어째서 도가 아닐까 스승이 중하게 여기는 부인과 간통하는 것은 독사를 목에 감고 독약을 마시는 것과 다르지 아니합니다.

아힝사카의 단호하고도 격렬한 이 말에 부인은 할 수 없이 제방으로 돌아갔다. 그러나 모욕을 당한 원한을 풀길이 없어 옷을 찢고 얼굴이 새파랗게 질려 침대에 쓰러진 채 남편이 돌아오자 부인이 남편에게 당신이 늘 칭찬하시던 저 어진 제자에게 무서운 욕을 당했습니다.

부인은 거짓 울음으로 남편에게 호소한다. 스승은 이 말을 듣자 질투의 불길이 가슴을 치밀었다. 그는 여러 궁리 끝에 아힝사카를 불러 너의 지혜는 이제 극치에 이르렀다. 다만 마지막으로 해야 할 일이 한 가지 남아 있다고 말한다. 아힝사카는 그것이 무엇이냐고 묻자 "네거리에서 칼로 백 명의 사람을 죽여 한 사람에게서 손가락을 한 개씩 잘라 백 개의 목걸이를 만들어라. 그래야만 진정한 도(道)가 갖추어질 것이다." 라고 명령한 뒤 한 자루의 칼을 내주었다.

아힝사카는 칼을 받아들자 놀랍고 두려워 깊은 근심에 잠겼으며 몸부림치고 고민을 했다. 그러나 마음의 안정을 잃자 고민은 큰 분노로 변하여 자기도 모르는 사이에 네거리로 나섰을 때에는 눈은 핏발이 불꽃처럼 빛나고 머리털은 거꾸로서며 숨길은 격렬해졌다. 칼을 빼들고 길가는 사람을 핏줄기와 함께 쳐 눕힌 꼴은 마치 악한 귀신과 같았다. 어느새 송장은 산더미같이 쌓이고 온 거리에는 아우성과 분노와 두려움이 들끓었다. 그 중에는 왕궁에 달려가 호소하는 사람도 있었다. 그는 손가락을 엮어 차고 있었다. 그래서 모두들 지만(遲晚; 자기의 자백함을 일컫던 말)이라고 불렀다.

비구들은 이른 아침에 걸식을 나갔다가 이 소문을 듣고 기원정사로 돌아와 부처님께 네거리에서 일어난 일들을 여쭈었다. "비구들이여, 나는 지금 가서 그를 구원하리라." 부처님은 곧 그곳으로 향하여 가는 도중에 말먹이 풀을 수레에 싣고 오던 젊은 사람이 부처님께 여쭈었다. "부처님이시여, 이 길로 가시면 안 됩니다. 무서운 살인자가 길을 막고 있습니다."

부처님께서는 "온 세상이 내게 칼을 들고와도 두려울 것이 없거늘 하물며 한 사람의 살인자쯤이야" 부처님은 이렇게 말씀하시고 태연하게 걸어가신다.

한편 아힝사카의 어머니는 그 아들이 돌아오기를 기다리다 못해 밥을 싸가지고 마중을 나갔다.

아힝사카는 그 때 아흔아홉 명을 죽이고 아흔아홉 개의 손가락을 엮어 목걸이를 만들어 걸고 있으면서 마지막 한 사람을 찾아 두리번거리고 있는 중에 마침 어머니가 오는 것을 보자 죽이려고 달려들었다. 그 찰나에 부처님은 조용히 그 앞에 막아섰다. 아힝사카는 좋아라고 칼을 휘두르며 부처님께 뛰어들려 하였으나 이상하게도 그의 힘이 빠져 한 발도 내딛지 못했다. 그는 문득 외쳤다. "사마나야, 거기 있거라. 나는 처음부터 여기 있다." 돌아서는 것은 네가 아니야 도대체 이것이 웬일일까 아힝사카는 꿍꿍댔다. 부처님은 다시 말씀하신다. "너는 어리석기 때문에 사람의 목숨을 해치고 있지만 나는 끝없는 지혜를 가지고 있기 때문에 이 거리에 있어도 마음이 고요하다. 나는 이제 너를 불쌍히 여겨 여기에 왔다." 그 말소리는 시원한 물과 같아서 아힝사카의 불붙은 가슴에 뿌려졌다. 그는 악몽에서 깨어난 것처럼 정신이 돌아와 칼을 던지고 땅바닥에 엎드려 "부처님이시여, 원컨대 저의 어리석음을 용서해주소서" 진심으로 참회하는 것을 보시고는 부처님은 아힝사카를 제자로 삼았는데 아힝사카는 밤낮으로 열심히 기도 정진하여 아라한까지 올라가 중생들을 제도하는데 많이 기여하였다고 합니다.

극락세계(極樂世界) 탄생한 사연

헤아릴 수 없는 아주 옛날에 오십삼 부처님 중에 쉰 네 번째 출현하신 세자재왕(世自在王) 부처님때 기억력과 이해하는 마음 판단력과 지혜력이 뛰어난 법장(法藏)이란 비구는 정진력이 강한 젊은이가 있었다. 법장비구(法藏比丘)는 세자재왕 부처님의 가르침을 받은 구도자(求道者; 부처가 될 방도를 구하는 것)인데 부처님 앞에서 여래의 덕을 칭송하고 보살이 닦는 온갖 행을 닦아 중생을 제도하려는 원을 세웠다.

나의 원이 이루어지기까지는 지옥의 고통을 받는 한이 있을지라도 물러서지 않겠다는 굳은 결의를 하고 부처님께 저는 바른 깨달음을 얻고자 합니다.

세상에서 견줄 수 없는 부처님이 되고 싶습니다. 그래서 모든 중생들이 행복하게 살 수 있는 불국토를 이룩하고 싶습니다. 다른 불국토가 얼마나 훌륭한 곳인지 알아야 저도 훌륭한 불국토를 완성할 수 있을 것 같습니다. 부처님은 그의 원력을 알고 이백십억 불국토를 말씀하시었다.

법장비구는 그로부터 다섯 겁 동안 홀로 선정(禪定)을 닦아 다른 불국토보다도 뛰어난 국토를 이루게 된 것이다. 세자재왕(世自在王) 부처님은 이와 같이 말씀하시었다. 법장비구는 지금이 바로 그대의 원력과 수행의 결과를 널리 알려 중생들을 기쁘게 해줄 때이다. 이 기쁜 소식을 듣고 중생들은 현재와 미래의 중생들은 불국토의 아름다운 특징과 그 원행(願行)을 본받아 불도를 이루게 될 것이다.

세자재왕 부처님 저의 특별한 원을 들어주지 않으면 저는 결코 부처가 되지 않겠습니다. 부처님께서 원을 말하여 보아라.

첫째, 불국토에는 지옥, 아귀, 축생, 삼악도의 불행이 없을 것.

둘째, 불국토에 태어나는 중생들은 한결같이 훌륭한 몸을 가져 못난이 따로 없을 것.

셋째, 불국토에 태어나는 중생들은 번뇌의 근본인 아집(我執; 몸과 마음 가운데 사물을 주재하는 상주불멸의 실체가 있다고 믿는 집착).

넷째, 불국토에 태어나는 중생들은 바른길에 들어 필경[(畢竟; 부처의 각오 또는 무상각(無上覺; 부처가 모든 법의 참된 지혜임을 깨닫는 것과 같은 뜻)].

다섯째, 불국토에 태어나는 중생들은 목숨이 한량없을 것. 다만, 중생을 제도하기 위해서는 목숨을 마음대로 할 수 있을 것.

여섯째, 불국토에 태어나는 중생들은 나쁜 일이라고는 이름도 들을 수 없을 것.

일곱째, 어떤 중생이든지 지극한 마음으로 불국토를 믿고 좋아하며 태어나려는 이는 내 이름을 열 번만 불러도 반드시 왕생(往生)하게 될 것.

여덟째, 내 이름을 듣고 불국토를 사모하여 여러 가지 공덕을 갖고 지극한 마음으로 내 국토에 태어나는 보살들은 누구든지 부처님의 온갖 지혜를 얻어 법을 말하게 될 것.

법장비구(法藏比丘)는 세자재왕(世自在王) 부처님 앞에서 마흔여덟 가지 큰 서원(誓願; 원을 내어서 부처님 앞에서 맹세하는 것)을 세우고 오르지 미묘한 불국토 장엄에 전념한 원으로 이루어진 불국토는 끝없이 넓고 커서 다른 어떤 것에도 비교될 수 없이 홀로 뛰어난 상주불멸의 세계였다.

그리고 법장비구는 성불하여 서쪽에 계시며 그의 이름은 아미타불이라 하며 그 이름은 무량광불(無量光佛; 삼세를 비쳐 끝이 없다고 한다)이란 뜻이며 또는 무량수불(無量壽佛; 극락정토에서 머무는 부처를 말함)이란 뜻이며 그 나라는 여기에서 십만 억 번째에 있으며 아미타불 부처님이 계시는 세계를 극락이라 한다.

그리고 안양국(安養國) 또는 안락국(安樂國)이라고도 한다.

관세음보살 탄생한 사연

　흥림국(興林國)은 십만 팔천리나 되는 넓은 국토를 가지고 잘 다스리는 묘장왕은 파가(婆伽)이며 이십 나이에 왕이 되어 백성들은 이 세상 모든 사람들 중에서 가장 높고 귀하다는 인존(人尊; 부처의 말씀)으로 믿었으며 전지전능(全知全能; 모든 일을 다 함)한 왕으로 받들고 있다.
　왕비의 명호는 보덕(寶德)이며 왕과 동갑이며 슬하에 아들은 없고 딸만 셋이다. 첫째 공주는 묘서(妙書), 둘째 공주는 묘음(妙音), 셋째 공주는 묘선(妙善)이다.
　왕비가 셋째 공주의 태몽을 태화궁(太和官)에서 잠을 자다 꿈을 꾸었는데 '키가 큰 하늘여자[天女]가 내려와 옥황상제께옵서 삼십삼천상의 선법당(善法堂)으로 오셔서 부처님을 뵈옵고 부처님의 법문을 들으시라 하더이다.' 하면서 하늘여자가 타고 온 가마에 왕비를 태워 눈 깜짝할 사이에 삼천문 앞에 도착하여 왕비는 가마에서 내려 하늘의 빛살에 눈이 부시어 앞을 바로 볼 수가 없다. 그때 하늘 사람 하나가 왕비에게 미륵부처님을 세 번 부르시면 눈을 뜨고 하늘 세계를 바로 보실 수 있습니다 하여 미륵부처님이라고 부르고 나니 하늘세계가 또렷이 눈에 보였다.

왕비는 부처님을 뵙고나서 법문을 듣는데 맑고 맑은 음성으로 무진보살에게 "만일 한량없는 백천만억 중생이 모든 괴로움을 받을 적에 관세음보살의 이름을 듣고 일심으로 관세음보살 염[念; 마음이 작용하는 심소(心所)의 이름으로 경함한 것을 밝게 기억하는 것]하면 곧 '그 음성을 관찰하고 해탈케 하느니라' 하는 소식을 듣고 꿈에서 깨어나 꿈이 기이하여 해몽 잘하며 수행하고 있는 호호백발에 얼굴은 주름투성이요, 용모는 대삿갓에 누더기를 걸치고 지팡이를 짚은 수행자였다. 꿈의 해몽을 부탁하니 해몽은 부처님의 어머니가 될 것이며 그 선녀가 태어날 육신보살이 중생들을 제도하는 부처님으로 나투실 것입니다."

왕은 꿈을 해몽한 수행자에게 "보답을 하고자 하니 무엇이든 말씀하시오" 하니 "물 한 모금만 있으면 되옵니다." 하여 물을 갖다 주었더니 물 한 모금을 입에 머금었다가 확 내뿜으며 주문을 외우니 지팡이가 저절로 일어서더니 살아 꿈틀거리는 금룡(金龍)으로 변하여 바람이 구름을 몰아오고 번개가 번쩍이며 천둥이 벽력 같은 소리에 왕궁이 흔들리는 가운데 늙은 수행자는 빛나는 금룡을 타고 빛깔 구름에 휩싸여 하늘로 올라갔다.

이날부터 왕비는 일신이 안락하여 눈에 보이는 것은 우담바라꽃 같았고 귀에 들리는 것은 하늘 음악소리 같고 향기가 코로 스며드는 것 같았다.

영롱한 기운이 온몸을 감싼 것 같고 입안에는 언제나 신선한 우유죽을 머금은 듯 하였으며 세월이 흘러 셋째 공주가 태어났는데 얼굴은 둥근달처럼 맑고 해처럼 빛났으며 살색은 금덩이처럼 귀해보였고 손은 천륜상(天輪相)이요. 눈은 마니보주(摩尼寶珠; 진주, 여의주) 같았으며 푸른 눈썹과 검은 머리에 손발은 백옥 같고 유리처럼 투명하며 거룩한 용모가 갖추어야 할 32상(相)과 80종호(種好)가 있어 세상에 가히 비교할 이가 없었다.

묘선(妙善)공주는 무럭무럭 귀엽게 자라서 달 밝은 밤에 비파소리를 풀벌레 울음소리처럼 켜면서 불경을 외우면 그 목소리를 듣고 왕궁 사람들은 모두가 걸음을 멈추고 불경소리를 듣고 간다.

묘선공주가 열아홉 살이 되는 해 밝은 스승을 모시고 지혜를 얻어 바른 도를 행하리라. '지옥 같은 불구덩이 멀리할 마음 버리지 않을 것이며 마침내 성불하여 중생을 제도하게 해주옵소서' 이렇게 발원하던 어느 날 밤이었다.

국왕은 연회석에서 술잔을 높이 들고는 미치광이처럼 고함을 치며 "후궁 빈비권속이 삼천칠백명이나 되는데 죄다 흙으로 빚은 것인지 나무를 깎아 만든 것인지 피가 돌지 않는 목석처럼 누구 하나 아들을 낳을 줄 모르는구나. 산천초목은 해마다 봄이 오면 꽃을 피우고 가을이 되면 열매를 맺건만 과인은 어이하여 후대가 없단 말인가" 하며 탄식을 하다 술잔을 깨뜨려버린다. 이때 대신 한 사람이 "묘장왕이시여 셋부마중에서 덕행이 깊은 이에게 왕위를 잇게 하시면 태자나 매 한가지이옵니다."하고 올리니 일그러진 얼굴이 안심의 얼굴로 변하더니 세 공주를 어전으로 오게 하여 태자가 없으니 부마를 왕위에 잇게 할 터이니 첫째 공주부터 마음대로 선택하여 보아라." "저는 문사를 선택하고자 합니다." 둘째 공주는 "무인을 선택하려 하옵니다." 셋째 공주는 "충신이나 효자 어진이나 지사(志士) 모두 어찌 무상(無常)의 도리를 피할 수 있겠사옵니까, 소녀는 수행하여 도를 깨치려 합니다. 정각(正覺; 참되고 올바른 깨달음)을 얻어 보리(菩提; 완전한 깨달음)를 이룬다면 아바마마의 은덕을 잊지 않고 보답하겠사옵니다."

　공주의 말을 듣고는 왕은 무사들에게 "묘선공주를 끌어내어 하옥시켜라" 우레 같은 호령이 떨어진다. 묘선공주는 "아바마마 이러한 의원(醫員)이 있으면 시집가겠습니다." 말하여 보아라. "천하만물에게 생멸의 상을 없게 하고, 애욕의 정을 없게 하고, 늙어 병이 나는 고통을 받지 않게 하고, 빈부의 수치를 없게 하고, 좋고 싫은 환(患; 근심)을 없게 할 수 있는 의원, 너와 나를 가르는 마음을 없게 하고, 유능하다고 느끼고 교만한 마음을 없게 할 수 있는 의원 대지(大智 : 모든 사리에 통달한 사람)의 인간에게 마음도 형상도 수명도 명예도 안락도 평등하게 할 수 있는 의원 삼라만상 육도사생(六道四生)에서 헤매는 영혼을 깨우쳐 정각보리(正覺菩提)를 얻을 수 있게 하는 의원이 있다면 부부로 결합하겠사옵니다. 이런 사람과 더불어 인욕을 함께하고 법의 자리에 나란히 앉고 무위(無爲; 열반의 경계)의 자리에 함께 누우려 하옵고 소녀의 소원은 이뿐이옵니다."

국왕은 용상을 내리치며 "이 미친 년 무슨 얼토당토 않는 소리를 하느냐" 하면서 후원에 갇히고 말았다. 그래도 묘선공주는 미소를 지으며 밝은 달 흰 구름을 벗 삼아 아무런 근심 걱정 없이 정진하며 부모에게 자성(自性; 태어날 때 가지고 난 성질)을 밝혀 마음 꽃 피우게 되면 반드시 그 열매를 궁문으로 돌리겠사옵니다. 그리고 "소녀가 알기로는 삼세제불(三世諸佛; 과거, 현재, 미래에 출현하는 모든 부처님)을 고금(古今)의 명현(名賢)인데 온갖 욕망 다 버리고 대승도(大乘道)를 행하여 정각(正覺)을 얻어 중생을 제도(濟度; 미혹의 경계에서 헤매는 중생을 극락세계로 인도하는 것)한다 하더이다. 그리고 소녀는 마음을 비우려 하나이다. 재와 색은 마음을 산란케 하지만 조용한 마음은 견성(見性; 자기 본성을 꿰뚫어보고 깨닫는 것)을 이루게 하나이다" 하는 생각을 혼자서 하고 있을 때 묘서(妙書) 큰 언니는 묘선에게 와서 고난받는 동생아 청춘을 아껴라 혼자서 늙게 되면 외로워 슬픔을 견디지 못하게 된다.

궁중의 부귀영화는 천상에서나 누릴 수 있는 것이지 땅에서는 없는 것이란다. 왕궁을 출입할 때 온갖 풍악 속에 가마 타고 드나드니 신선이 따로 있겠느냐. 귀신한테 홀렸는지 고생을 절로 사서 하니 네가 어디 정신이 온전한지 모르겠구나, 부모님 걱정을 덜어드리게 어서 궁중으로 돌아가자. 언니의 말을 듣고는 득(得)은 맑은 검박(儉朴; 수수함)에서 생기고 복(福)은 비속(卑屬; 혈연관계에 있어 한 사람의 마음에 오는 항렬에 있는 사람)을 버리는 데서 나오는 법, 지혜로운 자는 생사윤회를 분명히 알 거예요.

이때 어머니인 왕비의 만류로 묘선공주는 옥에서 나오게 되었으나 왕과 왕비의 만류하는데도 불구하고 여주(汝州) 용수현(龍樹縣) 백작선사(白雀禪寺)로 가는 도중에 대신과 군사들이 길을 막아선다. 묘선공주가 하는 말이 그대들은 죄와 복의 윤회와 인과응보를 믿지 않으니 옳은 죽음은 막지 못할 것이오. 생명은 어디에서 오는 것이며 죽어서는 어디로 가는 것인지를 모르고 있으니 정녕 꿈에서 벼슬하는 것에 지나지 않음이오. 거슬리면 화를 내고 찬양하면 기뻐하며 부귀를 중히 여기기를 금옥같이 하고 빈천(貧賤) 보기를 분토(糞土) 같이 하며 남이 뭔가를 얻게 되면 번뇌에 빠지고 남이 뭔가를 잃으면 기쁨에 젖어 있으니 그대들 양심이 어디에 있는 것이오. 입은 바로 가졌으되 마음은 바로가지지 못하였고 말은 깨끗하나 행동은 깨끗하지 못하고 책은 읽었으나 예의는 알지 못하여 어찌 군자의 도리라고 할 수 있으리오. 대신들과 무사는 할 말을 잊고 물러났다.

묘선공주는 백작선사에 도착하여 주지스님에게 인사를 하는데 주지스님이 노승이 있는 이곳에는 천누더기를 걸치고 멀건 죽을 먹기 일쑤이고 게다가 적적하고 쓸쓸하기 짝이 없는데 무얼 하러 이런 곳으로 온단 말이오. 묘선공주는 차분하게 대답하는데 죽을 먹어도 마음이 깨끗하고 적막하고 쓸쓸해도 마음이 고요하지요, 지혜롭고 총명하여 인과응보의 도리를 알고 행동 또한 가볍지 않다고 들었습니다.

이 말을 듣고는 주지스님이 "부왕과 공주와의 갈등이 우리 산문과 무슨 상관이 있다는 것인지 답답한 일이오. 묘선공주는 소리없이 웃으며 대답한다."

"스님은 크게 화합하고 두루 덕을 갖추어야 합니다. 이를 출가인의 도리라 합니다. 그런데 주지스님은 지혜가 얕아 견해를 옳게 가지지 못하였고 몸은 비록 출가하였다 하나 마음은 도를 깨치지 못한 것 같습니다.

옛 성인들 가운데는 제 몸을 주린 호랑이에게 먹이로 준 사람도 있고 제 살점을 베어내어 날 짐승에게 먹인 이도 있음을 어찌 모르고 계십니까? 제 몸 태워 전신을 바친 이도 있지요. 그들은 심신을 바쳐 더 없는 깨달음을 얻은 것입니다. 스님은 몸과 마음을 아끼고 탐욕을 버리지 못하고 있는데 이러고서야 어찌 수행하여 도를 깨칠 수 있겠습니까? 자신을 버리고 남을 이롭게 하는 것이어야말로 승려 본연의 도리요 자신을 위하고 남을 헤치는 것은 부처님을 따르는 제자의 예의가 아니지요. 묘선공주의 말을 다 듣고는 주지스님이 묘선공주를 공양 간에 가서 일을 도맡아 하라는 지시를 내렸다. 묘선공주는 주지스님이 시키는 데로 공양 간에 가서 일을 열심히 하면서도 보리심(菩提心; 불과에 이르고 깨달음을 얻으며 중생을 교화하려는 마음)은 더욱 굳세어졌다. 부엌의 조왕신(竈王神)이 묘선공주의 보리심에 감동하여 옥황상제에게 묘선공주의 사정을 아뢰었다.

조왕신의 보고를 받고 크게 기뻐하며 속히 백작선사로 자신의 권속들을 보내어 묘선공주의 일을 나누어 맡도록 하였다. 동해의 용을 시켜 공양간 옆에 우물을 파고 산짐승들에게는 숲속에서 땔 나무를 물어오게 하고 날짐승은 반찬거리를 물어오게 하고 공양간의 일들을 천신(天神)과 지신(地神)들이 도와주니 묘선공주는 유유자적하니 이 절의 비구니 스님들은 몹시 놀랐다.

이 사실을 국왕에게 알리니 국왕은 묘선은 요괴임이 틀림없다고 단정 지었다. 그러나 묘선공주는 더욱 단호하게 말한다. "바닷물이 마르고 태산이 허물어 진다 해도 도심(道心)은 버리지 못할 것이며 지금 바로 도를 위하여 한 몸을 버릴 때인데 어찌 삶에 애착을 가지고 공포에 질려 있으리. 인간은 태어나면 반드시 죽는 법이니 영원히 속세에 머물지 못하리라. 나는 어서 죽어 삼계(三界)를 벗어나고 육도윤회(六度輪廻; 지옥, 아귀, 축생, 아수라, 인간, 천상)를 벗어나기를 바라고 있네. 하늘의 제석(帝釋)님이 묘선공주의 수행 장소를 정하여 주는 곳은 복덕의 땅 향산이라는 큰 산인데 향기로운 산이라 신선이 숨어 살고 사자와 코끼리가 살고 있으며 상서(祥瑞; 복스럽고 길한 징조)로운 나무숲이 꽉 들어차 있느라 제석천(帝釋天)이 주는 장생불사(長生不死) 붉은 하늘 복숭아 하나를 주어먹으니 향기가 진동하고 갈증을 모르고 허기를 모르고 장생불사케 하느니라." 묘선공주는 이런 경치 속에서 몸을 닦으니 자연히 마음이 청정해지므로 도를 깨치고 유유자적하지 않을 수 없다. 여기서 9년이란 세월을 하루같이 보냈다.

이때 옥황상제는 흑림국 묘장왕의 삼보(三寶; 불·법·승)를 능멸하여 죗값으로 병을 주어 온몸이 불처럼 뜨거워졌다가도 얼음 속에 빠진 듯 덜덜 떨고 머리가 천근같이 무거운가 하면 뼈마디가 시큰시큰 하더니 나중에는 피부가 가려워서 견딜 수 없고 살갗이 물러지기 시작하고 피고름이 줄줄 흘러 악취가 왕궁에 퍼졌다.

왕비는 무당을 불러 점을 치고 굿판을 벌이기도 하였지만 효험이 없었다. 온 나라 명의란 명의를 다 불러 치료를 받고 약을 써보았지만 소용이 없었다. 국왕은 한 달이 채 안되어 손발이 헐고 머리에는 부스럼이 났으며 눈썹과 수염이 다 빠지고 살갗이 헌데는 구더기까지 끼곤 한다. 귀와 코가 꺼져 들어가고 눈이 물러지며 이빨이 흔들흔들 하더니 빠지기 시작했다. 그러가 하면 혀를 움직이지 못하게 되고 입술이 문드러지더니 손가락까지 떨어져나갔다.

이때 향산의 묘선공주는 부처의 눈으로 천하를 살펴보고 법신으로 나토(나타내다)로 구름을 타고 벽라선동(碧羅仙洞)을 떠나 신음소리가 들리는 곳이라면 어디든지 찾아가 중생을 구제하러 다니던 묘선공주도 국왕의 큰 불행을 부처님의 눈으로 보니 부왕이 몹쓸 병에 걸려 고통을 받고 있는 것을 보고는 곧바로 꾀죄죄한 노승으로 변신하여 머리에는 남루한 비로자나 모자를 쓰고 몸에는 군데군데 기운 누더기를 걸치고 얼굴에는 천하게 종기와 부스럼을 달고 신발은 뒤축이 떨어진 나막신을 신었다.

영락없이 탁발하는 노승의 모습으로 궁에 들어가 국왕의 맥을 짚어 보더니 "산 사람의 몸에서 떼어낸 손과 눈을 먹어야 나을 병이 옵니다." 한다.

왕은 "짐에게 손과 눈을 줄 사람이 어디에 있겠습니까?" 한다.

노승은 혜주땅 징심현(澄心縣)의 향산에서 도 닦는 노인이 계시온데 마음의 심지가 굳어 명리를 탐하지 않고 속세와 절연하여 도를 깨치고 신통력을 얻어 세간의 오욕과 쾌락을 완전히 버린 분이시다. 도사를 찾아갈 때 향이나 한 묶음 시주하시면 손과 눈을 줄 것입니다. 그리고 가실 때에는 반드시 국왕의 칙서를 가지고 가셔야 합니다."

국왕은 노승의 말을 듣고는 대선인(大仙人)을 불러 짐의 칙서를 유흠에게 주어 향산에 계신 도인을 찾아가 짐의 칙서를 주고 도인의 손과 눈을 가지고 오느라 하고 지시를 내렸다.

유흠은 국왕의 칙서를 가지고 향산을 찾아 도인에게 왕의 칙서를 보여주니 도인은 "나의 손과 눈을 직접 가지고 가시오." 라 한다. 도인은 "묘장왕의 병이 낫기만을 바랄 뿐이오. 걱정 마시고 내 손과 눈을 직접 가지고 가시오. 나의 손과 눈으로 국왕의 몸이 완쾌된다 하니 축하드리오." 왕은 노승이 올린 약을 먹고 하룻밤이 지나자 몸은 씻은 듯이 다 나았다.

국왕은 대신들을 불러놓고 "고목에 꽃이 피고 쓰러진 재에서 불길이 일어남과 같다. 하늘이 귀한 노승을 보내 주셨으니 이 기쁨을 말할 수 없노라. 이제부터 정사를 보았던 정전(正殿)을 법당으로 삼고 드넓은 왕궁을 도량으로 만들고 노승에게는 황천지하(皇天之下) 일인지상(一人之上) 진국선사(鎭國禪師)란 호를 내리니 문무 대신들은 스승으로 예우하라" 소승은 이를 원치 않나이다. "도인이 내준 눈과 손으로 병이 다 나았으니 보답할 마음이 있으시다면 향산으로 가시어 도인에게 보은을 나타내소서." 하고는 노승은 허공으로 훌쩍 뛰어 올라 몸을 숨긴 채 국왕에게 "나는 보문관자재(普門觀自在)라 그대의 병 고치러 왔노라. 이제부터 마음을 밝게 하고 도를 닦아 속세의 티끌에 어둡지 말라. 천지만물도 무상하거늘 부평초 같은 인생이 어찌 영원하리오. 부디 미루지 마시고 수행하여 정과(正果; 정보)를 얻으라. 그리하면 밝은 달빛, 맑은 바람 속에서 유유자적하리라." 허공에서 울리는 말을 들은 국왕은 엎드려 백배를 올리고 왕궁 사람들에게 향산으로 도인을 만나로 떠나 며칠을 가다보니 향산이 가까워지자 하늘에서 바람을 타고 꽃비가 내리고 학이 나는 산봉우리들은 한결같이 수려했으며 나무들은 생기가 넘쳐 국왕은 가마에서 내려 신하들과 더불어 걸어가다 푸른 대숲 사이로 난 산길에 암자가 보인다.

　암자 마당에 이르러 왕은 암자를 향하여 오체투지로 절을 하고 짐이 오늘 음악을 울리고 향을 사르며 고마운 마음을 표시하고자 하나이다. 그러나 암자 안에서는 침묵이 계속되자 왕비는 가만히 방문을 열어보니 방안에는 두 손과 두 눈이 없는 도인이 삼매에 들어있었다. 얼굴은 마른편이며 피와 먼지뿐이고 좌선한 채 삼매에 든 등신불이 있었다.

　왕비는 가까이 가서 자세히 살펴보니 살아생전 묘선공주의 용모와 너무 흡사하였다. 도인은 삼매에서 깨어나 긴 호흡을 내뱉고 미소를 머금은 입술이 움직이기 시작하여 묘선의 깊은 목소리는 천 길 낭떠러지에서 들려오는 공명음(共鳴音; 하나가 울리면 같은 진동수를 가진 다른 하나가 따라 울리는 현상)처럼 방안을 울리며 맞이합니다. 당신은 자애로운 어머님이십니다. 소녀는 당신의 딸 묘선이옵니다.

　왕은 딸의 효심을 보고 "짐은 지금부터 부처님 제자 되기를 서약하고 흥립국 백성들에게 불법을 믿고 따를 것을 선포하노라." 국왕은 묘선의 다리를 만졌다. 이윽고 묘선의 손과 눈을 핥아 주자 놀랍게도 상서(祥瑞; 복스럽고 길한 징조)로운 일이 벌어졌다. 묘선은 홀연히 허공으로 오르더니 휘황한 빛이 번져가는 가운데 천수천안의 보살로 나토하시었다. 허공에는 천개의 손과 천개의 눈이 빛살처럼 광명을 발하여 거룩하게 움직이기 시작하였다. 마침내 왕도 왕위를 버리고 불문에 귀의하여 일체 중생을 제도하리라 맹세하였으며 묘선공주는 부모님께 효도의 마음과 중생들을 사랑하는 마음으로 관세음보살이 되었다고 합니다.

지장보살(地藏菩薩) 탄생한 사연

    부처님께서 열반하신 뒤 상법시대(像法時代; 부처님이 안 계시지만 가르침은 모양 법을 천년을 흉내는 것)에 바라문(婆羅門)의 딸 광목(光目)은 과거 여러 생 동안 깊고 두터운 복을 심었기에 여러 사람들로부터 흠모와 존경을 받아 왔으며 어느 곳을 가거나 머물거나 앉거나 눕거나 하늘 사람이 그녀를 지켜 주었으나 그의 어머니는 삿된 것을 믿기를 좋아하고 불(佛) 법(法) 승(僧) 삼보(三寶)를 업신여겨 딸은 여러 가지 방편을 써서 어머니로 하여금 바른 생각을 내게 하였지만 어머니는 온전한 믿음을 가지지 않고 오래지 않아 목숨이 다해 혼신이 되어 무간지옥에 떨어 졌을 것을 짐작하고 바라문의 딸 광목은 어머니가 세상에 살아계실 때 인과를 믿지 않고 악업을 일삼았으므로 당연히 업에 따라 악취(惡趣; 삼악도 악업을 지어 죽은 뒤에 나는 고통의 세계)에 떨어졌을 것으로 알고 집을 팔아 좋은 향과 꽃과 공양 올릴 물건들을 장만하여 각화정자재왕여래(覺華定自在王如來)의 탑이 있는 절에 가서 크게 공양을 올리고 절 안에 모셔져 있는 각화정자재왕여래상이 매우 단정하고 위엄 있고, 원만한 것을 보고 우러러 예배하고 크게 공경하는 마음을 내면서 어머니의 고통을 생각하면서 부처님께서는 큰 깨달음을 이루신 이니, 모든 것을 다 아는 일체지(一切智)를 갖추시어 이 세상에 계셨다면 부처님을 뵙고 여쭈어보면 돌아가신 어머니가 태어난 곳을 반드시 일러주었을 것이다.

　이러한 생각을 하여 보면서 부처님상을 우러러보고 울며 기도를 하고 있을 때 홀연히 공중에서 소리가 들려온다. 울고 있는 성녀(聖女)야, 너무 슬퍼하지 말라, 내가 이제 어머니가 간 곳을 일러주리라. 이에 바라문의 딸 광목은 공중을 향하여 합장하고 아뢰었느니라. 신묘(神妙)로운 신덕(神德)을 갖추신 분이기에 근심을 너그러이 풀어주시옵니까. 어머니를 잃은 뒤 밤낮으로 생각하고 생각하였사오나 어머니가 가신 곳을 물을 곳이 없었나이다. 그때 공중에서 다시 바라문의 딸 광목에게 이르는 소리가 들려온다.

　나는 정성을 다하여 올린 너의 절을 받은 과거의 부처 각화정자재왕여래이니라. 네가 어머니를 생각하고 사랑하는 마음이 다른 사람들보다 배나 더하기에 특별히 와서 일러주노라. 이 소리를 듣고 바라문의 딸은 감격하여 몸부림치다가 지절(肢節; 팔다리 뼈마디)이 성한 데가 없이 다쳐 쓰러졌다. 좌우에 있던 사람들이 나를 부축하고 돌보아주어 한참만에야 정신을 차린 다음 공중을 향하여 다시 아뢰었다. 부처님이시여, 바라옵건대 인자하신 마음으로 저를 불쌍히 여기시어 저의 어머니가 태어난 곳을 속히 일러주십시오. 저는 이제 몸과 마음을 가눌 수가 없고 곧 죽을 것만 같사옵니다.

그때 각화정자재왕여래께서 바라문의 딸에게 "지금 공양을 올리는 것을 마치고 곧 집으로 돌아가서 단정히 앉아 나의 명호를 생각하여라. 그리하면 어머니가 태어난 곳을 알게 되리라." 이 소리를 듣자 바라문의 딸은 부처님께 예배드리고 곧 바로 집으로 돌아와서 단정히 앉아 어머니를 떠올리며 각화정자재왕여래의 명호를 생각하며 하루 낮 하룻밤이 지나자 홀연히 자신이 한 바닷가에 와있음을 알게 되어 자세히 보니 바닷물이 펄펄 끓고 있었고 주위에는 몸이 쇠로 된 사나운 짐승들이 바다 위를 이리저리 날아다니고 짐승들은 바다 속에 빠져 허우적거리는 수많은 남녀들을 다투어 잡아먹고 있다. 또 다른 곳을 보니 야차(夜叉)들이 있는데 그 형상이 가지가지여서 손과 발은 물론 머리와 눈도 여럿이며 어금니는 입 밖으로 삐져나와 날카로운 칼로 된 갈고리와 같았으며 모든 죄인들을 사나운 짐승들 가까이로 몰아주거나 또 스스로 죄인들을 때리고 움켜잡아 다리와 머리를 한데 얽어 묶어 놓는 등 그 고통 받는 형상은 천만가지여서 차마 눈 뜨고 볼 수가 없었다.

　그러나 바라문의 딸은 부처님을 생각하는 힘 덕분에 전혀 두려움을 느끼지 못하였다. 그 곳에는 무독(無毒)이라는 귀왕(鬼王)이 있었으며 그 왕은 머리를 조아리고 거룩한 여인 성녀를 경건(敬虔; 삼가 공경스러움)히 맞이하며 말했다. 장하십니다. "보살께서는 어떤 인연으로 이곳까지 오셨습니까." 성녀가 귀왕에게 "이곳은 어떤 곳입니까?"

"이곳은 대철위산 서쪽에 있는 첫 번째 바다이며 철위산 안에는 지옥이 있고 그 지옥에는 어떻게 하면 제가 그곳까지 가 볼 수 있겠습니까."

그 곳은 부처님의 위신력과 나의 업력이 두 가지 인연으로만 갈 수 있을 뿐입니다. "거룩한 여인이 귀왕에게 이 물은 어떤 연유로 저렇게 끓어오르며 어찌하여 죄인과 사나운 짐승들이 저다지도 많습니까?

이곳은 염부제(閻浮提; 사주 가운데 하나)에서 악한 짓을 하다가 죽은 중생 가운데 49일이 지나도록 그를 위해 공덕을 지어 고난에서 건져주는 일이 없거나 살아 있을 때 착한 인연을 지은 것이 없으면 어쩔 수 없이 본래 지은 악업대로 지옥에 떨어지게 되어 자연히 이 바다를 먼저 건너게 됩니다.

이 바다 동쪽으로 십만 유순(由旬)을 지나면 또한 바다가 있으니 그곳의 고통은 다시 그 배가 되며 이 세 바다에서의 고통은 몸과 말의 뜻으로 지은 악업 때문에 스스로 받는 곳입니다. 그래서 이곳을 업의 바다라고 합니다."

"그럼 지옥은 어디에 있습니까?"

"저 바다 속이 대지옥이오. 그 지옥의 수는 백천이나 되며 각각 차별이 있으며 그 지옥이 열여덟이고 다음으로 오백이 있고 그 다음으로 천백이나 있는데 그 지독한 고초는 한량이 없습니다."

거룩한 여인은 또 무독귀왕에게 물어본다.

"저의 어머니는 돌아가신 지가 얼마 되지 않았는데 혼신이 어느 곳에 가 있는지 알 수 없겠습니까?"

"보살의 어머님은 살아계실 때 어떤 일을 하셨습니까?"

"저의 어머니는 그릇된 소견으로 삼보를 비방하였고, 설혹 잠깐 믿다가도 금방 공경하지 않았습니다. 돌아가신 지 얼마 되지 않았는데 태어난 곳을 알 수 없겠습니까?"

"보살의 어머니는 성씨가 무엇입니까?"

"저의 부모는 모두 바라문 종족으로 아버지의 이름은 시라선견(尸羅善見)이요, 어머니의 이름은 열제리(悅帝利)입니다."

무독귀왕이 합장하며 머리를 조아리며 성녀에게 말한다.

"원컨대 성자(聖子)께서는 너무 슬퍼하거나 근심하지 마시고 집으로 돌아가 계십시오. 죄인이었던 열제리는 천상에 태어난 지 삼일이 되었습니다. 효순한 자식이 어머니를 위하여 각화정자재왕여래의 탑이 있는 절에 공양을 올리고, 복을 닦은 공덕으로 보살의 어머니뿐만 아니라 그날 무간지옥에 있던 죄인들 모두가 함께 천상에 태어나 행복을 누리게 되었습니다."

이 말을 마치고 무독귀왕은 합장하며 물러갔다.

꿈과 같이 집으로 돌아온 바라문의 딸은 모든 사실을 깨닫고 곧 각화정자재왕의 탑사에 모신 불상 앞으로 나아가 크고 넓은 서원을 세우고 맹세하옵나니 저는 미래 겁이 다하도록 죄고(罪苦)에 빠진 중생이 있으면 방편을 베풀어 그들을 모두 해탈케 하여 놓고 저 자신도 불도를 이루어 깨달음을 얻고 해탈할 것을 약속하는 그날부터 지금까지 바라문의 딸은 지장보살이 되어 지장보살의 행을 하고 있다고 합니다.

* 십재일(十齋日)이란

매월 10일의 날을 정하여 재계(齋戒; 마음과 몸을 깨끗이 하고 깨끗하지 못한 것을 멀리 하는 것)하여 재앙과 죄벌을 피한다.

1, 8, 14, 15, 18, 23, 24, 28, 29, 30일 이 날은 지장경을 읽는 것이 좋습니다.

십재일(十齋日)이란?
* 1일: 정광불재일(正光佛齋日)
* 8일: 약사불재일(藥師佛齋日)
* 14일: 현겁천불재일(現劫千佛齋日)
* 15일: 아미타불재일(阿彌陀佛齋日)
* 18일: 지장보살재일(地藏菩薩齋日)
* 23일: 대세지보살재일(大勢地菩薩齋日)
* 24일: 관세음보살재일(觀世音菩薩齋日)
* 28일: 노사나불재일(盧舍那佛齋日)
* 29일: 약왕보살재일(藥王菩薩齋日)
* 30일: 석가모니불재일(釋迦牟尼佛齋日)

아난다(阿難陀; 아난존자)의 깨달음

　부처님이 열반하시자 마하가섭존자(摩訶迦葉尊者)는 부처님의 설법을 책으로 만들지 말고 설법으로 후세에 전달하라고 하셨지만 전달할 수가 없어 책을 만들어 후세에 전할까 하여 제1결집(第一結集; 부처님의 설법을 가르침에 외우고 합송하여 집성한 것을 말함)을 만들려고 하니 깨닫지 못한 아난존자를 앞세우고 결집을 만들 수 없으니 마하가섭존자가 아난존자에게 깨닫지 못한 사람은 결집을 만드는데 같이 할 수가 없으니 깨달음을 얻고 와서 제1결집 만드는데 협조하여라. 이 말을 들은 아난존자는 깨달음을 얻고자 나왔는데 대중들은 아난존자가 설법하러 나온 줄 알고 구름같이 모여들었다.

　아난존자는 대중들이 모여 드는 것을 보고는 순간적으로 자기의 본분을 잊어버리고 대중들 앞에서 정성을 다하여 설법을 하고 있을 때 부처님의 제자이신 발기비구(跋耆比丘)가 아난존자에게 가까이 가서 고요한 나무 밑에 앉아 마음은 열반에 들어 참선하고 게으르지 말라. 말 많아 무슨 소용 있는가 하면서 "조용히 하십시오." 하는 말 한마디에 자기의 본분을 알아차리고 정신을 차려 설법을 무사히 마치고 선정(禪定)에 들며 하도 피곤하여 누워야 되겠다고 생각하고 목침을 베려는 순간

곽철대오(廓徹大悟; 미혹과 망념을 여의고 실상을 바로보아 아는 견해를 여는 것)하여 마음을 깨쳤다.

　이리하여 제1결집 만들 때 아난존자가 첫머리에 여시아문(如是我聞; 이와 같이 내가 들었다)라고 하였으며 결집 만들 때 제일 공이 큰 사람은 아난존자이며 설법에는 제일 일인자가 되었다고 합니다. 왜냐하면 아난존자는 항상 부처님을 따라다니면서 뒷바라지하고 설법하시는 것을 다 들었기 때문이며 깨닫지 못한 것은 부처님의 뒷바라지 하느라고 깨달음을 얻을 시간이 없어서 깨닫지 못하였다고 합니다.

양무제 죽음

옛날 양무제(梁武帝)가 산에 땔나무를 얻기 위해 산에 올라가 자리를 잡고, 풀을 베기 위해 낫으로 풀을 베는 순간 낫 끝에 부딪히는 소리가 탁 하는 소리가 들려 소리 나는 곳을 살펴보니 이상한 물건이 땅에 반 정도 묻힌 채로 보였다. 양무제는 이것이 무엇인가 하고 파내어 보니 작은 불상이었다.

양무제가 하는 말이 나도 빛을 보지 못하고 있는데 너도 어떻게 깊은 산골짜기에 파묻혀 빛을 보지 못하는 것이 나하고 똑같아 보이는구나 하면서 사방을 둘러보니 넓은 평지인 것을 보아서는 옛날에 절터였다는 것을 직감으로 알 수 있었다.

양무제는 불상을 물로 깨끗이 씻어 세워놓고 보니 아주 잘 생긴 불상이었다. 양무제는 물그릇을 찾아 물을 담아 불상 앞에 놓고 하는 말이 "부처님, 이 세상에 근심 걱정 없는 왕(王)이 나 되게 하여 주십시오" 하면서 원(願)을 말하고는 집으로 왔다. 이때 나무 위에 있던 원숭이는 양무제가 하는 것을 보고 있다가 나도 저렇게 하여보자 하고는 원숭이는 나무에서 내려와 양무제가 물을 떠 놓은 물그릇을 버리고 자기가 물그릇을 찾아 물을 떠놓고는 하는 말이 "왕의 자리는 양무제가 원을 말하였으니 나는 하나 밑에 정승벼슬 자리를 주십시오." 원을 말하였다.

 다음날 불상 앞에 와보니 내가 담은 물그릇은 땅바닥에 뒹굴고 다른 물그릇에 물이 담겨 있는 것을 보고는 누가 이런 짓을 하였을까 생각하면서 물그릇을 팽개쳐 박살을 내놓고는 오늘은 예쁜 꽃을 꺾어놓고 원을 말하고 집으로 왔다.

 오늘도 나무위에서 지켜본 원숭이는 양무제가 집으로 가는 것을 보고 나무 위에서 내려와 꽃그릇을 팽개치고 꽃을 사방으로 흩뜨려 놓고 자기가 꽃을 갖다 놓고 원을 말하고 갔다. 다음날 양무제는 불상 앞에 와보니 꽃을 사방으로 흩뜨려 놓고 그릇까지 깨뜨려 버려져 있었다.

 양무제는 생각을 하여 보았다. 누가 이렇게 하였을까 생각하면서 불상 앞에 있는 꽃을 뽑아 발로 밟고는 좋은 꽃을 갖다 놓고 원을 말하고 집으로 가는 척하고 숨어서 보았다. 한참 있으니까 나무 위에 있던 원숭이가 내려오더니 내가 하는 것과 똑같이 꽃을 뽑아 발로 밟는 것이 아닌가. 이 광경을 보고는 양무제는 화가 나서 원숭이 앞에 가서 호통을 치면서 나무랐다. 이 원숭이를 어떻게 하여야 나를 괴롭히지 않을까 생각하고 있는데 마침 눈앞에 보이는 곳이 비워 있는 토굴이 보였다. 이 원숭이를 토굴에 가두어야 다시는 나를 괴롭히지 않겠지 하는 생각을 하고는 원숭이를 토굴에 들여보내고 나오지 못하게 입구를 큰 돌로 막아 놓고 집으로 왔다.

 다음 날 불상있는 곳을 가보니 내가 놓은 그대로 있는 것을 확인하고 원을 말하고 왔다.

며칠이 지나 밤에 잠을 자다 꿈을 꾸었는데 원숭이가 살려달라고 애원하는 꿈을 꾸었다. 양무제는 꿈을 생각하고, 그동안 원숭이를 토굴에 갇혀 있는 것을 생각지 못하고 꿈을 꾸고 난 다음에야 원숭이 생각이 났다. 다음날 토굴로 가보니 방금 숨이 멈추었는지 따뜻하였다. 원숭이는 토굴에 갇혀 15일 만에 굶어 죽었다. 양무제는 미안함을 느껴 양지바른 곳에다 묻어주었다.

세월이 흘러 양무제가 왕이 되어 불교에 관심이 많아 좋은 곳에다 절을 많이 짓고 탑을 쌓고 스님들을 모집하여 곡식과 땅을 주어 잘살게 하였다. 그런 양무제의 마음은 이것으로 부처님께 보답이 만족하지 못하는 마음이라 본인이 직접 토굴에 들어가 수도를 하기 시작하였다. 왕자들은 왕이 토굴에서 고생하는 것을 보고는 정성(政聲)이 왕을 잘 보필하지 못한 일이라 이런 일이 생겼다 하여 벌을 주어야 한다고 상소하는데도 정성은 아무런 반응이 없고 말이 없었다.

옛날 원숭이가 원을 세웠던 것이 현실로 정성이 되어 있었다. 양무제 왕은 얕은 토굴에서 깊은 토굴로 들어가 수도를 해야 되겠다는 생각을 하고 깊은 토굴을 찾아 참선에 들어갔다. 왕자들은 죄를 물어야 한다고 왕에게 건의하였으나 이미 왕은 숙명통(宿命通; 전생, 금생, 내생의 일을 다 아는 것을 말한다)을 얻어 전생의 모든 것을 알고 자손에게 복수는 하지 말 것을 당부하였다.

 나는 과거에 원숭이를 토굴에 가두어 굶어 죽게 하였는데 내가 원하는 수도이니 죄를 묻지 못하게 왕자들에게 당부하고 왕은 토굴에서 160일 만에 운명하셨다고 전하고 있다.

황백스님 어머니의 마음

　옛날 중국에서 어머니와 외아들 단둘이 서로 의지며 오순도순 재미있게 살아가는데 집안이 너무나 가난하여 동네 친구들과 어울려 서당에서 공부할 수 없는 형편이 되고 보니 철없는 아이들은 가난하다고 거지라 놀려대는데 이 소리를 들어가면서 이 동네에서 살아가는 것이 화가 나고 창피하여 살 수가 없을 것 같은 생각을 고민하고 있을 때 소문에 절에 들어가 스님이 되면 밥걱정하지 않고 공부도 한없이 할 수 있다하니 나는 절로 들어가 스님이 돼야 되겠다는 마음을 결심하고 하루 종일 생각하여 보았다.

　지금까지 어머니와 단둘이서 재미있게 살아 왔는데 나 혼자 배부르고 공부하겠다고 어머니를 혼자 두고 절로 들어가야 하겠는가. 나만 바라보시고 사시면서 원망과 짜증 한번 내지 않고 살아오신 어머니를 두고 떠날 수 있을까 하는 생각을 며칠을 두고 고민하고 생각하고 또 생각하여 보았으나 결심은 절로 가야 한다는 결론을 정하고 어느 날 어머니에게 조용한 목소리로 내가 며칠 고민하고 생각하고 결심한 마음을 여쭈었다.

　어머니는 아들의 말을 듣고는 깜짝 놀라시면서 "나는 너만 바라보는 낙으로 지금까지 살아왔는데 이제와서 나 혼자 두고 절로 들어가 스님이 된다니 어머니는 적극적으로 반대하셨다. "너를 절로 보내놓고 무슨 낙으로 살아가라는 것이냐. 아들아 다시 한 번 생각하여 보아라." 하였으나 아들은 며칠을 두고 결심한 마음이라 어머니의 만류를 뿌리치고 그날로 절로 가면서 지금까지 어머님의 보살핌과 사랑과 정성으로 살아온 내가 어머니의 간곡한 부탁을 뿌리치고 나만 배부르고 공부하겠다는 욕심 때문에 절로 간다는 것이 너무 죄송하고 미안하여 눈물이 한없이 흘러내리지만 소리 내어 울 수가 없고 가슴으로 울면서 지금까지 살아온 것이 생각이 나서 가다 멈추고 수십 번을 하다보니 어느새 절 입구까지 왔다.

법당 문을 열고 부처님 전에 예배하고 무릎을 꿇고 앉아 마음속으로 부처님께 맹세하고 다짐을 하였다.

부처님의 말씀대로 훌륭한 큰 스님이 되어 도(道)를 깨치고 중생들을 제도하는데 힘을 모아 앞장서겠다고 약속을 하고 주지스님을 찾아 공손하게 절을 하고 어느 고을에 사는 누구라는 것을 밝히고 머리 깎고 스님의 제자가 되고자 찾아왔습니다. 이 말을 듣고는 첫마디로 거절하셨다.

스님의 제자가 되겠다는 일념으로 찾아왔는데 한번 거절하신다고 주저앉을 수는 없다는 생각을 하고 말없이 허드렛일을 찾아다니면서 짜증 한번 내지 않고 일을 하면서 간청하였더니 주지스님은 사람이 됨됨을 보시고서 머리를 깎아주시면서 제자로 인정하여 스님이 되었다.

한편 어머니는 아들을 산사로 보내고서 집안이 너무 조용하고 적적함을 느끼게 되면서 세월이 허무함과 가난이 원망스럽고 서러운 마음을 의지할 곳이 없었다.

매일 하늘보고 먼 산만 바라보며 아들의 건강과 그리워하는 마음으로 살아가야 했다. 좋은 음식이 생기면 아들에게 먹이고 싶은 생각 때문에 음식을 먹을 수가 없으니 어머니의 건강은 점점 쇠약해져 정신마저 흐릿해지고 살고자 하는 의욕까지 잃어버린 상태에서 음식을 먹는 둥 마는 둥 하면서 세월의 외로움을 느끼는 시간이 많아지자 어머니는 아들의 환상이 나타나기 시작하였다. 그리워하는 마음이 머릿속에 꽉 차있다 보니 몸은 더 허약하기 시작고 눈까지 병이나 앞을 보지 못하게 되자 어머니는 이렇게 살다가는 자식 한번 만나보지 못하겠구나 하는 생각이 들었다.

가난이 두렵고 세월이 원망스러웠다. 두려움에 억눌려 살다가 죽는 것이 아닌가 하는 생각이 들어 있는 힘을 다 내어 내가 죽기 전에 아들의 생김새는 보지 못할 망정 아들의 음성과 몸이나 한번 만져보면 지금 죽어도 한이 없을 것 같아 아들을 꼭 찾아 봐야지 하는 생각으로 절마다 찾아다니면서 일주문 앞에 물을 떠다놓고 절에서 나오는 스님을 한 사람도 빠짐없이 발을 씻어주기 시작한 지 며칠이 지나도록 아들을 만나지 못해 아들의 그리움 때문에 음식이 있으면 먹고 없으면 굶어가면서 수십 절을 찾아다니면서도 배고픔을 모르고 오직 아들 찾는

데만 신경을 써서 몸은 더 허약하여 보기가 민망할 정도로 되었지만 어머니는 아들을 만나보겠다는 일념 때문에 피곤함도 잊으시고 배고픔도 잊어버리고 한 분의 스님을 놓칠세라 정신을 차려가면서 오늘도 변함없이 일주문 앞에 물을 떠놓고 나오는 스님들을 공손히 반기면서 즐거운 마음으로 발을 씻어주면서 마음속으로 내 자식의 발을 씻어주는구나 하는 생각을 하면서 정성을 다하여 깨끗이 씻어주니까 어머니의 마음이 이렇게 좋을 수가 없어 마음속으로 웃어보았다.

한 스님이 "노보살님은 왜 스님들의 발을 씻어주십니까?" 하고 물어보니 노보살의 대답은 "우리 아들이 스님이 되었는데 너무나 보고 싶고 눈으로는 보이지 아니하여 형체는 보지 못하나 아들의 음성과 몸이나 한번 만져볼까 하여 이렇게 하는 것입니다."

"우리 아들의 발은 어렸을 때 오른쪽 발 엄지에 종지가 나서 없어졌기 때문에 만져보면 아들을 알아볼 수가 있기에 발을 씻어주는 것입니다."

이때 아들은 눈먼 어머니가 아들을 찾기 위해 일주문 앞에서 스님들의 발을 씻어주고 있는 것도 모르고 탁발을 하기 위해 바랑을 걸머지고 나오면서 일주문 쪽을 바라보니 웬 노보살이 스님들의 발을 정성껏 씻어주고 있는 것을 보고는 지금까지 이런 일이 없었는데 하고 다시 자세히 보니 어머니의 모습이었다. 스님은 깜짝 놀라 다시 한 번 자세히 보니 틀림없는 어머니라는 것을 알고 그만 정신을 잃고, 주저앉아 얼마의 시간이 지나자 정신을 차려 일주문쪽을 보니 여전히 어머니는 쉬지 않고 계속 스님들의 발을 씻어주는 것을 보고는 이제야 어머니를 생각하였다.

내가 절로 들어올 때는 젊고 예쁘고 자상하며 건강하시던 어머니가 이렇게 변한 것을 보고 죄 많은 자식이 한번이라도 어머니를 찾아보았으면 이런 모습은 아니 될 것인데 죄 많은 불효자식이 되어 할머니가 다 된 어머니 모습을 보니 미안하고 죄송할 따름이었다.

산사에 들어온 불효자식이 얼마나 보고 싶고 만나고 싶으면 앞이 보이지 아니한 몸으로 산사까지 찾아오셨을까 나는 산사에 온 뒤로 오직 부처님만 생각하고 의지하면서 살다보니 어머니를 까맣게 잊어버렸는데 어머니는 자식을 잊지 않고 산사까지 찾아와 일주문 앞에서 열심히 스님들의 발을 씻어주고 있는 어머니를 생각하니 가슴에서 울컥 솟아오르는 슬픈 감정에서 나오는 눈물이 소리 없이 줄줄 나왔다.

이 눈물이 어머니와 인연을 끊지 못하여 나오는 눈물이며, 반가워서 나오는 눈물이며, 할머니가 다 된 어머니의 모습이 안타까워 나오는 눈물이요, 어머니의 향기가 그리워서 나오는 눈물이요, 어머님께 불효한 죄 때문에 나오는 눈물이요, 아들 된 도리를 다하지 못한 눈물이며, 자식이 무엇이기에 자신의 몸은 돌보지 않고 아들에게 의지하며 사랑을 듬뿍 주는 기쁨과

씩씩하게 자라나는 아들의 모습을 보시면서 즐거운 마음으로 세월을 보내시며 살아오신 어머니가 아닌가하는 생각하며 가슴을 도려내는 아픔 때문에 나오는 눈물을 참을 수 없어 이를 악물고 소리 내어 울어보았지만 속이 시원치 않고 세월이 무정하고 가난이 원수 같아 한없이 울었다.

  그러나 속세를 떠나 부처님의 품안으로 들어간 사람이 되었으니 어머니와는 인연을 끊어야 한다는 생각을 하면서 냉정을 겨우 찾아 일주문을 바라보았다. 어머니는 여전히 스님들의 발을 정성으로 씻어주는 것을 보고 스님은 없는 힘을 내어 어머니 앞에 갔으나 눈물이 소리 없이 흘러나와 앞이 보이지 않는 것을 겨우 참고 왼쪽 발을 씻고 오른쪽 발을 내놓지 아니하니까 노보살이 "스님, 오른쪽 발을 내놓으라" 하시며 스님은 목이 메여 나오지 않는 작은 목소리로 겨우 하는 말이 "오른쪽 발은 종지가 나서 씻을 수가 없습니다." 대답을 겨우 하였으나 마음속에서는 어머니 하고 큰 소리로 불러보고 싶고, 어머니 하면서 껴안고 실컷 울어보고 싶고, 마음이 풀릴 때까지 어머니 이름을 부르면서 울고 싶은 마음이 간절하며 아들이 여기 와 있습니다 하고 싶지만 참아야 하는 아들의 마음은 가슴에서 천둥소리가 나고 번개가 가슴을 도려내는 아픔을 참으니 몸이 틀리고 소리 없이 흐르는 눈물이 감당할 수 없이 흘러내렸다.

  그러나 간신히 정신을 차렸으나 입에서는 어머니하는 소리가 곧 터져 나올 것 같은 것을 꾹 참고 또 참아 어머니 곁을 떠나 길을 재촉하여 발을 옮겼으나 가슴에서 나오는 울분을 참을 수 없어 눈물을 흘리면서 돌아섰으나 마음은 어머니 있는 곳으로 가고 있으니 배를 타고 탁발을 하기 위해 가야 하는데 눈물이 앞을 가려 배를 탈 수가 없어 한참 동안 마음을 안정시키기 위하여 앉아 있다가 얼마의 시간이 흘러 정신을 가다듬고 배를 타고 떠났다.

이 동네 저 동네 찾아다니면서 탁발을 하는데 가는 곳마다 들리는 소리가 눈먼 노보살이 스님된 아들을 찾기 위해 일주문 앞에서 스님들의 발을 씻어주면서도 짜증 한번 내지 않고 스님들은 모두가 내 자식으로 생각하는 노보살이 앞을 보지 못하여 물에 빠져 죽었다. 그렇게나 자식이 보고 싶어 이절 저절 찾아다니면서 자신의 몸은 돌보지 않고 아들의 환상(幻想)만 생각하고 찾아다녀도 찾지 못하였으니 얼마나 한이 되어 죽었으니 안타깝고 불쌍한 노보살이 되었네. 이 소리를 듣자마자 탁발(托鉢)을 거두고 절로 와서 부처님 앞에 좌선하여 어머니의 극락왕생(極樂往生)의 기도를 밤낮 없이 정성으로 기도하다가 피곤함을 참지 못하여 잠깐 눈을 감은 사이에 비몽사몽(非夢似夢; 꿈 속 같기도 하고 생시 같기도 한 어렴풋이한 상태)에 어머니가 미소를 지으며 나타나시더니 아들아 고맙다, 아들의 기도 정성으로 나는 극락으로 간다 하시더니 사라졌다.

허약한 몸과 앞을 볼 수 없는 몸으로 자식이 그리워 한번이라도 몸이나 만져보고 음성을 듣고자 스님들의 발까지 씻어주면서도 즐거운 마음으로 하는 어머니를 아는 척도 하지 않고 냉정하게 돌아서는 자식의 마음은 어떠하였을까? 아들의 마음은 속세와 인연을 끊어야 하겠지만 어머니와 아들 사이는 인연이 쉽게 끊어질 수가 있을까? 어머니의 품 안에서 젖을 먹고 보살펴 자란 내가 이제 와서 정을 끊어질 수 있을까? 생각하여본다.

그러나 눈물을 머금고 피나는 노력과 정진하는 힘의 노력으로 참아야 한다. 사람마다 마음과 정진하는 열성이 다르기 때문에 연비(燃臂; 태워서 없앰) 또는 연기(燃己; 손가락을 태우는 것)까지 하면서 벽관(壁觀; 벽을 향하여 좌선을 하는 것)을 끝없이 용맹 정진하는 스님들을 우리 중생들은 부처님으로 보아야 하며 존경심과 공경심을 아끼지 말아야 하겠으며 어머니의 마음은 자식을 위해서는 가시밭이라도 갈 수 있는 마음이니 어머니의 존경을 잊어서는 아니 되겠습니다.

그 뒤로 황백스님은 왕으로부터 단제선사(單提禪思)라는 호를 받았다고 합니다.

모성애(母性愛)

  어느 날 사냥꾼이 깊은 산속에서 곰 한 마리를 발견하고 침착하게 겨냥하며 가까이 가도 곰은 꼼짝도 하지 아니하여 이상하다는 생각이 들어 조심스럽게 살금살금 가까이 가서보니 큰 어미 곰은 큰 바위를 앞발로 들어 올린 채 죽어 있었다. 그 밑을 내려다보니 새끼 곰들은 어미 곰이 죽은 줄도 모르고 가재를 잡아먹으며 즐겁게 놀고 있었다. 어미 곰은 큰 바위를 내려놓으면 새끼 곰이 다칠까 내려놓지도 못하고 큰 바위를 움켜잡고 힘겨워 죽어가면서도 돌을 버리지 못하고 끝까지 버티다 목숨이 끊어졌다. 우리 중생들이 배울 점은 말을 할 줄 모르는 곰이지만 참다운 모성애를 보니 가슴이 뭉클하여 나는 깨달았다.
  사람이나 동물이나 모성애는 똑같다는 것을 알았으며 여기서 어미 곰을 잃은 새끼 곰들은 어찌할 줄도 모르고 우왕좌왕할 것을 생각하니 가슴이 아프다. 이런 생각을 하여 나도 이제는 마음을 돌려 사냥을 그만두어야겠다는 다짐을 하니 마음이 후련하고 과거 사냥한 일에 미안함을 느꼈다. 당장 활을 그자리에서 부러뜨려 던져버렸다. 정이 있고 말을 하는 사람은 부모님의 성스러운 사랑과 끝없는 애정을 모르는 사람은 아무도 없을 것이다. 그러나 요즘처럼 복잡한 현시대를 살다보면 부모님께 무관심하거나 배은망덕하는 경우가 가끔 있습니다.

한평생을 자식을 위해 희생하는 어버이를 어찌 한시라도 잊을 수가 있겠습니까? 부모는 자식들이 건강하게 열심히 살아주는 것이 효도라고 생각하고 있습니다.

우리 중생들은 마음의 눈으로 부모님을 볼 줄 알아야 하겠습니다. 졸졸 흐르는 물소리에도 귀를 기울여야 하며 부모님의 늘어가는 잔주름에도 귀를 기울여야 하며 앙상한 나뭇가지에 바람이 불어도 귀를 기울여야 하며 부모님의 깊은 뜻을 찾으려고 노력하여야 하겠습니다.

효도하고 성불하여 극락왕생 하셔야 되겠습니다.

자식을 버린 어머니

조선 정조대왕 시절에 어느 절에 훌륭한 법사스님이 계셨는데 법사스님이 핏덩이일 때 일어난 이야기이다.

어느 추운 겨울에 젊은 부인이 핏덩이 아기를 업고 주지스님을 찾아와 스님 "제가 이 절에서 무슨 일이든 다 할 터이니 해동할 때까지만 이라도 지낼 수 있도록 도와주십시오. 우리 모자는 이 절에 있지 않으면 엄동설한에 굶어 죽거나 아니면 얼어 죽을 것 같으니 부디 여기에 있게 하여주십시오." 간절하게 부탁한다.

주지스님도 혼자서 할 수 없는 일이라 그러면 "잠깐 기다려 주십시오." 하면서 바깥으로 나가 대중공사(大衆公私; 스님들의 회의)를 붙였다. 모두가 반대했다. 이유는 너무 젊고 예쁘다는 것이며 이 절에 사부대중이 많이 찾는 사찰이라 예쁜 젊은 여인이 있다는 소문이 나면 헛소문 만들기 좋아하는 사람들로 인하여 어떤 불미스런 소문이 날지 모르기 때문이며 젊은 스님 누군가와 눈이 맞아 애를 낳았다느니 아니면 젊고 예쁘다보니 앞으로 어떤 스님과의 연분이 생길 수도 있기 때문에 이 절에서는 머물 수 없다고 결론을 내렸다.

젊은 여인은 주지스님의 이야기를 듣고 어쩔 수 없이 절에서 나와 보니 두 모자가 얼어 죽는 것보다는 하나라도 살아야 하겠다는 마음이 일어나 오늘따라 눈이 바람과 함께 펑펑 날려 앞을 분간할 수 없을 정도로 내렸다.

그러나 어머니의 마음은 가슴이 찢어지는 것 같고 어린 아기의 울음소리가 들려오고 아기의 모습이 눈에 어리고 두고 갈 수 없는 심정이의 마음을 달래어 보았으나 어머니의 마음은 안정이 안되고 가슴만 두근두근하였다. 그러나 어찌하겠는가. 우리 아기를 살려야지 하는 생각만 들어 눈이 없는 곳을 찾아 일주문 옆에 두고 가면서 뒤를 돌아보고 또 보고 눈물이 쏟아져 앞을 볼 수가 없었으나 마음속으로 아가야 울지 말고 잘 커서 훌륭한 사람이 되기를 부처님께 기도하면서 어머니를 원망하라며 떠났다.

아기의 운명인지 어머니의 간절한 기도덕인지 마침 한 스님이 일주문 앞을 지나다 아기 울음소리에 가까이 가서 보니 누가 두고 간 아기였다. 스님은 아기를 안고 사방을 돌아봐도 아무도 없어 절로 안고 와서 키우는데 그 아이가 커가면서 얼마나 영리하고 신통한지 스님들이 법문을 하실라치면 늘 맨 앞에 정좌하고 앉아서 법문을 듣는 즉시 외워버린다.

어느덧 세월이 흘러 아기의 나이가 18세가 되더니 훌륭한 법사스님이 되어 법문을 하실 때면 사방에서 구름처럼 사람이 모여들었다. 그렇게 세월이 흐른 어느 날 법사스님이 법문을 하고 있을 때 법문을 듣고 있던 노보살이 혼잣말로 대체 저 법사스님의 어머니는 어떤 분이시기에 아들을 훌륭하게 잘 키웠을까 그렇게 혼잣말로 중얼거리고 있는데 그때 옆에 앉아 있던 한 노보살이 남들에게는 절대로 말하지 말라며 귓속말로 제가 저 법사스님의 어머니입니다. 그 말 한마디가 며칠 만에 스님과 신도에게 쫙 퍼졌다. 마침내 법사스님도 그 소문을 듣게 되었다.

　법사스님은 이 소문을 듣는 순간 나의 어머니가 살아계셨다니 모정은 어쩔 수가 없나보다 어머니의 모습이 어떻게 생겼으며 왜 나를 추운 겨울에 버렸을까 하는 궁금하기도 하였다. 어머니라는 말 한마디라도 한번 불러보고 싶고 어머니의 사랑이 어떠한가 한번 안겨보고 싶기도 하였지만 이미 속세를 떠나 부처님의 제자가 된 몸이니 어머니를 앞에다 두고도 불러 보지 못하는 심정에 자신의 서러움이 복받치는 마음을 달랠 수가 없어 한없이 눈물만 흘리고 찢어지는 가슴을 어루만지며 나의 마음을 달래보고 또 달래어 마음을 안정시키고 나서 다음날 법사님이 어머니라는 노보살을 보며 "할 말이 있으니 기다려주십시오." 하면서도 마음은 어머니하고 달려들어 안기고 싶고 얼굴을 만져보고 싶기도 하고 어머니의 품안에서 실컷 울고 싶은 마음을 억누르고 나서 바깥으로 나가 사부대중을 불러놓고 "지금 저기에 내 어머니라는 노보살님이 와 계시는데 제가 만나 뵈어도 되겠습니까?" 하니 여러 스님들의 생각은 어떠하신지오. 그러자 모두가 하나 같이 이구동성으로 하는 말이 "엄동설한에 눈까지 오는 날 죽으라고 일주문 앞에 두고 갈 때는 언제고 이제와서 훌륭한 법사스님이 되시니까 내 아들이네 하고 나타나서 자랑하는 것이 어디 어머니된 도리입니까? 그런 사람이라면 불러서 혼을 내주고 두 번 다시 내 아들이네 하는 말을 하지 못하게 하시는 것이 좋겠습니다."

대중공사가 그렇게 결정하자 법사스님은 가슴이 철렁 내려앉는 심정이었으나 어쩔 수 없이 어머니라고 하는 노보살을 들어오게 하여 마주앉아 "정말 노보살님이 나의 어머니가 맞습니까?" 노보살은 말없이 고개만 끄덕인다. 끄덕이는 어머니를 보니 그렇게 그립던 어머니가 아닌가 반가워 큰소리로 어머니 하고 얼싸안고 실컷 울고 싶은 심정이었으나 여러 스님들의 대중공사에서 반대하는지라 어쩔 수 없이 흐르는 눈물을 삼키며 목에서 나오지 않는 말로 됐소. "이제부터는 두 번 다시 나를 아들이라고도 하지 말고 또 보살님이 법사스님의 어머니이네 하는 말도 마십시오. 죽으라고 버리고 갈 때는 언제이고 이제와서 내 아들이네 하는 것은 무슨 마음이요. 그러나 앞으로는 내 법문을 들으러 오는 것은 좋으나 절대로 어디 가서 법사스님이 내 아들이라는 말은 하지 마시고 두 번 다시 나를 아는 체도 하지 마십시오." 하면서 노보살님을 돌려보내면서 속눈물을 흘렸다.

그 무렵 정조대왕의 귀에도 어느 절에 아주 훌륭한 젊은 법사스님이 있는데 그 스님이 법문할 때면 사람들이 사방에서 구름처럼 모여든다는 소문이 들어갔다. 정조대왕은 그토록 훌륭한 법사님을 낳으신 어머니가 있을 테니 "그 절로 내려가서 그 어머니를 모시고 오도록 하시오." 하는 어명을 받고 절로 내려온 신하들이 다시 돌아와 정조대왕께 자초지종을 모두 고하자 정조대왕이 직접 법사스님에게 한 통의 편지를 써서 보냈다.

법사스님은 정조대왕의 편지를 받아보았는데 내용은 '어느 누가 자신을 좋아한다 사랑한다 하여도 어찌 자신을 낳아준 어머니만큼이나 하리오.' 내가 듣기로는 그 추운 겨울에 스님을 버렸다 하나 그것은 그렇지가 않을 것이오. 둘이 같이 다니면 얼어 죽고 배가 고파죽게 생겼으니 파리의 목숨도 귀하게 여기는 스님들은 자식을 여기에 두고 가면 분명히 살려주었으면 주었지 산 생명을 죽도록 내버려 두겠는가 하는 생각으로 아들을 살리려 자비문중인 일주문에 두고 간 것이지 절대로 죽으라고 버리고 간 것은 아니다.

왕의 편지를 받아본 법사스님은 하염없이 눈물을 흘리며 참회하였으나 갑자기 생각에 오늘 아니면 어머니를 만날 수 없을 것 같아 해가 저물기 전에 찾아야지 하는 생각이 들어 수소문하여 어머니를 찾으려고 길을 떠나 해가 거의 질 무렵에 한 마을에 이르러 한 채뿐인 집에 들어가서 혹시 이러 이러한 노보살이 이 부근에 사신다는데 잘 모르시겠습니까? 그러자 그 집의 노보살이 방에서 나와 언덕 밑에 집 한 채를 가리키며 "저기 저 집인데 오늘은 불이 켜져 있지 않군요. 불이 켜져 있으면 그 노인네가 살아 있거나 집에 있는 것이고 불이 꺼져 있으면 약방에 갔거나 아니면 죽었을 것이오." 하는 소리를 듣고는 호롱불을 빌려 숨이 차도록 뛰어 그 집에 당도하여보니 인기척이 없어 법사스님이 주인을 불러 보았으나 아무런 대답이 없자 법사 스님이 토방(마루에 놓을 수 있는 처마밑 땅)에 올라 방문을 살며시 열어보자 분명히 누구인가 이불을 푹 뒤집어쓰고 있는 것이 보이자 법사스님이 호롱불을 들고 다가가서 이불을 젖히니 어머니가 거의 죽어가고 있는 모습으로 누워 있는데 머리맡에는 언제 먹었던 죽그릇인지 몰라도 바싹 말라서 쩍쩍 갈라져 있었고, 방안은 냉기가 흐르고 입에서는 입김이 솟아나왔다.

그 모습을 보던 법사스님은 지금까지 어머니하고 큰소리로 불러보지도 못하고 어머니의 사랑도 받아보지 못하여 남몰래 울면서 어머니의 환상을 그려보기도 하고 어머니의 얼굴을 한번 만나 보았으면 원이 없을 것 같았으나 막상 어머니가 누워 계시는 것을 보니 가슴이 찢어지는 것 같고 서러움이 복받쳐 어머니하고 나도 몰래 울고 있는데 가물가물 죽어가던 어머니가 희미한 정신으로 "뉘시오, 뉘시기에 나보고 어머니라 하시오." 그러자 법사스님은 호롱불을 자기의 얼굴을 비쳐주니 그때서야 "이제는 죽어도 여한이 없소. 어서 절로 빨리 가시어 더 훌륭한 법문으로 부디 거룩한 큰스님이 되시구려." "나는 어머니라는 그 말 한마디 못 듣고 죽는 줄 알았었는데" 이 말을 들은 법사스님은 어머니를 업고 절로 뛰기 시작하여 절에 도착한 아들 법사스님은 있는 정성을 다하여 미음을 쑤고 약을 달여 어머니를 봉양하여 건강을 찾아 어머니의 사랑을 받으며 자식이 된 효도를 마음껏 하며 재미있는 시간이 삼년이 지나 어머니는 세상을 떠나자 법사스님은 어머니를 위하여 49재를 하는데 법문을 이 세상에 어느 누가 가장 귀한 부자인가?

　이 세상에서 어느 누가 가장 궁한 사람이며 가난뱅이인가 부모님이 살았을 때가 가장 귀한 부자이고 부모님이 안 계시니 가장 궁한 사람이고 가난뱅이 일세 어머님이 살았을 때에는 밝은 낮과 같더니만 어머님이 안 계시니 해가 저문 밤과 같네. 어머님이 살아있을 때에는 마음이 든든하더니만 어머님이 안 계시니 온 세상이 텅 비었네. 그렇게 49재 막재에서 법문을 맞이하자 어머니의 음성이 법당 안을 맴돌았다.

　"훌륭하신 법사스님, 자랑스런 내 아드님, 어머니란 그 한 마디 다 못 듣고 갈까봐 조마조마하던 나의 마음을 이제 와서 그 소원을 풀고 오늘 내가 떠나가니 너무 상념마시구려. 자랑스런 내 아드님, 훌륭하신 법사스님, 자식 옆에 두고 살며 어미소리 못들을 때 찢어지는 가슴은 수만 개의 송곳 끝과 같고 어머니 소리 듣고 귀를 번쩍 떴을 때는 세상을 다 얻은 것 같았었는데 이제 내가 가는 길에 훌륭하신 법사님의 법문에 감사하니 부디부디 훌륭하게 좋은 법문 많이 하여 이 세상을 밝히소서. 이제 나는 자랑스런 법사님의 덕택으로 극락으로 올라갑니다. 효(孝)는 근본이요 자식사랑은 끊어질 수 없는 쇠사슬과 같네." 하였다고 합니다.

중생 입보고 극락 지옥을 안다

하루는 큰 스님이 길을 가다 날이 저물고 피곤하고 배도 고프고 하여 한 집을 찾았는데 이 집이 그 동네에서는 잘 사는 부잣집이다. 머슴을 두고 사는 집이다. 스님은 주인을 찾아 들어가 보니 점잖은 사람같이 보이면서 학식도 있어 보였다.

집주인은 스님을 보고 보통 스님이 아니라는 것을 알아차리고 주인이 직접 모시고 방에 들어가 차를 시켜놓고 이야기하는 도중에 머슴이 뛰어오더니 "아랫마을 김첨지가 돌아가셨답니다." 주인은 머슴에게 "극락으로 가셨나? 지옥으로 가셨나?" 하니까 머슴의 대답이 "극락으로 가셨습니다." 하고 대답을 한다. 머슴이 나가 다시 뛰어오더니 "윗마을 박첨지가 돌아가셨습니다." 또 주인이 "극락으로 갔느냐? 지옥으로 갔느냐?" 하고 주인이 물어보니까 이번에는 "지옥으로 갔습니다." 하고 대답을 하니 주인은 알았다고 한다. 선지식인 큰스님도 여태껏 죽은 사람이 극락을 갔는지 지옥으로 갔는지 모르는데 어찌 머슴이 잘 알 수가 있을까 생각했다.

큰스님은 너무나 궁금하여 주인에게 물어본다. "어떻게 저 머슴이 극락을 갔는지 지옥을 갔는지 잘 아십니까?" 물어본다. 주인이 하는 말이 "그것은 간단합니다."

사람이 죽으면 문상을 오는 사람들의 입에서 나오는 말이 "애통하게 생각한다든가 칭찬이 자자하면 극락으로 갈 것이고, 저놈은 잘 죽었다. 남을 못 살게 하더니 지옥이나 가거라 하면 지옥으로 갈 것 아니겠습니까?" 한다.

  이 말을 듣고 보니 사실이라는 것을 알았다. 우리 도반들은 남의 마음이 아픈 일을 하지 말아야 하며 좋은 일만 하여 주위 사람들에게 칭찬을 받을 일만 하다 보면 내생은 편안하고 안락한 일이 기다리고 있다는 것을 잊지 말아야 하겠으며 남의 마음 아픈 일은 절대로 하지 말아야 하겠다.

  다 같이 극락으로 갑시다.

말이 씨가 된 구업

　보살은 어린 시절에 부모님을 잃고 숙부님 집에서 부엌일과 살림살이를 도맡아 하며 힘들게 살아왔으나 숙부님 식구들은 나를 미워하며 혹독하게 부려 먹으면서도 구박하기 일쑤였다.
　어느 날은 일부러 그랬는지는 모르겠으나 방안에 두었던 돈을 잃어버렸다면서 숙모는 나를 바라보는 눈초리가 네가 가져갔지 하는 눈으로 나를 바라보고 화(禍)를 내었다.
　나는 어이가 없어 고개만 숙이고 말없이 서 있었다. 그리고 난 뒤 며칠이 자나자 숙모가 자기 남편 주려고 삼계탕을 끓였는데 나중에 보니 삼계탕이 많이 없어졌다면서 나를 바라보며 네가 먹었지 하기에 저는 먹지 않았다고 하였으나 숙모와 숙부는 미리 짜고 나에게 뒤집어 씌운 것이다. 어처구니가 없는 일이다.
　숙모와 숙부는 "저년은 몽둥이 맛을 봐야 바른말을 한다." 면서 머리를 쥐어박고 몽둥이로 온몸을 때리기 시작하는데 머리에서는 피가 흐르고 있는데도 때리면서 "바른 말을 하지 않느냐" "이 도둑년아" 욕설까지 하기 시작하더니 "저년은 말과 몽둥이로는 아니 되며 칼로 맛을 봐야한다"며 숙모가 숙부에게 칼을 주며 하는 말이 "지금이라도 바른말 한다면 용서하마"

그러나 저는 "먹지 아니한 것을 먹었다고 거짓말을 하라는 것입니까?" 하니 이 말을 듣자마자 숙부는 칼을 들고 달려들자 나는 기절하고 말았다. 얼마의 시간이 지나자 의식을 차리고 일어나니 온몸이 성한 곳이 없고 머리에서는 피가 낭자하고 멍들지 않은 곳이 없었다.

숙모는 나를 보더니 "너 참 질긴 아이구나. 왜 도둑질하고는 안했다고 하느냐" 이 말 한마디에 나는 잊을 수가 없다. 그 당시 15세쯤 되는 어린 나이에도 한이 맺혀 이 집 망하는 꼴을 내 두 눈으로 꼭 봐야 내가 죽어도 눈을 감을 것 같은 생각이 머리와 가슴에다 꼭꼭 숨겨 두었는데 말의 한이 씨가 되었는지 숙부님 집의 운명을 변화시킨 것인지도 모른다.

어느 날 숙부가 산에 송이를 따러갔다가 절벽에서 떨어져 죽어 단풍이 다 떨어진 후에 시신을 찾았는데 엎친 데 덮친다더니 숙모는 반신불수가 되어 거동이 불편하여 안에서만 보고 집안이 망하는 것을 보았다. 그 후 독한 생각, 독한 마음이 운명을 바꾼다는 것을 분명히 알고 나의 생각, 나의 마음 때문에 숙부님이 죽었다고 자책하고 그때부터 절에 가서 참회와 기도 정진을 하기 시작하면서 입을 막고 혀를 깊이 감추기 시작하니 몸이 편안하다는 것을 알았으며 그리고는 입과 혀는 화(禍)와 근심과 몸을 망하게 한다는 것을 알고 난 뒤부터는 착한 보살이 되었지만 이전에 잔인한 말 한 마디가 그토록 평생 지워지지 않는 상처와 재앙이 되는 것을 알 수 있었다. 다른 사람의 마음을 괴롭히면 재앙을 받고 다른 사람의 마음을 기쁘게 하고 감사하게 하면 복(福)을 받는다는 것을 알 수 있었다. 내가 어떠한 말을 하던 책임을 져야 하고 꼭 감당할 수 있는 말만 하여야 한다.

말을 했다하면 약속을 꼭 지키는 사람이 되어야 하며 지킬 수 없는 말은 절대로 하지 말아야 한다.

다른 사람에게 욕설을 하고 원망하는 입으로 지은 죄는 좋은 말을 많이 하여야 구업이 조금씩 씻어진다고 한다.

구업을 청소하는 말은 정구업진언(淨口業眞言)을 늘 외우면서 다른 사람을 칭찬하고 기분 좋은 말만 많이 하여 살아가야 극락세계도 갈 수 있다고 한다. 그리고 좋은 마음, 좋은 말만 하는 습관을 가져야 하겠다.

다 같이 좋은 마음, 좋은 말하여 성불합시다.

손가락질 받는 효자

　옛날 한 동네 사람들에게 손가락질을 받는 효자가 있었다. 아들이 산에 가서 나무를 해오면 아버지는 동구 밖에서 기다렸다가 아들의 나뭇짐을 받아 집으로 오면서 아들에게 조금이라도 힘이 되어 주는 것이 나의 기쁨이고 마음도 편하기 때문에 늘 그렇게 하였다.
　아들은 그런 아버지의 마음을 헤아려 나뭇짐을 맡기고 아들이 휘파람을 불며 뒤를 따라 집으로 오는 것을 본 마을 사람들은 아버지에게 나뭇짐을 지우고 아들은 뒤에서 편한 마음으로 휘파람을 불며 뒤따라가는 불효자식이라고 욕을 하였다. 하지만 사실은 그 아들이 효자이다. 남의 이목이 중요한 게 아니라 부모가 좋아하고 즐거워하는 것이 중요하기 때문이다. 아버지는 아들을 돕는다는 마음에서 행복을 느끼고 일을 하시고 싶어 했기 때문이다. 남들은 뭐라 해도 부모의 뜻을 따라주는 것이 큰 효도이다. 평소에 부모를 위하고 효도한다고 하면서도 부모의 뜻을 어기는 경우가 많다.
　주위를 돌아보면 자신의 체면 사회적 직위를 생각하여 부모가 자기 뜻대로 행동해 주기를 바라고 또 그것을 강요하는 불효자식들이 많다고 합니다.

유교(儒教)의 호경(好景; 좋은 경치)이나 불경에서 분명히 밝힌 뜻이 부모의 뜻을 따라주는 것이 참다운 효자이다. 만일 부모가 험한 일이라도 하고 싶어하신다면 자식의 체면을 깎는 일이 있더라도 일하게 해드려야 하며 부모가 자식을 업어주고 싶다면 그렇게 해드리는 것이 효자이다.

이 문장을 읽고 우리가 어떻게 부모에게 하고 있는지 뒤돌아보고 생각을 하고 또 하고 하여 참회하면서 부모님에게 어떻게 하여야 편하게 하여 드릴까 생각해 보시고 실천으로 옮기면 어떻겠습니까?

동전 두 닢의 보시공덕

　어떤 장자가 공양할 물건을 가득 싣고 산사로 가는 것을 보고 거지여인이 생각하여 본다. 저 사람은 전생에 선행(善行)을 쌓아 저런 부자가 된 것이다. 나도 지금 공덕을 쌓지 않는다면 내세에는 더욱 가난해져 거지 신세를 면하지 못할지도 모른다 하는 생각 끝에 잘 간직해두었던 동전 두 닢을 가지고 절을 찾아가 아낌없이 보시하였다.
　돈 두 냥을 부처님께 보시한 거지여인을 위해 큰스님이 축원을 정성껏 해주었다. 그 후 거지여인은 돈 두 냥을 보시한 공덕 때문인지 마침 그곳을 지나던 왕이 보시를 마치고 기쁜 마음으로 내려오는 여자거지를 보고 그 아름다운 마음씨에 반하여 왕비로 맞아들였다. 시간이 흐르고 난 뒤 왕비가 왕에게 제가 비천한 몸으로 전하의 사랑을 받게 된 것은 저를 인도해주신 큰스님의 덕이니 "큰스님에게 고마운 마음으로 보시하게 하여 주십시오." 간청하여 왕의 승낙을 받고 보물을 가득 싣고 하인까지 거느리고 절을 찾아가서 큰스님에게 인사를 하고 내가 옛날에 돈 두 냥을 보시했을 때 큰스님께서 나를 위해 축원을 정성껏 해주셨습니다. 그 은혜를 보답하기 위해 수레에 음식과 의복을 싣고 왔습니다.

"다시 한 번 나를 위해 큰스님께서 축원해주십시오." 그러나 큰스님은 일어나지도 않고 축원문도 외워주지 않으며 제자를 보면서 이 여인을 위해 축원해주도록 해라. 제자들은 또 수군거린다. 전에는 돈 두 냥을 가지고 와도 축원을 해주었는데 지금은 왕비가 되어 수레에 음식을 가득 싣고 왔는데도 축원을 해주지 않다니 하면서 수군거리고 있는데 왕비도 매우 불쾌한 얼굴로 큰스님에게 물어본다.

"큰스님은 지난 날은 동전 두 닢을 보시할 때는 큰스님께서 축원문을 외워주셨습니다." 근데 "오늘은 제가 왕비가 되어 수많은 재물을 보시했는데 어찌하여 축원을 해주지 않으십니까?" 하니 큰스님은 눈을 지그시 감고 말씀하신다.

"부처님의 법은 재물을 귀하게 여기는 것이 아니라 오직 진실된 마음을 귀하게 여기십니다. 부인은 전에 두 냥을 보시할 때는 진실된 마음이 가득했으나 지금은 자랑스러운 마음이 도사리고 있으며 또한 교만에 가득차 있습니다. 그래서 나는 부인을 위해 축원하지 않는 것입니다."

지극한 마음으로 하는 보시가 참다운 보시며 진실이 담긴 보시를 하여야 하겠습니다.

구경연민은

  어느 날 법문을 하기 위하여 큰절에 머물고 있을 때 70대되는 노보살이 내가 여기 있다는 소문을 듣고 찾아와 스님을 만나 나의 북받치는 서러움을 하소연을 하고 갈까 하여 찾아왔습니다.
  노보살이 하는 하소연은 큰아들 작은아들로부터 버림받고 며느리들로부터 말할 수 없는 괄시를 받아 이렇게 살아서 무엇하나 하는 서러움이 북받쳐 자살할 결심으로 약을 산 후 마지막으로 스님을 만나 좋은 법문을 시원하게 듣고 죽자 하는 생각이 들어 소림사로 스님을 찾아 왔습니다.
  이 늙은이가 자식들로부터 푸대접 받은 이야기를 하고 나서 노보살이 호주머니 꼬깃꼬깃 접어 아끼던 돈을 내주면서 서울에 사는 큰아들 부산에 사는 작은아들의 무병장수할 수 있도록 만등불사때 등을 밝혀 주십시오. 이 소리를 듣는 순간 어머니가 자식사랑은 호랑이도 못 물고 간다더니 나의 눈에서 감격의 눈물이 나도 몰래 흘러내린다. 배은망덕한 자식들이지만 그러나 어머니는 원망을 잊으시고 자식을 사랑하는 마음은 끝이 없는 마음에 내 가슴을 울려주고 뭉클하게 하여 어머니에게 불효한 과거 일들이 머리에서 스쳐 지나가는 것을 느꼈다.

부모의 마음은 항상 자식이 출타하면 걱정이 앞서고 자식이 집에 들어와야 마음이 안심되는 것이 부모님의 마음이요 사랑하는 마음이라 키웠건만 마지막 인생은 힘없는 늙은이가 되고 보니 버림받은 신세가 되는 것을 구경연민은(究竟憐愍恩; 사랑하고 슬퍼하며 은혜하여 결국은 높은 깨달음)의 이야기를 실감나게 느낄 수 있는 이야기를 들었다.

부모은공 잊지 말아야 하겠습니다.

고려장 폐지 사연

 당나라 사신(使臣)이 우리나라에 와서 어려운 문제를 두 가지 주면서 내일까지 문제를 풀지 못하면 쳐들어오겠다는 말을 하고는 자기네 숙소로 돌아갔다.
 문제는 두 가지인데 하나는 똑같은 말 두 마리를 갖다 놓고 어느 것이 어미이고 어느 것이 새끼냐 하는 문제이고 또 하나는 아래 위 없이 통나무를 가지고 와서 어느 쪽이 뿌리인가 하는 문제였다.
 임금님과 대신들은 탄식을 하고 걱정을 하면서 의논하여 보아야 알 수가 없으니 임금님이 대신들에게 집에 가서 알아오라고 어명을 내렸다. 어명을 받고 대신들은 아무리 생각하여 보아도 알 수가 없었다. 대신들 중에 한 대사가 퇴근하여 뒷방에 계신 어머니에게 문안 인사를 하는데 어머니께서 아들의 얼굴을 보시더니 "아들아, 오늘 무슨 걱정이라도 있었느냐." 하신다. 그래서 아들은 오늘 있었던 일을 상세하게 이야기하였더니 어머니는 한참 생각하시더니 빙그레 웃으시면서 "아들아, 걱정하지 말아" 하시면서 "풀을 먼저 먹는 말이 새끼고 나중에 먹는 말이 어미이다." 하신다.
 그리고 "나무는 물에 띄워보면 물속으로 가라앉는 쪽이 뿌리니라." 하신다. 아들은 다음날 의기양양하여 임금님께 가서 인사를 하고 대신들이 모두 앉은 자리에서 임금님이 "누가 알아왔느냐고." 하고 물어보신다. 그러나 아무도 알아왔다는 말이 없었다. 그때서야 임금님께 사실은 "제가 알아왔습니다."고 하였다.

임금님은 "어서 말하여 보아라."하신다. 이때 대신은 어머니가 이야기한 대로 상세하게 이야기하였더니 임금님과 대신들은 모두가 좋아하였다. 그때 당나라 대신들이 와서 "어제 준 문제를 풀이할 수 있습니까?" 한다. 이때 어머니에게 이야기들은 대신이 문제를 하나하나 풀이하니까 당나라 사신들은 "수고하였습니다." 인사를 하고는 자기네 나라로 말없이 돌아갔다.

임금님은 문제 풀이한 대신을 불러 "어찌하여 문제를 풀이하였는가." 하신다. 문제풀이한 대신은 "죽을 죄를 지었습니다."하면서 임금님 앞에 엎드려 "죽여주십시오." 한다. 임금님은 걱정하지 말고 "사실대로 이야기하여 보아라." 하신다. 그때서야 "저의 어머니가 고려장 시기에 고려장한다고 소문만 내고 자식된 도리로서 어머님을 산에다 버릴 수 없어서 뒷방에다 모시고 있었습니다."

이 문제를 풀이한 것은 "어머니입니다." 어머니에게 문안 인사하러 갔더니 어머니께서 저의 얼굴을 보시더니 오늘 무슨 일이 있었느냐 하시길래 사실대로 "당나라 사신이 와서 문제 두 가지를 주면서 문제풀이를 하지 못하면 우리나라를 쳐들어온다고 하고 갔습니다." 하고 여쭈었더니 문제가 무엇이냐 묻기에 사실대로 말하였더니 어머니께서는 문제풀이를 하셨습니다. 이 말을 들은 임금님은 빙그레 웃으시면서 "몸은 늙으면 마음은 젊어지고 한평생 살면서 얻은 지혜를 젊은이가 어찌 알겠느냐." 하시면서 오늘부터 고려장 제도를 폐지한다고 대신들 앞에서 공포하셨다. 이래서 고려장 제도가 이때부터 없어졌다고 합니다.

달마대사

　부처님 이후 인도의 28번째 조사(祖師)이자 중국 조사선의 첫 번째 조사이신 보리달마[菩提達磨, ?~528년, 중국 선종(禪宗)의 시조(始祖), 서천(西天) 28조]는 남인도 향지(香至)라는 큰 바문국의 셋째 왕자로 태어나 본명은 보례다라였으나 보례달마로 개명하고 우리 말 속음(俗音)은 보리달마이며 달마대사는 반야다라에게 도(道)를 40년간을 배우며 섬기었으나 스승이 그만 열반하시자 달마대사는 고향으로 돌아와 크게 교화하여 당시 성행하는 소승선관(小乘禪觀)의 6종(宗)을 굴복시켜 인도에는 이름이 널리 퍼졌다.

　그리고 중국을 527년에 배로 캄보디아를 삼년 만에 중국 광주에 도착하여 숭산 소림사에서 9년간 면벽(面壁)하고 시호(詩好)는 원각대사(圓覺大師)이다. 그 당시 중국에서는 간동율사가 상식불교에 대한 설법을 하고 있는 것을 보고는 달마대사(達磨大師)는 마음의 지혜에 대한 설법을 하니 신도들은 한 사람 한 사람씩 달마대사의 설법을 듣기 위해 모여들기 시작하니 간동율사의 설법을 듣는 신도들이 줄어들기 시작했으나 인내심으로 참고 신도들이 오기를 기다리는 수밖에 없었다.

　달마대사는 인도와 중국을 왕래하면서 인도에 선법(善法)을 차려놓고 제자들을 가르치고 중국에도 선법을 차려 제자들을 가르치고 있었다.

하루는 중국으로 가는 길목에 커다란 구렁이가 죽어 있다는 소문에 앗삼지방에는 코끼리를 잡아먹는 구렁이가 살았다는데 이 구렁이가 죽었다. 이 구렁이가 너무나 커서 수백 명이 달라붙어서도 치울 수가 없어 그대로 방치하여 두었던 것이다. 그런데 죽은 구렁이에서 썩은 냄새를 맡고 독한 벌레들이 먹으려고 모여들었다.

이 벌레들이 모이면 3년간은 교통이 두절되고 사람까지 독한 냄새 때문에 다닐 수가 없다고 한다. 달마대사가 자세히 살펴보니 죽은지 며칠되지 아니한 것 같아 달마대사가 이 물건을 내 힘으로 치우고 가야지 하면서 자기 육신을 벗어놓고 마음이 그 물건 속으로 들어가 운전을 하여 며칠을 움직여 멀리 치워놓고 나와서 자기 육신을 벗어놓았던 곳으로 와보니 달마대사의 육신은 없어지고 그 자리에 낯선 불량하게 생긴 대머리한 사람의 육신이 놓여있었다. 이 육신은 곤륜산에서 공부하는 도사가보니 조촐(아담하고 깨끗하다)한 육신이 누워 자기 몸을 벗어놓고 달마대사의 육신을 쓰고 가버렸다. 달마대사는 생각해 보았다.

내가 죽어서 다시 태어난다면 20년 세월이 걸릴 것이다. 현재 법당을 차려놓고 제자들을 지도하고 있는 터에 생각해 보니 흉악한 육신이라도 아니 쓸 수가 없어 불량배 같은 육신이라도 할 수 없이 그 신체 속에 들어가 현재의 모습으로 바꾸었다.

달마대사가 흉악한 육신을 쓴 대로 법당에 오니 제자들이 아는 척을 하지 않고 며칠이 지나고 나서 한 제자가 말하는 모습을 보니 달마대사 같기도 하고, 그 모습을 보니 아니고, 제자들은 어리둥절하니까 달마대사가 자초지종을 이야기하게 되었다.

제자들은 대사의 이야기를 듣고는 인정을 하였다. 그리고 이 소문이 중국대륙뿐 아니라 인도까지 소문이 가서 칭찬이 자자하였다고 하며 양무제왕(梁武帝王)은 좋은 음식을 차려 달마대사를 초청하여 반갑게 찾아갔다.

양무제왕은 불교에 관심을 가지고 있다는 것을 확인시켜 주기 위해 달마대사님께 "제가 절을 많이 짓고 탑을 쌓아 스님들에게 공양을 하였으니 그 공덕이 얼마나 큽니까?"하고 자랑스럽게 물어본다.

달마대사의 대답이 티끌 만한 공덕도 없습니다. 이 말을 들은 양무제왕(梁武帝王)은 깜짝 놀라면서 "왜 공덕이 없습니까?" 하고 물어보니 달마대사는 "불교의 근본의 뜻은 텅텅 비어서 범인도 성인도 없습니다. 불심은 평평을 말합니다." 양무제왕은 가시적인 불사와 공덕에는 눈이 열려 있었지만 진정(眞情; 애틋하여 거짓 없는 마음) 형상 없는 가르침인 진리에는 눈을 뜨지 못하였다. 더욱이 내가 불사 공덕을 지었다고 하는 상(想)이 붙어 있었기 때문에 달마대사가 공덕이 없다고 한 것이다.

양무제왕은 칭찬을 듣고자 하였는데 오히려 핀잔만 주니 기분이 좋지 아니하여 달마대사가 오래 머물고 있으면 나라가 위태롭다는 생각이 들어 달마대사가 건너온 지 삼년 만에 죽여 웅이산 돌무덤에 묻었다.

양나라 대신들이 인도에 사신(使臣)으로 갔다가 삼년 만에 본국으로 돌아오는 길에 달마대사가 신 한 짝을 나무 막대기에 걸어 둘러메고 인도 쪽으로 가는 것을 보고 "대사님, 어디로 가시는 길이냐?"고 인사를 하였더니 "나는 인연이 다 되어 돌아가네." 하면서 가는 것을 보고 "양무제왕에게 업무수행을 다 하고 돌아왔습니다." 하고 나서 "달마대사가 신발 한 짝을 나무 막대기에 걸어 인도 쪽으로 가는 것을 보았습니다." 하고 여쭈니 양무제왕은 사신들이 거짓말을 하는 줄 알고 대신들을 데리고 돌무덤을 파보니 신발 한 짝만 남겨놓고 시체와 신발 한 짝이 없어진 것을 보고는 양무제왕의 아들 소명태자는 죄 없는 달마대사를 죽였다하여 불문(佛門)에 투신(投身)하였다고 합니다.

에밀레종

신라 제35대 경덕왕이 아버지 성덕대왕의 명복을 빌기 위하여 절을 지었다. 그리고는 신비한 힘을 가진 종(鐘)을 만들기 위해 아흔 아홉 명의 스님들을 모집하여 시주를 구하러 다녔다.

한 스님이 어느 마을에 가서 시주를 구하는데 다섯 살쯤 되는 딸을 업고 어머니가 나와 장난 섞인 말로 "스님 드릴 것은 우리 딸 복덕이밖에 없습니다." 하며 방정맞게 아기를 흔들어 댄다. 세월이 흘러 여러 스님들이 시주 받은 것으로 종을 치자 종이 깨지고 말았다.

이상하게 여긴 주지스님은 스님들을 모이게 하여 여러 스님들 중에서 시주받는 가운데서 부정한 일이 없었는지 물어보니 한 스님이 어느 마을에 갔더니 농담 섞인 말로 딸을 시주하겠다고 하는 어머니가 있었다는 사실을 이야기하였다. 이 말을 들은 주지스님은 어머니에게 가서 아이를 시주로 달라고 하니 어머니는 자신이 한 말이 있는지라 아이를 안줄 수가 없어 아이를 스님에게 시주로 주었다.

주지스님은 종을 다시 만들기 시작하였다.

쇠가 녹아 쇳물이 되었을 때 시주 받은 아이 복덕이를 넣어 종을 만들어 종을 쳐보니 땡에미혀드 하는 이상한 종소리가 들려온다. 이 종소리를 자세히 들어보니 내가 죽게 된 것은 '어미혀 때문이라 네' 하는 소리같이 들렸으므로 이 종을 에밀레종이라고 불리어 내려오고 있다고 합니다.

마 음

마음이란?

눈에 보이지 않는 우리의 마음밭에 씨를 잘 심어야 마음씨가 모든 업(業)의 근본이 되어 내 마음속 생각에 따라 나의 존재가 바뀌고 동시에 세상도 바뀌어진다. 지금 이 순간 마음밭에 어떤 마음씨를 심느냐에 따라 장래의 행복이냐? 불행이냐? 판가름이 난다. 그러하니 우리 불자들은 마음의 씨를 한 생각에 잘 다스려야 하겠습니다. 그리고 자신의 업을 원망하지 말고, 신세한탄도 하지 말며, 남을 부러워하지도 말며, 나의 업을 기꺼이 받아들이겠다는 자세로 지난 업과 현재 업을 참회하면서 지금의 별업(別業; 제각기 다른 바가 있는 일)을 가꾸어 나가면 된다고 합니다. 또한 내 가슴 가운데 미워하는 사람을 만들지 말아야 합니다.

아무리 더러운 오물이라도 흙으로 덮어주고 묻어주면 훌륭한 거름이 되듯이 잘못한 사람을 꾸중을 주지 말고 덮어주고 이해하고 용서까지 하여주고 모든 사람을 사랑하여 준다면 한량없는 복덕(福德)이 온다고 합니다.

'원수는 원수를 부르고 피는 피를 부른다'는 속담이 있듯이 남을 원망하고 미워하는 한 원한은 끝날 날이 없는 것이 되오니 미워하고 원망하는 마음을 용서하고 사랑하는 마음으로 바꿀 수 있다면 원수는 없어진다고 합니다. 그리고 사람들의 입에서 오르내리는 말이 '빈손으로 왔다가 빈손으로 간다' 고 하는데 사실은 빈손으로 오는 것처럼 보이지만 과보(果報; 행업의 결과에 따라 받는 보답)를 손바닥에 담고 태어난다고 합니다.

우리는 빈손으로 간다는 것을 방편으로 하는 말이며 사람들은 가진 욕심이 많아서 죽으면 재산을 남겨두고 가는 인생이라고 하는 말입니다.

우리의 손을 움직이는 것은 마음이며 마음은 죽고 사는 것이 없으며 사람들은 머리로 살고 있지만 불자들은 가슴으로 살아가는 것이 불자의 자세라고 하겠습니다.

사람들이 갈 때는 재산을 가지고 가는 것이 아니고 자기가 지은 과보를 가지고 간다고 합니다. 그러하니 우리 불자들은 좋은 일 많이 하고 다음 생에는 편안한 생활을 기대하면서 복덕을 많이 지어야 하겠으며 사업이 잘 안 되는 것을 낙심하지 마시고 인복이 없다고 원망하지 말며 돈복이 없다고 탄식하지 말며 이것이 전부 과거 전생의 과보로 생각하시고 참회 기도를 전진하다 보면 모든 것이 잘 풀릴 날이 온다고 합니다.

우리 모두가 다 같이 열심히 기도정진 합시다.

화는 자기도 죽이고 남도 죽인다

　화(禍) 내는 사람은 언제나 손해를 본다. 화 내는 사람은 자기를 죽이고 남도 죽이며 누구도 가깝게 오지 않아 늘 외롭고 쓸쓸하다.
　성을 잘 내는 사람을 보면 성을 낸 사실을 후회하면서도 다시 일을 당하면 성을 되풀이한다. 부처님께서도 성냄을 경계하시었다. 너희 비구들은 어떤 사람이 와서 원굴(寃屈; 원통하게 누명을 씀)하여도 자기 마음을 깨끗이 가져서 성을 내지 말고 입도 깨끗이 가져서 성을 내지 말고 입도 깨끗이 가져서 나쁜 말을 하지 말며 만일 성내는 마음을 그대로 둔다면 자기의 도를 스스로 방해하고 공덕의 이익을 잃어버리게 될 것이다.
　참는 덕은 계를 가지거나 고행하는 것보다 오히려 나은 것이니 참을 줄 아는 사람이라야 위대한 힘을 가진 성자라 할 수 있다. 그리고 원굴과 남이 자신을 못 견딜 만큼 꾸짖는다 할지라도 감로수를 마시듯 반갑게 받아들이지 못하는 사람은 도에 들어간 지혜 있는 사람이라고 할 수 없다.
　성냄의 해는 모든 착한 법을 부수고 좋은 명예를 헐어서 이승에서나 저승에서나 다른 사람들이 좋게 보지 않기 때문에 성내는 마음은 사나운 불꽃보다 더 무서운 것이니 항상 조심성

있게 지켜서 마음속으로 들어오지 못하게 하여야 한다. 공덕을 도둑질 하는 것보다 성냄이 더한 것 없느니라.

   속인은 욕심을 가지며 도를 행하는 사람이 아니고 자기를 제어하는 법이 없기 때문에 성냄도 용서할 수 있지만 집을 나와 도를 행하는 욕심 없는 사람으로서 성냄을 품는 것은 아주 옳지 않은 일이다. 그것은 청명하게 갠 날에 번개가 불을 일으키는 것과 같아 있을 수 없는 일이니라. 부처님의 제자가 되어 성냄 하나만 잘 다스릴 수 있다면 큰 이익을 얻는 것과 같다.

   성냄을 다스리려면 먼저 성냄이 어디서 오는지 살펴보아야 하며 성냄, 분노심 외에도 혐오, 회피함 없애려 함이다.

   질투, 후회, 인색함 등의 해로운 마음을 연달아 일으키기 때문에 반드시 제어해야 만하고 성냄은 그 효과를 상대편보다 성낸 자신이 먼저 받는다는 특성이 있기 때문에 가장 큰 손해를 본다는 점을 명심해야 하며 성냄은 싫어하고 미워하는 마음이 뿌리가 되어 일어난다. 나의 오관(五官; 눈, 귀, 코, 혀, 피부)이 싫어하고 미워할 때 바로 알아차려서 혐오심을 제거하면 그 자리에는 성냄 대신 자애와 연민이 나타난다. 결국은 나, 자신의 오관이 접촉하는 대상에 바라고 탐내는 집착심이 있을 때 일어나는 성냄의 뿌리는 탐심임을 알 수 있다. 성냄을 극복한 사람에게는 따뜻함과 부드러움의 향기가 있다. 개개인 한 사람의 자애로움이 바로 세상을 밝게 하는 대승적 포교임을 잊지 말고 언제 어디서나 자애로움으로 대하여야 하겠습니다.

억울하고 분한 마음 참아라

　부처님의 설법에서 중생들에게 평화를 가르쳐 주셨습니다. 어떠한 경우일지라도 남들과 다투지 말라.
　다툼의 원인은 마음에서 나오게 되는데 어떠한 이유가 있을 것이나 이유야 어떠하든 참아야 하며 미움이란 것은 자신의 불성을 어둡게 하는 독이며 마음에서 나오는 독이 얼마나 무서운 것인지를 부처님께서는 여러 경전마다 말씀하시고 당부하셨습니다.
　그런데도 불구하고 화병으로 목숨을 잃은 사람을 흔히 볼 수가 있다. 잠시 마음을 잘 못쓴 탓으로 목숨을 잃어 버리고 합니다.
　용심법(用心法; 마음을 쓰는 법)을 잘못 이해하였기 때문에 가혹한 벌을 받는 것입니다.
　마음에서 우러나는 마음을 가진 중생에게 참으라고 한다면 도리어 나까지 미워하게 되니 안타까운 일입니다. 미움을 가진 중생은 이렇게 생각을 하여 보면 쉽게 참을 수 있습니다. 이번 일에는 잘못을 저지른 것은 저 사람인데 왜 내가 벌을 받아야 하나 미움이 생기면 독이 된다고 하는데 왜 독을 내가 마시다니 이를 수는 없다 하는 생각을 가져보기도 하며 저 사람은 그릇이 적어서 아무리 이해를 시켜도 되지 않는구나. 그릇이 큰 내가 참아야 하겠지 하는 생각과 참는 일이 무척 큰 공덕이라고 하는데 그런 공덕은 혼자서 이룰 수가 없고 누군가가 나에게 억울한 일을 만들어 주어야 참을 수 있는 기회가 올 것인데 저 사람이 마침 나를 배신해주어서 고맙게 참을 수 있게 하여 주었으니 정말 고마운 사람이라고 생각하여 보시면 편안하실 것입니다.

중생세계에서는 환경이 어떻게 조성되든 평화로운 불성은 침해받아서는 아니 되며 조건과 한계가 없이 참아야 한다고 부처님께서 말씀하시고 경전까지 올렸습니다. 참는 데서 복이 온다는 속담이 있듯이 참아야 합니다.

사람이 짜증을 내고 성을 내게 되면 몸속에 있는 독기가 일어나 그 독기가 온몸의 내장으로 퍼지면서 손과 발과 얼굴이 붉어지거나 하얗게 변하여 몸과 손이 떨리며 오장육부가 상하여 소화가 아니 되며 정신마저 잃어버린다. 이것을 칼산지옥이라고 합니다.

실천행을 하면서 살자

　따뜻한 봄날에 큰 도사님은 조용히 혼자 어간마루에 걸터앉아 푸른 산 맑은 공기 맑은 하늘을 바라보고 있을 때 문득 천당이 어떻게 생겼는지 궁금하고 극락은 어떻게 생겼는지 궁금한 생각이 들어 큰 도사님은 알아보기 위해 선정(禪定)에 들어가 천당을 먼저 찾아가 보았더니 웬일인지 전부가 입만 와 있어 이상하게 생각하여 극락을 찾아가 보았다. 이곳는 전부가 귀만와 있어 어찐 된 일인지 알아보았더니 천당이고 극락이고 실천행을 하지 않고 입으로만 이웃돕기와 봉사활동을 하고, 극락에는 귀로 듣기만 하지 실천행을 하지 않았다는 것을 알았습니다.
　불교는 실천행을 하는 종교이며 마음과 정성으로 이웃돕기 하는 종교라는 것을 알아야 하겠습니다. 무주상보시로 상이 없어야 합니다.
　만일 어려워 이웃돕기나 보시행을 할 수 없는 형편이라면 몸으로 행하는 일들이 많이 있습니다. 이러한 자원봉사 활동이 있으니 시간이 있는 도반들은 이웃이 부족한 것을 시간이 나는 대로 채워준다는 마음가짐으로 행한다면 자연히 복밭으로 간다고 옛 선인들의 말씀이며 현재 가지고 있는 재물은 내 것이 아니라 임시 보관하고 있으면서 필요할 때 사용하는 것이지 영원히 내 것이 아니라는 것을 알아야 합니다. 언젠가는 모든 재물을 다 두고 과보만 가지고 빈손으로 간다는 것을 잊지 말고 필요치 않은 것은 이웃에 필요한 사람에게 나누어 주는 것이 실천행이며 좋은 극락행으로 간다고 합니다.

우리 도반들은 자나 깨나 실천행을 하는 불자가 되어 극락으로 가기를 원하옵니다. 성불하여 극락세계로 다 같이 갑시다.

이러한 보살행위를 합시다

옛날 인도 간디(수상)가 여행을 하기 위해 수행원들과 같이 기차를 타다 한쪽 신발이 벗겨져 땅에 떨어지니까 신었던 신발 한쪽을 벗어 떨어진 신발 있는 곳으로 던져버렸다. 옆에서 보고 있던 수행원들이 깜짝 놀라면서 "왜 신발을 벗어 던지시느냐"고 물었더니 "한쪽 신발이니 누가 주어서 신을 수가 있겠느냐 양쪽 신발이 있어야 누구든지 신을 수가 있지 않겠느냐" 하는 대답을 하여 이러한 소문이 온 국민에게 알려져 온 국민이 우러러보는 수상이 되었다고 한다.

또 이런 일이 있었다. 인도에서 옛날 대감 집에 거지가 밥 동냥 오며는 항상 주인마님은 밥상을 잘 차려서 정중하게 대접하는 대감집이 있었다.

하루는 머슴이 밥상을 들고와 마님에게 거지가 밥을 다 먹고 놋쇠 밥그릇을 가지고 갔다고 투덜거린다. "마님, 제가 **빨리** 가서 찾아올까요" 하니까 주인마님은 대답 없이 밥상을 보시더니 상위에 밥뚜껑이 보이니까 머슴에게 "이 밥뚜껑을 **빨리** 갖다 주고 오너라" 하신다. 머슴은 영문을 모르고 멍하고 서 있으니까 주인마님은 또 다시 "밥뚜껑을 갖다 주고 오너라"하고 호령을 한다. 이 소리를 듣고는 머슴은 이해가 안 돼 마님에게 물어본다. 마님은 왜 밥뚜껑을 갖다 주라 하는지 모르겠다고 하니까 주인마님이 하시는 말씀이 "그 사람은 돈이 얼마나 필요하면 자기 밥그릇까지 가지고 가겠느냐. 밥뚜껑이 없으니 좋은 값을 받을 수가 없으니 팔기 전에 빨리 갖다 주어야 좋은 값을 받을 수 있을 것이다." 하고 말씀하셨다고 합니다.

위의 두 분의 보시는 조건 없는 보시라 참다운 보시이며 자연스러운 보시가 몸에 밴 보시이며 즐거운 마음으로 하는 보시 상에 머무르지 않고 하는 보시여야 공덕이 온다고 합니다. 생색내는 보시는 자기를 과시하는 마음이기 때문에 보시가 아닙니다.

우리 도반들은 아무런 생각없이 보시하는 마음을 가져야 하겠습니다. 절대로 생색내는 보시를 하지 말아야 하겠습니다.

늘 고맙습니다. 감사합니다

　서울에 사는 선배는 늘 "고맙습니다. 감사합니다." 하는 말을 입버릇처럼 하고 다니시는 노부부가 살고 있었다. 그러던 어느 해 긴 장마가 닥쳐 며칠째 계속 비가 내려 동네 사람들은 짜증을 내고 불평을 하고 있을 때 할아버지는 빗님 '고맙습니다. 감사합니다.' 하시면서 다니신다.
　동네 사람들은 할아버지를 보고 우리들은 긴 장마에 짜증이 나는데 할아버지는 무엇이 좋아 날마다 "고맙습니다. 감사합니다." 하십니까? 할아버지께서는 그런 말을 하지 마십시오. 빗님이 부슬비가 곱게 내려 주셔서 고맙고 감사하지 않습니까? 만일 빗님이 한꺼번에 내렸다면 논과 밭이 떠내려가고 산사태까지 나며 사람까지 다치기도 할 것인데 빗님이 곱게 오셔서 '고맙고 감사하다' 고 하신다. 긴 장마가 끝나고 얼마 후 할머니가 갑자기 이름 모를 병이 들어 누워 있는데도 할아버지는 "고맙습니다. 감사합니다." 하신다. 동네사람들은 할머니가 병환으로 누워 계시니 할아버지도 이제는 "고맙습니다. 감사합니다."하는 말을 하지 못하고 계실 것이다 하는 생각들을 하면서 할머니의 병문안 겸 할아버지의 입버릇이 어떻게 하고 계실까 궁금하여 문병을 갔다.

할아버지는 동네 사람들이 와 있는데도 여전히 "고맙습니다. 감사합니다." 하신다. 보다 못한 동네 사람들은 큰소리로 "할아버지 그만하세요." 할머니가 중병으로 누워 있는데도 "고맙습니다. 감사합니다." 하는 말이 나옵니까? 할아버지는 동네사람들에게 당치도 않은 말은 하지도 마시오.

"나는 이 나이 먹도록 할머니한테 신세만 졌을 뿐인데 이제야 할머니께 간호하게 되었으니 다소나마 은혜를 갚을 수 있는 기회가 왔으니 이보다 더 고맙고 감사할 때가 어디 있겠소." 하신다.

동네 사람들은 할머니가 무엇을 하였기에 고맙고 감사할 일을 하였을까 하는 마음으로 할아버지에게 물어보았다. 나의 부인은 나에게는 과분한 부인이다. 왜냐하면 비가 오나 눈이 오나 오직 나의 건강에 좋다면 자신의 몸은 생각지 않고 가시밭을 헤쳐가면서까지 산나물을 찾아 요리해주고자 하는 마음을 가진 부인이며 지금까지 살아오면서 짜증 한번 내지 않고 가족을 위해 헌신하는 것이 고맙고 감사한데 여기에다 귀여운 얼굴, 아름다운 목소리로 나의 마음을 항상 즐겁게 해주고, 예쁜 얼굴에다 웃음으로 나에게 대하며 마음을 상하는 말을 절대로 하지 않고 항상 좋은 소리 좋은 음식만 먹고 살아오다보니 나에게 잘해준다는 것을 모르고 지금까지 살아온 나였다.

나의 부인은 건강할 때 건강을 지켜야 한다며 보약을 다려주는가 하면 새벽에 일찍 일어나 아침밥을 해놓고 내가 일어나도록 기다렸다가 아침밥을 먹어야 하루 일과도 잘 된다고 하면서 아침밥을 꼭 먹게 하며 음식도 나의 입맛에 맞을까 저것이 입맛에 맞을까 하면서 맛있는 반찬을 정성껏 해놓는다.

　이뿐만이 아니라 사람들 앞에서 냄새가 나면 안 된다고 하며 깨끗한 옷으로 갈아입게 한다. 어쩌다 감기라도 들면 환자보다 더 걱정을 하며 가끔 기분이 좋지 않게 집에 들어오면 나의 얼굴을 보고는 아름다운 얼굴로 웃으면서 좋은 말로 위로하여 마음을 편안하게 해주는 부인이 일평생을 뒷바라지 하느라 꽃다운 청춘을 다 바치고 항상 즐거운 마음만 생각하는 아름답고 귀여운 복덩어리가 지금까지 내 옆에 있어주니 고맙고 감사한 것을 생각하며 내 마음으로는 당장 부인을 안아주고 업어주고 덩실덩실 춤을 추고 싶은 심정이나 아파 누워 있으니 내가 병간호하게 되어 얼마나 기쁘고 다행한 일이 아닐 수 없는 기회를 주시어 조금이나마 부인에게 은혜를 보답하니 얼마나 고맙고 감사하고 반가운 일이 아닐 수 없습니다.

　동네 사람들은 할아버지의 말을 듣고는 조용히 한사람씩 다 가버린다. 할머니는 할아버지가 지극정성으로 간호한 덕택으로 병이 완쾌되어 서로 의좋게 살아가는 노부부의 이야기이다.

　우리 도반들도 할아버지의 마음가짐을 본받아 "고맙습니다. 감사합니다." 하는 마음을 실행으로 옮겼으면 하는 바람입니다.

　다 같이 "고맙습니다. 감사합니다." 성불하십시오.

참는 덕

우리 중생들에게 어떤 사람이 찾아와서 너희들 사지를 마디마디 찢는다 할지라도 자기 마음을 청정하게 가져 성내지 말고 입을 조심하고 나쁜 말을 하지 말라. 성내는 마음을 그대로 놓아두면 자기의 도를 스스로 방해하고 공덕과 이익을 잃어버리게 될 것입니다.

참는 일이 덕이 되는 것은 계(戒)를 가지고나 고행하는 일이라도 그것에 미치지 못한다. 그러므로 참을 줄 아는 중생이라야 용기 있는 중생이라 할 수 있다. 그리고 타인으로부터 받는 꾸짖음을 감로를 마시듯 하지 못하는 중생은 도에 들어선 지혜로운 중생이라 할 수 없다.

왜냐하면 성냄의 해독은 착한 법을 부수고 좋은 명예를 헐어 이 세상이나 저 세상에서도 남이 좋게 보지 않을 것이기 때문이다. 성내는 마음은 사나운 불꽃보다 더 무서운 것이니 항상 귀를 막고 지켜 마음속에 들어오지 못하게 하여라. 공덕을 빼앗는 도둑은 성냄보다 더한 것은 없다. 세상 사람은 욕심만 있고 자기를 다스리는 법이 없기 때문에 때에 따라 성냄도 용서 받을 수 있겠지만 중생들이 수행자가 되어 성내는 것은 당치 않은 일이다. 그것은 마치 맑게 갠 날씨에 뇌성벽력이 치는 격이라고 합니다.

* 억울함을 밝히려 하지 말라

억울함을 밝히려 하면 원망하는 마음을 돕게 되니 억울함을 당하는 것으로 수행하는 문으로 삼아야 한다. 억울함은 세월이 지나고 보면 자연히 억울함이 벗겨지기 마련이다.

* 박복한 사람의 마음가짐

항상 박복한 생각만 하고 박복한 말만 골라서 한다. 박복한 사람은 박복한 행동만 하고 남에게 미운 짓만 골라서 하며 항상 찡그린 얼굴로 상대방에게 불쾌감을 주면서 대한다.

* 복 받을 사람의 마음가짐

항상 복 받을 생각만 하고 복 받을 말만 하고 항상 어떻게 하면 도와줄 수 있을까하는 생각만 하고 있으면서 예쁜 짓만 골라서 하며 웃음 띤 얼굴로 상대방을 즐겁게 하면서 살아간다고 합니다.

죽어가는 순간 마음가짐

   지금 이 시대는 착한 사람들을 못살고 마음이 고약하고 못된 짓하는 사람은 잘사는 경우가 많다. 세상 사람들은 이러한 현상을 보고 개탄을 하며 하늘이 무심하다고 한다. 착한 마음씨로 하는 일이 잘 안되고 못된 짓하고 악착같이 남을 딛고 일어서려는 사람은 잘 산다고 한다.
   그 원인은 전생에 있다고 본다. 어떤 사람이 평생을 도덕과 예의를 지키며 남에게 허물되는 일을 아니하고 죽으면 동네사람이나 친척들은 좋은 일 많이 하고 죽었네. 이 사람은 남들이 하기 싫어하는 일을 도맡아 하고 착하게 살아보았자 평생을 고생만하고 가족들까지 고생시킨 것을 후회하면서 죽어가는 순간에 생각하기를 못된 짓을 가끔 할 망정 잘살고 보아야 한다.
   악착같이 모략 중상을 밥 먹듯이 하고 잘사는 사람처럼 나는 착한 일만 하다 보니 자신은 초라해지고 가난을 개탄하면서 숨을 거둔 사람은 그 최후의 생각이 마음에 새겨 다음 생에 태어나면 악착같이 인정사정도 없고 도덕성을 가리지 않고 못된 짓해서라도 잘살려는 마음으로 평생을 살아가는 사람이라고 합니다.
   전생에서 죽는 순간 마음을 정한 생각이 이생의 마음으로 일생을 살아간다. 전생에서 좋은 일에 헌신해서 지은 공덕이 있으니 잘살게 되고 그 은혜 입은 사람이 다시 갚게 되니 일이 잘 되고 잘사는데 최후에 가졌던 마음을 닦지 않으면 바꾸지 못하니 그 이유를 모르는 중생들은 못되게 하는 사람이 잘산다고 합니다. 또 사람의 욕심은 끝이 없다보다 자기는 못된 짓을 하면서도 사람이 잘산다고 합니다. 또 사람의 욕심은 끝이 없나보다 자기는 못된 짓을 하면서도 자기를 위해서는 형제 친척 부모도 못 본 체하고 남을 돕지 않고 베품이란 인색했던 사람은 죽을 때는 누구든지 깨치고 후회의 눈물과 참회를 하면서 눈을 감는다.

이게 사람의 천부적(天賦的; 학문을 깊이 쌓은 사람) 도덕률이고 사람만이 가진 지혜인지도 모른다. 악착같이 돈을 모으고, 남에게 해치면서 재산을 모아보았자 죽을 때는 가지고 못 가면서 뉘우치는 사람은 착하게 살고 보아야 하고 참회를 한다.

이 사람은 착하게 살아야 되는 마음을 인식하여 두었기에 다음 생에 태어나면서는 착한 심정으로 평생을 살고 전생에 복 짓고 남을 위해 베푼 게 없는 사람은 가난하고 전생에 못된 짓 한 사람들에게는 남에게 당하기만 하고 괴롭힘을 당하여 시달림을 받으면서 평생을 살아가야 한다.

이것을 주고받는 인과의 도리이다.

우리 도반들은 이 문장을 읽어보시고 느끼는 마음은 항상 도움을 주는 마음이니 잘 간직하고 죽는 순간에 꼭 불보살님의 명호를 불러야 다음 생에도 이와 같이 부처님을 모실 수 있으며 하고자 하는 일이 잘 풀려 평생을 편안하게 살 수 있다고 합니다.

우리 도반들은 잊지 마시고 꼭 불보살님의 명호를 부릅시다.

* 선업은 선보

선업(善業) : 좋은 과보(果報)를 받을 만한 착한 행위

선보(善報) : 선과(善果) 좋은 과보 선행에 대한 갚음

* 악업은 악보

악업(惡業) : 고생을 가져오는 원인이 되는 나쁜 행위

악보(惡報) : 성스럽지 못한 기별(奇別; 알리는 것)

길보(吉報) : 좋은 소식

화보(華報) : 내세의 과보보다 현세에서 받는 업보이다.

다음 생을 가꾸는 일

오면 가야 하고 가면 와야 하는 윤회의 법칙(輪廻法則)이라 태어나면 죽기 마련이다. 사람의 죽음은 사람이 잠들기 전과 잠을 깬 것과 같아서 죽기 전의 인식(認識; 사물을 확실히 알고 그의 의를 옳게 이해하는 것)을 그대로 가지고 태어난다고 한다. 그래서 불교에서는 나에게 병이 오면 올 것이 왔구나 생각으로 '병을 친구로 삼아라.' 하셨다.

누구나 다 오는 병을 원망한다든가 미워하는 마음으로 짜증을 내지 말라고 하셨다. 왜냐하면 사람의 마음을 그대로 가지고 다음 생에 태어난다고 한다. 자신의 몸에 있는 병은 마음 속으로 가지고 다음 생에 태어나면 그 병이 연속이 된다고 합니다.

자신의 병이 다 나았다는 마음을 가지고 다음 생에 태어나면 마음의 병이 없기 때문에 병이 없이 건강한 몸으로 태어난다고 한다. 그래서 아무리 연세가 높더라도 다음 생을 생각하여 몸은 아프지만 마음만은 아프다는 생각을 하지 말고 편안한 마음으로 가야 합니다.

세상을 살아오면서 남에게 좋은 마음으로 한 일, 착한 마음으로 착한 일만 한 일을 생각하고 어쩌다 실수로 좋지 않은 일들은 생각하지 말고 잊어버려야 합니다.

　좋은 일 착한 일만 생각하면 다음 생에 태어나서도 좋은 일 착한 일만 하게 된다고 하셨다. 그래서 가는 이의 마음을 흡족하도록 하기 위해서는 자식의 효도로서 가는 이의 가슴속에다 용돈을 넉넉히 넣어주면서 가는 이에게 누구든지 돈을 달라고 하거든 넉넉히 돈을 넣었으니 아끼지 말고 주시라고 당부하시어야 합니다. 그렇게 하면 가는 이는 마음이 흡족하여 편안한 마음으로 가게 되면 다시 태어나는 세상에서는 부잣집에 태어나게 되며 잘 살게 된다고 합니다.

　사람은 마음으로 복(福)을 짓고 마음으로 죄(罪)를 짓고 모든 것도 마음으로부터 시작이 되기 때문에 가난한 사람이 부잣집보고 나도 저렇게 살고 싶다하는 생각으로 원(願)을 세우면 다음 생에는 부잣집에 태어나서 잘 살게 된다고 합니다.

　가난과 오막살이집을 만족하게 생각하면서 살아가는 사람은 다음 생에도 가난하게 살게 되기 때문에 사람의 마음은 화가(畵家)와 같다고 합니다. 사람이 죽어 염할 때 몸에다 금강경을 넣어주면 혼은 오래 정이든 육신 무덤에 찾아갔을 때 금강경이 있는 것을 보면 밝은 곳을 향하게 되며 또 혼이 가족이 그리워 집으로 찾아 갔을 때 금강경 읽는 소리나 금강경 책이 모셔져 있으면 영가는 해탈을 하게 된다고 합니다.

　불자가 이러한 사항을 알면서 실행을 안 하면 안 될 것입니다. 우리 불자들은 금강경을 수지독송(受持讀誦; 소리 내어 글을 읽은 문장을 머리에 새겨나감)을 하셔야 하겠으며 가는 이의 몸에다 용돈과 금강경을 잊지 말고 넣어주어야 영가가 편안한 마음으로 갈 수가 있다고 합니다.

그리고 사람이 살다보면 부딪히고 밀고, 밀리고 말다툼까지 하기 때문에 가슴에 뭉친 원한을 가지고 다음 생에 태어나면 알지도 못하는 사람에게 이유 없는 봉변을 당하는 것은 과거 전생의 원한 때문이라고 합니다. 그리고 나는 너에게 잘하여 주었는데 너는 나를 괄시를 하느냐, 어디 두고 보자 하는 마음을 죽어가는 사람의 마음에 한을 품고 가면 그 원한이 나에게 반드시 돌아온다는 것을 알아야 합니다.

현시대에도 우리의 눈으로 보고 듣고 하는 것을 사실이라는 것을 알고 원한과 섭섭한 일들은 내가 먼저 고개 숙여 풀고 가야만 다음 생에는 봉변을 당하는 일이 없이 안정된 생활을 할 수 있다고 합니다.

※ 행여 언짢은 일 때문에 걱정하거나 원망하는 마음, 미워하는 마음 등을 품은 채 잠들지 않는 것이 좋습니다.

* 혼우전(昏寓錢)
사람이 죽으면 관속에다 돈을 넣어주는 것은 저승에 가서 쓰라는 용돈을 말합니다.

왜 절에 다니는가

부처님께서 코삼비의 코시타 동산에 계실 때 외도인 수행자가 찾아와서 아난존자에게 "당신들을 무엇 때문에 집을 나와 부처님 밑에서 시봉하면서 수행하십니까." 한다. 이때 아난존자가 답변을 탐(貪; 탐욕)과 진(嗔; 성냄)과 치(癡; 어리석음)을 끊기 위해서 수행하고 있습니다.

그러면 탐·진·치 삼독에 무슨 허물이 있기에 끊어야 한다고 생각하십니까? 아난존자가 탐욕에 집착하면 자신의 마음이 어두워지고 자기와 남을 해치게 되며 죄도 받고 후세까지 죄를 받습니다. 이와 같이 탐·진·치 삼독에 집착하게 되면 그 순간은 장님이 되고 지혜가 없어지며 판단이 흐려집니다. 그래서 삼독을 끊어야 합니다.

삼독을 끊으면 어떤 이익과 공덕이 있습니까? 현세와 후세에도 죄를 짓지 않고 마음은 항상 기쁘고 즐거우며 번뇌가 떠나고 깨달음을 얻게 됩니다. 그러면 어떻게 삼독을 끊을 수 있습니까 팔정도를 실천하여 삼독을 끊으면 수행 목표가 뚜렷이 나타나고 불교의 본성이 나타납니다.

불교는 성공을 위한 종교요, 행복의 길을 가르쳐주는 종교, 모든 괴로움을 벗어나게 하는 종교, 성공의 비결을 가르침의 종교, 지혜로서 성공하는 종교, 마음을 찾는 종교, 깨달음을 얻는 종교, 마음을 잘 사용하도록 가르치는 종교, 마음을 안정시키는 종교, 마음을 닦는 종교, 참회하는 종교이며 일반적으로 종교는 신앙의 대상으로 하고 있지만 불교는 오직 일체 만법의 법성인 자기 자성을 바로 깨치는 것을 근본으로 삼는 것은 오직 불교뿐이다. 이것을 불교가 주장하는 가장 높고 가장 깊은 진리이며 천고만고에 변할 수 없는 독특한 특색이며 일체만법의 법성 자기 성품을 바로 깨치는 것이 불교의 근본이며 특색이라 할 수 있습니다.

그리고 이 모든 마음을 얻기 위함이 불교뿐이라고 할 수 있습니다.

도를 얻으려면

　사람이 애욕에 얽매이면 마음이 흐려지고 정신이 어지러워 도(道)를 찾을 수가 없고 깨끗한 물을 휘저어 놓으면 아무리 들여다보아도 그림자를 찾아 볼 수가 없는 것과 같습니다.
　불자는 반드시 애욕을 멀리하고 끊어야 한다. 애욕을 깨끗이 버리면 도를 볼 수가 있다. 그리고 도를 본 사람은 마치 횃불을 가지고 어두운 방에 들어갔을 때 어둠이 사라지고 환하게 밝아지는 것과 같다고 합니다.
　도를 배워 진리를 보면 무명(無明; 어둡고 우둔한 마음으로 세상 모든 사물의 이치에 밝지 못한 것)은 없어지고 지혜만 있어 부처님의 말씀은 생각함이 없이 생각하고, 행함이 없이 행하며 말함이 없이 말하고, 닦음이 없이 닦는다 미리 생각하고 실천하라는 뜻이다. 이것을 아는 사람에게는 가깝게 여기지만 삼독을 가진 사람에게는 갈수록 아득할 뿐이다.
　천지를 볼 때 덧없이 생각하며 마음을 볼 때는 그대로 보리(菩提; 완전한 깨달음이란 뜻)로 생각한다. 이와 같이 도를 알면 깨달음을 얻기가 빠르며 몸 안에 있는 사대[四大; 지(地) 수(水) 화(火) 풍(風)]가 제각기 이름을 가졌지만 어디에도 나라는 것이 없다고 생각하여라. 내가 있진 않다면 그것은 허깨비나

다를 게 없다.

　사람이 감정과 욕망에 이끌려 명예를 구하지만 명예가 드러날 만하면 이 몸은 늙어지고 하잘것없는 명예를 탐하는 사람이 도를 배우지 않고 헛수고만 하니 마치 향을 사루어 그 향기를 맡기는 했지만 향은 이미 재가 되고 만 것과 같다. 이와 같이 몸을 해치는 삼독을 끊어야 도를 구할 수 있다고 합니다.

절은 왜 하나

불교에서 절을 하는 것은 아상을 없애고 복밭을 이루기 위함이며 업은 아상에 나오며 교만심을 일으켜 망자존대(妄自尊大; 스스로 잘난 체함)하는 사람이 많다. 이러한 사람의 마음은 자기에 마음이 맞으면 탐욕심이 생기고 마음대로 되지 아니하면 화를 내는 사람이 많다. 이러한 마음을 없애기 위해서는 절을 많이 하면 인체 가운데 잠재하고 있는 정전기가 방출해 탁월한 효능이 있으며 마음을 깨끗이 소멸시키며 각종 성인병 예방에도 좋으며 아상을 없애고 하심을 하고자 하는 길도 절하는 길 밖에 없다고 합니다.

절을 할 때는 나의 가장 소중하고 귀한 머리를 불보살님의 가장 낮은 발바닥까지 고개 숙이는 것은 나의 목숨까지 불보살님께 바치겠다는 심정으로 과거 전생 업장을 소멸을 하고자 고개를 숙입니다.

절을 하되 오체투지로 하면 내장되어 있는 전기를 완벽하게 몸 밖으로 뽑아내는 수행방법이며, 부처님이나 관세음보살님을 간절하게 찾는 것은 좋지 않은 마음을 깨끗하게 하고자 하는 마음이며, 내 마음의 그릇이 청정해지면 몽중가피(夢中加被) 현증가피(顯證加被) 명훈가피(冥熏加被)가 나타난다고 합니다. 그리고 절을 할 때 합장을 하는 것은 좌우수합중(左右手合中)하면 음양상생(陰陽相生)이 생기고 정기합의(精氣合義; 만물이 생성하는 원리)하면 신명일통야(神明一統也) 좌우 손을 합장하게 되면 음과 양의 기운이 서로 생겨나 정기가 통하여 몸과 마음이 하나가 된다고 합니다.

이마를 땅에 대면 두뇌세포 가운데 축적된 두뇌 정전기가 거대한 지자기에 흡수되므로 머리가 상쾌하여진다고 합니다.

손바닥을 땅에 대면 지기(地氣; 대지의 생기는 정기)를 흡수하고 정전기가 방출되는 효과를 얻을 수가 있다고 합니다.

무릎을 굽힐 때는 대돈(大敦) 협(協) 등이 발가락 경락(經絡; 오장육부에 생긴 병이 몸 밖으로 나타난 곳, 예 침 놓는 자리를 말함) 전체가 자극됨으로써 오장육부가 마사지가 되는 등 내장 강화 및 두뇌 건강에도 탁월한 효과가 있다고 합니다. 무릎을 꿇고 펴는 운동을 하면 발에 흐르는 경락의 흐름을 자극하여 혈 자리를 구석구석 자극하여 혈압과 혈당까지 내려가게 하는 효과가 있다고 하며 머리의 열은 내려가고 발의 열은 올라가는 수승화강의 효과로 화 또는 분노와 스트레스가 사라진다고 합니다.

절하는 숫자에 대한 근거가 뚜렷이 나타난다고 합니다.

절을 3배하는 것은 삼보(三寶; 불·법·승)의 삼독심(三毒心; 탐·진·치)를 끊고 삼학(三學; 계·정·혜)을 닦겠다는 의지를 표명한 것입니다.

절을 53배하는 것은 참회할 때와 53불에 대한 경배함입니다.

절을 108배하는 것은 108번뇌를 없앰이요, 삼매와 환멸과 성불 구하고자 하는 까닭이며, 108번 염불과 108배를 통하여 지은 죄업들을 참회하기 위해서 가지고 다니는 108염주입니다.

절을 천배하는 것은 우리가 살고 있는 현겁(賢劫; 현재의 겁)의 일천부처님께 절을 올리는 것입니다.

절을 삼천배하는 것은 과거·현재·미래 3대겁에 출현하는 삼천부처님께 절을 올리는 것입니다.

절을 많이 할수록 아상이 없어지고 삼독심이 없어지며 하심과 정신이 한마음으로 되었으나 씻고 닦고 두드려 가면서 몸을 가꾼 소중히 여기던 몸뚱이는 수명이 다 되면 한 줌의 흙으로 바뀌어 사라집니다.

그러나 정신만은 살아 있어 선업을 지은 사람은 극락으로 갈 것이며 악업을 지은 사람은 지옥으로 갈 것이니 부디 아상을 없애고 복밭을 만들어 놓고 부처님께 절을 많이 하여 악업을 닦아 다같이 극락으로 가야 하겠습니다.

잠들기 직전에 기도하라

사람들이 사는 하루 중에 제일 중요한 시간은 잠들기 직전이 가장 중요하다.

깨어 있는 동안에는 의식의 세계에서 활동하지만 잠이 들면 잠재의식의 세계로 들어갔다가 지극히 고요한 무의식의 세계로 빠져들게 된다.

만약 잠들기 직전에 나쁜 생각을 하다가 잠이 들면 악몽에 시달리게 되며 반대로 잠들기 직전에 관세음보살을 일념으로 마음속으로 부르면서 잠이 들면 편안한 수면을 이룰 수 있으며 관세음보살의 원력으로 잠재의식이 남아 있어 다음 생까지 이어진다고 합니다. 또 참선하다가 잠자리에 들기 전에 심호흡을 한번하고 화두를 잡고 잠이 들면 깨어날 때까지 화두가 살아있게 된다.

중생들은 일평생 가운데 제일 중요한 시간은 죽기 직전이 가장 중요하며 죽기 직전에 어떠한 마음을 품고 죽느냐에 따라 내생이 달라지기 때문이다. 임종에 다다랐을 때 다음 세상에서는 참선하며 살아야지 하는 원력을 강하게 세우면 다음 생까지 그 원력의 힘이 그대로 전달되어 일평생을 도를 닦는 일에 몰두하게 된다. 그리고 죽기 직전에 나무아미타불을 일념으로 부르면 그 사람의 마음이 무량한 빛, 무량한 수명이 아미타불의 가피를 받아 극락왕생을 이룰 수 있게 된다.

  반대로 강한 원한을 품고 죽으면 한을 품은 떠돌이 귀신이 되거나 다음 생은 복수를 하기 위하여 태어나 일평생을 허망한 일생을 보내게 된다. 그리고 나이가 들면 자기가 지나온 생애를 되돌아보면서 내생의 행복을 위해 용서를 할 것은 용서하고 부족했던 점이나 못 다한 것이 있으면 원을 세우고 기도정진하면서 다음 생을 준비할 줄 알아야 하겠습니다. 이렇게 원을 세우면 영혼이 몸에서 떠날 때 그 원의 싹이 잘 자랄 수 있는 환경을 택하여 태어나게 될 뿐만 아니라 그 원력이 새로운 삶의 기둥이 되어 준다고 합니다.

불공의 덕

옛날 어느 고을에 부잣집에 후사가 없어 부부는 절에 가서 부처님께 지성으로 자식하나 점지해달라고 정성껏 공양을 올리면서 기도를 하였다.

기도한 지 섣달이 지나도 아무런 소식이 없어 부부는 정성이 부족하여 부처님이 우리에게 자식을 주지 않는 모양으로 생각하고 더 정성을 올렸더니 삼년이 되자 잉태를 하였다.

부부는 부처님이 우리의 정성에 감동하여 훌륭하고 잘난 아들을 점지하여 주시겠지 하며 기도 정진을 열심히 하여 아들을 낳았다.

부부는 부처님의 보살펴 가피를 주시어 아들을 주었으니 건강하고 훌륭한 사람이 되게 잘 키워야지 하는 마음이야 어느 부모 없이 다 똑같을 것이다.

세월이 빨라 애기의 재롱에 푹 빠져 세월이 가는 줄도 모르고 살아가는데 애기가 혼자 걷기 시작하는데 걷는 모양이 이상하여 자세히 살펴보니 한쪽 다리가 짧아 보였다.

부부는 부처님께 원망하는 마음으로 이왕이면 건강하고 똑똑하고 잘난 아들을 주시지 않고 병신 아들을 주셨다고 원망하다가 우리가 어떻게 얻은 아들인데 원망을 하다가 생각을 하여 보니 부처님의 가피로 얻은 아들이니 훌륭하고 건강하게 키워야 하겠다는 생각과 재롱 하는 것을 보면서 잘 키웠다.

　세월이 흘러 어느덧 청년이 되었는데 이 때가 이웃나라와 전쟁이 일어나 남자라면 모두 군에 나갔다. 그 당시 전쟁은 치열하여 두 나라 전부가 전사 또는 행방불명 아니면 팔다리가 잘려서 돌아오곤 하는데 부처님의 가피 받아 낳은 아들은 다리가 병신이라 군에 가지 아니하고 부처님을 잘 봉양하고 효도하니 얼마나 다행한 일인가 노부부는 이제야 부처님은 미리 아시고 병신자식을 점지하여 주셨구나 하는 생각이 들어 더 감사하고 고마움을 알고부터는 부처님 공양을 정성을 다하여 올렸다는 전설이 지금까지 내려오고 있습니다.

　누구나 원(願)을 세우고 형식이 아니고 간절한 마음으로 정성껏 기도정진하면 원을 주신다고 합니다.

　다 같이 정성으로 기도 정진합시다.

받아 주지 아니하면 내 것이 된다

　부처님께서 하루는 시내에서 제일 가는 권세가 집에 우연히 탁발하게 되어 대문을 두들기며 "시주 좀 하십시오." 하니까 마침 대감이 대문 앞을 지나가다 이 소리를 듣고는 아침부터 재수 없게 중이 와서 시주하라니 하면서 상스러운 욕설을 하며 다른 곳으로 가보라는 퉁명스러운 말로 한다.
　"대감님, 시주는 받아가지 아니 할 터이니 내가 묻는 말에 대답하시겠습니까?" 물었더니 시주를 주지 않고 대답하는데 손해볼 것이 없다는 생각으로 선뜻 대답을 했다. 부처님께서 물었다. "내가 좋은 선물을 가지고 와서 대감에게 주었더니 대감은 받지 아니하였으니 이 선물은 누구의 것이 되냐고 물었더니 그거야 가지고 온 사람의 물건이지 한다." 이 말을 듣고는 부처님께서는 빙그레 웃으시며 "잘 알았습니다." 하고는 뒤돌아간다.
　대감은 이상히 여기어 생각을 하여 보았더니 아차 내가 실수를 하였구나 하는 생각이 들면서 깨달음의 도(道)가 탁 터지는 바람에 스님을 부처님으로 알고 달려가서 무릎을 구부리면서 내가 잘못을 뉘우쳤으니 이 시간부터 제자로 받아 달라고 애원을 하였다는 이야기입니다.
　이 문장을 읽어보시고 우리 불자는 모든 것을 가리지 말고 선행을 베풀어야 하겠다는 마음가짐을 하여야 하겠습니다.

* 부처님은 이러한 불공을 하라고 하셨다.

첫째 : 몸이 정숙해지고 아름다워져 맑은 마음이 현저하게 나타나는 불공을 하라고 하셨다.

둘째 : 마음의 경계를 대하면 자비심이 생기고 남을 해롭게 하는 마음이 없어지는 불공을 하라고 하셨다.

셋째 : 몸과 마음이 아름다워지는 동시에 욕심과 성내는 마음과 일체 번뇌 망상이 일어나지 않는 불공을 하라고 하셨다.

넷째 : 몸과 마음이 부딪혀도 결코 동하지 않고 물들지 않은 불공을 하라고 하셨다.

* 불교에서 삼자(三字)를 사용하는 이유

불법의 정신을 철저히 자기화하게 하는 종교적인 실천의 의미를 내포하고 있으며 깨달음의 생활을 이루도록 하는 숫자이다.

예 : 1과 2는 편견이며 고정관념이 상대적인 대립을 나타내지만 3은 1과 2를 모두 포용한 제3의 입장이며 1과 2를 초월한 숫자이기 때문이다.

* **삼장법사**(三藏法師)**란**

경장(經藏) : 부처가 설한 교법을 모아놓은 책을 경(經)이라 하고 이 경전 속에 진리를 담고 있다고 하여 장(藏)이라고 한다.

율장(律藏) : 불자들이 지켜야 할 생활의 규칙과 처리하는 방법을 적어놓은 것을 하나로 묶은 것을 율장(律藏)이라 한다.

논장(論藏) : 부처님의 말씀이나 성인과 조사들의 말을 알기 쉽게 풀이 해놓은 것을 논(論)이라 하고 이 논들을 모아 하나로 묶어 놓은 것을 장(藏)이라 한다.

경장, 율장, 논장 세 가지를 통달한 사람을 삼장법사라 한다.

미생물이라도 살리면 가피를 받는다

옛날 한 젊은 사람이 명이 짧아 절에 가서 기도하면 명이 길어진다는 이야기를 듣고, 동네 가까운 절에서 스님을 따라다니며 열심히 기도를 정성으로 하고, 공양도 올리며 염불도 하고 좋은 일이라면 무엇이든지 마다하지 않고 열심히 하면서 '명이 길게 하여 주십시오' 하고 기도하였다.

하루는 큰 스님의 방을 지나다 방안에서 이야기하는 소리에 가던 발을 멈추고 방에서 이야기하는 것을 듣게 되었는데 큰 스님이 하는 말씀이 "젊은 아이 집에 보내야 하지 않겠느냐" 하는 소리가 들어왔다. 이 소리를 듣고는 내가 열심히 기도를 하였는데도 부처님이 나를 도와주지 아니하는 모양이구나. 내가 정성이 많이 부족하구나. 더 열심히 기도 정진을 하여야 하겠다 하고 밤낮을 가리지 않고 부처님 앞에 앉아 기도하고 염불까지 하였다.

그날 저녁에 큰 스님이 부르셔서 갔더니 "여기에 온 지 여러 날이 되었으니 부모님도 만나보고 쉬었다 오너라" 하여 큰스님의 말씀대로 이제는 나의 죽을 운명이 다가왔다는 생각을 하며 집으로 가는데 천명(天明)하던 하늘이 갑자기 소낙비가 내려 개울물이 많이 내려간다. 집으로 가는 길에 개울이 있는데 갑자기 내리는 소낙비에 개미떼가 물에 떠내려 오는 것을 보고 그냥 갈 수가 없어 나무토막 막대기를 걸쳐 놓으면 개미들이 나무를 타고 살아올라 오겠지 하는 생각이 들어 옆에 있는 나무막대기를 놓아주었더니 생각대로 개미들은 막대기로 올라오는 것을 보고는 집으로 왔다. 며칠이 지나도 아무 일 없이 건강하게 있다가 다시 절로 찾아가 부처님께 예배하고 큰 스님을 찾아가 인사를 하였다. 절 식구들은 반가운 얼굴이지만 놀라는 것 같아 보였다.

큰 스님이 좌정을 하시고 식구들도 앉은 자리에서 큰 스님이 젊은이에게 "집에 가서 지금까지 무엇을 하다왔는지 상세하게 이야기하여 보아라." 하신다. 젊은이는 거짓없이 사실대로 이야기하였다. 큰 스님은 젊은이의 말을 듣고는 한참 침묵이 흐르며 생각을 하시더니 눈을 번쩍 뜨시면서 손뼉을 탁치면서 알았다 하시면서 "자네가 말 못하는 미생물 개미의 생명을 구했으니 가피(加被)를 받아 젊은이의 죽을 운명은 지나갔다 하시면서 이제부터는 건강하고 행복과 복덕을 지어가며 수명이 다할 때까지 잘살아라."고 하였다.

우리 도반들도 미생물이라 하여 함부로 죽이지 말아야 하겠습니다.

다 같이 복을 많이 지으시고 성불하십시오.

송보살의 일생

경남 진주에 송보살이 살았습니다. 그 분은 거의 구십 가까이 살다가 세상을 떠났는데 워낙 가난해서 절에 불공이 있으면 와서 거들어주고 떡 부스러기를 얻어다가 아이들을 먹여 키웠으며 하지만 일자무식한 송보살은 그렇게 살면서 자나 깨나 정성껏 염불을 올렸습니다.

어느 날 송보살이 죽기 나흘 전에 진주에 사시는 모든 신도들을 찾아다니면서 "내가 나흘 뒤 저녁을 먹고 세상을 뜨게 될 터이니 부디 염불을 잘해 주십시오. 나는 먼저 극락세계로 가니 거기 가서 우리 다시 만납시다."

그러나 사람들은 송보살의 말을 듣고는 나이가 많아 망령이 든 것이라고 생각을 하였다. 그리고 나흘 뒤 그날 아침이 되었는데 송보살은 손자와 아들 며느리 온 가족을 불러놓고 나서 하는 말씀이 "오늘 저녁 해질 무렵에 세상을 뜰 것이니 오늘은 아무데도 나가지 마라." 당부하시고는 "너희들은 살아 있는 동안 부디 사람의 도리에 어긋나는 일을 절대로 하지마라" 하시면서 극락도 있고 지옥도 있다. 정성을 다하여 염불하면 부처가 되는 법이 있으니 잘 명심하고 신심으로 살아야 한다.

마침 오후가 다 되어 송보살은 물을 데워 깨끗이 육신을 닦고 새 옷으로 갈아입고 하는 것을 식구들은 할머니가 망령이 들어서 그러거니 하는 생각을 했지만 할머니의 말씀을 어기고 싶지 않아 시키는 대로 따라 하였습니다. 무엇보다도 할머니가 건강해 보였기 때문에 오늘 세상을 뜬다는 말씀이 믿을 수가 없었습니다. 그런데 할머니가 요를 깔아 그 위에 반드시 앉아서 식구들에게 이야기를 하기 시작했습니다.

"이 세상은 다 무상하고 고해의 바다이다. 또한 불붙은 집이니 방심하지 말고 항상 착하게 살아야 한다. 너희들은 매일 육체나 몸뚱이만을 가꾸지만 저 세상으로 갈 때는 아무런 소용이 없다. 나를 배반하고 가는 것이 바로 육신임을 깨달아야 한다.

몸뚱이는 무정한 놈이니 그 놈만을 위해 힘들게 살지 말아야 한다. 나는 일자무식하지만 부처님 덕택에 평생 염불을 하여 오늘같이 좋은 때가 있지 않느냐 구십장수를 하며 한 번도 병들지 않고 몸이 꼬부라지지도 않으며 세상을 살아왔다.

그리고 내가 가는 날도 알고 있으니 얼마나 좋으냐 내가 지금 말만 떨어지면 이 세상을 떠나 극락세계를 갈 것이니 그리 알아라. 내가 앞에서 한 말이 일 년이고 드러누워 병을 앓고 있으면 너희들이 얼마나 괴롭겠는가. 너희들도 벌어먹고 살아야 하는데 하시면서 내가 이 세상을 떠나거든 너희들도 나처럼 부디 신심을 가지고 매일매일 염불하며 살아가야 한다." 할머니는 말을 끝내자마자 숨이 끊어졌다. 그런데 신기한 것은 그 순간 방안에서 좋은 향내가 나기 시작하더니 서쪽에서 밝은 빛이 환하게 빛나 소방대원들은 불난 줄 알고 출동을 했다고 합니다.

이 소문을 듣고 수천 명의 신도들이 몰려왔다고 합니다.

송보살이 자신의 예언대로 열반을 하였다고 합니다. 그들은 송보살이 열반을 했음을 깨닫고 송보살의 시신 앞에 무수배례(無數拜禮; 절을 수없이 하는 것)를 하고 장례는 스님들이 다비식(茶毘式; 시신을 태우는 것)으로 치르며 경비는 신도들이 십시일반으로 내어 성대하게 진행되었는데 놀라운 것은 화장 후에 나온 영롱한 사리였습니다.

이 사리를 보고는 놀라지 아니할 수가 없어 연화사에 봉안되어 현재까지 있다고 합니다. 또 놀라운 것은 송보살이 일자무식한 보살이나 오로지 한 마음으로 부처님을 일심으로 기도 정진한 덕분에 마침내 대지혜가 열리게 되어 극락왕생의 인연을 짓게 되었다고 합니다.

우리 불자들도 송보살과 같이 기도 정진하면 극락왕생을 한다고 합니다.

나무 아미타불 나무 아미타불 나무 아미타불

할머니의 천도재

경전을 읽는 복자는 할머니의 사랑을 독차지하면서 자랐다. 할머니는 아들 밥상에 손녀의 입에 맞는 음식이 있나 없나 살펴보시고는 손녀의 입에 맞는 음식이 있으면 나에게 갖다 주시면서 '예쁜 손녀야 맛있게 먹고 예쁘게 무럭무럭 잘 자라다오.' 하시면서 귀여워하셨다.

세월이 흘러 나는 결혼하여 시집 어른들을 모시고 살다보니 할머니 생각을 잊어버리고 살다가 할머니가 편찮다는 소식을 듣고 나서야 할머니 생각이 났다. 그리고 며칠이 지나서 할머니께서 돌아가셨다는 연락이 왔다.

할머니가 돌아가셨다는 소식을 듣고는 할머니를 그리워하면서 잠을 자는데 꿈에 할머니가 나타나서 "귀여운 나의 손녀야, 이 할머니는 배가 고파 죽겠다." 밥을 달라고 하시면서 시집 식구들이 있는 곳으로 들어오는 꿈을 꾸었다. 꿈이 하도 이상하여 서울에 사시는 어머니에게 전화로 어제 저녁 꿈 이야기를 하였더니 어제가 돌아가신 할머니의 삼우제(三虞祭; 장사 치르고 나서 세 번째 지내는 제사) 날이라고 하신다. 그래서 어머니에게 간단하게 밥 한 그릇 차려 드리라고 일러주었으나 우리 친정에는 조상 대대로 제사를 지내주지 않는 교를 믿기 때문에 제사를 아니하니까 나에게로 오신 모양이다.

　할머니가 돌아가신 지 3년이 지났는데도 제삿날에 빠짐없이 꼭 찾아오시면서 "나는 배가 고파 죽겠다."고 하신다. 그렇다고 할머니를 위해 시집 식구들한테 할머니가 배가 고파 죽겠다고 하니 할머니 제사를 지네 줄까 합니다. 이런 말을 할 수도 없어 미안한 마음을 가지고 잠을 자는데 꿈에 할머니가 나타나시더니 배고픈 모습을 하면서 "왜 밥 한 그릇 달라고 하는데도 왜 주지 않느냐" 하면서 내가 너를 얼마나 귀여워하면서 키웠는데 화를 내시며 야단을 치는 것을 처음으로 보니 무섭기도 하고 놀라워 무심코 나온 말이 관세음보살 관세음보살 관세음보살이라고 세 번을 불렀더니 할머니는 귀여운 손녀가 관세음보살이라고 부른 소리를 듣고는 경어를 쓰시면서 "고맙습니다" 하시며 저에게 절을 세 번 하시더니 이제 나는 극락으로 간다며 웃으시면서 집에서 나가신다.

　이것은 꿈에 배고픈 영가를 천도하였기 때문에 할머니의 제삿날이 되어도 꿈에 나타나지 아니하니 참 신기하다고 생각을 하고 있는데 한 친구가 찾아와 요즈음 꿈이 하도 어수선하다며 이야기를 한다. 그러면 조상님들의 천도재(薦度齋)를 지내보라고 하였더니 동네 가까운 절에 가서 조상님들의 천도재를 정성껏 지내주고 나니 밤에 꿈을 꾸지 않으니 깊은 잠을 자고 나면 마음이 개운하고 정신도 맑아지는 것 같았다. 이래서 조상 때부터 지금까지 내려오는 관습으로 천도재를 지내주고 있는 모양이다. 그리고 천도재를 지내준 사람들의 입에서 신기하다며 입을 모으고 있는 것을 많이 들었습니다.

그리고 좁은 소견으로 볼 때 할머니가 배가 고프다고 하는 것은 살아 계실 때 하루 세 번씩 밥을 먹던 습관을 한 평생을 하였으니 육신과 정신 마음이 습관이 되어 할머니께서 배고픈 것을 느꼈기 때문이 아닌가 하는 좁은 소견으로 생각을 하여봅니다. 조상 때부터 내려오는 제사를 정성껏 지내주는 것이 자식 된 도리요, 효도하는 것이 좋지 않을까 하는 생각을 하여봅니다. 한번이라도 조상님들을 생각하여 보시는 것이 어떠할까 생각해 봅시다.

* 십선(十善)을 베푼 이는 죽음을 앞두고
천상의 노래가 들려오고 천인이 인도하여 편안하게 간다고 합니다.

* 나무 아미타불님께 기도하며
　천년 자리 만년 자리　내 치수에 맡는 자리
　이 몸이 떠날 때는　　좋은 날 좋은 시에
　자는 잠에 극락으로　인도하소서
　나무 아미타불 나무　아미타불 나무 아미타불

원한을 풀고 가자

눈을 뜨고 숨을 쉬는 중생들은 누구나 업(業)을 가지고 살아가고 있다. 알 수 없는 전생의 업이 연기처럼 우리들의 몸 주변에 항상 따라 다닌다고 합니다.

눈에 보이지 않는 업이라 하여 무관심하다보면 알 수 없는 재앙이 올 줄 모르오니 항상 업을 염두에 두고 일심으로 전진하여 원귀(寃鬼)의 업을 깨끗이 잠재워 생사없는 육도윤회중생이라 다음 세상에서는 편안하고 안심하고 안락하게 살 수 있다고 합니다.

업을 잠재우는 일은 일심으로 기도전진하여야 하며 항상 하심을 생활화하고 남에게 베풀 줄 아는 사람이 되어야 하며 청정한 마음으로 보시하는 마음을 가져야 하겠으며 살생, 원망, 미움, 시기, 질투, 이간질, 화, 일곱 가지 나쁜 마음을 가져서는 아니 되겠으며 인과응보를 믿고 실천행을 하는 중생이 되어야 하겠습니다.

인과법을 보면 실행하고자 하는 원인이 죄가 되는 줄 알면서 죄를 짓는 사람은 지은 죄만큼 죄를 되돌려 받는다는 것을 인과법이라 합니다.

또 자신도 모르는 사이에 죄를 짓는 것은 자신도 모르는 사이에 죄를 받고 지나간다고 합니다. 여기서 무심코 던진 돌에 미생물이 맞아 죽는 것을 작은 죄라 하지만 작은 죄를 자신도 모르는 사이에 자주 짓다보면 작은 죄가 모여서 태산 같은 큰 죄가 되는 경우가 있다고 하니 평상시에 행동을 조심하여야 하겠습니다.

 우리 불자들은 항상 극락이란 이름을 잊지 말아야 하겠으며 중생들은 사바세계에 살다보면 원한(怨恨)이 있기 마련이니 자애로운 마음으로 원한을 풀고 상대방의 원한까지 자심으로 불어주면 승의(勝義)가 된다고 하니 항상 청정한 마음으로 하심하며 참회기도 전진하는 것이 불자들이 할 일이라고 봅니다.

 원한을 풀고 가지 아니하면 후생에 가서 원한이 인연이 되어 모르는 사람에게 묻지마 하는 봉변을 당할 줄 모르니 원한을 깨끗이 풀고 가야 하겠으며 불교에서는 우연이라는 말은 없고 인연이라는 말이 있다는 것을 염두에 두어야 하겠습니다.

 우리 도반들은 자나 깨나 인과응보를 잊지 말아야 하겠으며 극락이란 말도 잊지 말아야 하겠습니다.

 다 같이 인과 응보 극락세계~ 성불하십시오.

이 몸을 금생에 건지리라

　과거 윤회의 업을 따라 생각하면 몇천 겁을 흑암지옥(黑闇地獄; 어둡고 캄캄한 지옥)에 떨어지고 무간지옥(無間地獄; 오역죄를 지은 사람이 떨어져서 끊임없이 고통을 받는 지옥)에 들어가 고통을 받았을 것인가, 불도를 구하고자 하여도 선지식을 만나지 못하고 오랜 겁을 생사에 빠져 깨닫지 못한 채 갖은 악업을 지은 것이 그 얼마일 것인가 때때로 생각하면 긴 슬픔을 깨닫지 못한 것이니 게을리 지내다가 다시 그전과 같은 재난을 받지 말아야 한다.
　그리고 누가 나에게 지금의 인생을 만나 만물의 영장이 되어 도 닦는 길을 어둡지 않게 한 것인가 참으로 눈먼 거북이 나무토막을 만남이요, 겨자씨가 바늘에 꽂힌 격이다. 다행함을 어찌 다 말 할 수 있으랴, 내가 만약 물러설 마음을 내거나 게으름을 부려 항상 뒤로 미루다가 그만 목숨을 잃어 지옥에라도 떨어져 온갖 고통을 받을 때 한마디라도 불법을 들어 믿고 받들어 괴로움을 벗고자 한들 어찌 다시 얻게 될 것인가. 위태로운데에 이르러서는 뉘우쳐도 소용이 없네, 바라건대 도 닦는 사람은 게으르지 말고 탐욕과 음욕에 집착하지 말며 머리에 타는 불을 끄듯하여 돌이켜 살필 줄을 알아야 한다.

세월은 무상(無常; 항상 머물러 있지 않음)이 빨라 모은 아침 이슬과 같고 목숨은 저녁 노을과 같다.

  오늘은 있을지라도 내일은 기약하기 어려우니 간절히 뜻에 새겨 둘 일이다. 이 몸은 금생에 건지지 않으면 다시 어느 생을 기다려 건질 것인가, 지금 닦지 않는다면 만겁에 어긋나 등질 것이요, 힘써 닦으면 어려운 행이 점점 어렵지 않게 되어 수행이 저절로 이루어질 것이다.

  우리 중생들은 배고파 음식을 대하고도 입을 벌릴 줄 모르고 병이 들어 의사를 만나도 약을 먹을 줄 모르니 이것을 어찌할 것인가 따르지 않는 중생은 나도 어쩔 수 없구나.

  슬프다, 우물 안 개구리가 어찌 창해(滄海; 크고 넓은 바다)의 넓음을 알며 여우가 어찌 사자의 울음소리를 내랴. 그러므로 금생에 법문을 듣고 희귀한 생각을 내어 믿고 받아가지는 중생은 이미 한량없는 겁(劫)에 모든 성인을 섬기에 갖가지 선근을 심었고 깊이 지혜의 바른 인연을 맺은 으뜸 가는 근성(根性; 그릇)임을 알아라. 신심을 내는 이는 한량없는 부처님 회상(會上; 중생들이 모인 법회)에서 온갖 선근을 심은 것임을 알아야 한다.

  원컨대 도를 구하고자 하는 중생들은 미리 겁을 내지 말고 용맹한 마음을 내야 한다. 만일 수승(首僧; 중의 우두머리)함을 믿지 않고 하열(下劣; 비천하고 졸렬함)함을 달게 여겨 어렵다는 생각을 내어 닦지 않으면 비록 숙세(宿世; 전생의 세상)의 선근이 있을지라도 이제 그것을 끊는 것이므로 더욱 어려운 데로 멀어질 것이다. 이미 보배가 있는 곳에 이르렀으니 빈손으로 돌아가지 마라. 한번 사람 몸을 잃으면 만겁에 돌이키기 어려우니 바라건대 마땅히 삼가야 한다.

지혜로운 이가 보배 있는 곳을 알면서도 구하지 않고 어찌 외롭고 가난함을 원망할 것인가, 보배를 얻으려면 가죽 주머니를 잊어버려야 한다.

인과응보

어느 한 겨울에 스님은 탁발(托鉢)하러 가는 길에 한 젊은이와 동행하게 되어 서로 이런 이야기, 저런 이야기 하면서 길을 가다보니 길옆에 웬 젊은이가 추위를 이기지 못하여 쓰러질 것 같이 걷지를 못하고 있어 스님이 동행하던 젊은이에게 "우리 둘이 힘을 합쳐 쓰러져가는 젊은이를 데리고 갑시다." 하니까 젊은이는 스님을 비웃으며 "이 엄동설한 혹독한 추위에 다 같이 가다가 다 죽는 것보다야 한 사람이라도 살아가야 하겠습니다." 하면서 혼자 가버렸다.

　스님은 쓰러져가는 젊은 사람을 두고 갈 수가 없어 젊은이를 업고 길을 가다 언덕길을 올라가려고 온 힘을 다하며 발버둥을 치다보니 힘이 들어 이마에서 땀이 흐르고 몸에서도 땀이 나 등에 업힌 사람도 몸이 따뜻하여 얼었던 몸이 정상으로 돌아왔으나 아직 움직이는데는 힘이 들어 업혀서 길을 가니 길옆 눈에 파묻혀 쓰러져 죽은 사람이 보여 자세히 살펴보니 그는 혼자 살겠다고 가버린 젊은 사람이었다. 이것을 보고는 스님이 '인과응보(因果應報)로다' 하면서 이를 악물고 업고 가다 그만 지쳐 쓰러지고 말았다. 쓰러진 스님을 보고는 업혔던 젊은이는 스님을 업고 마을까지 무사히 도착하여 두 사람은 엄동설한 추위에도 산을 넘어 살아남았다는 전설 이야기이며 이것은 연기법을 모르는 사람이기에 죽고 마는 것입니다.

　※ 사람이 살아가는데 는 혼자서는 살 수 없다는 것을 일깨워주는 인과응보(因果應報; 원인에 따라 악을 행하면 악을 받고, 선을 행하면 선을 받게 된다)를 가르쳐 주는 좋은 예로 보아야 하겠습니다.
　여기서, 연기법(緣起法)에 의하면 내가 살려면 먼저 상대방을 살려라 하는 말이 있듯이 스님과 같이 젊은이를 살렸다면 본인도 살았을 것이 아닌가 이것이 연기법이라고 합니다.

우란분절의 유래

인도 마갈타국의 왕사성 근처에 부상이라는 장자부부가 살고 있었는데 그들의 슬하에 나복(蘿卜)이라는 외아들을 두고 살았습니다.

나복이의 아버지는 항상 자비하시고 겸손함으로 주위 사람들로부터 존경을 받고 살아왔으나 어머니 청제부인(靑提夫人)은 반대로 탐욕이 많고 사악하여 주위 사람들로부터 빈축을 사고 있었습니다.

그러나 세월은 우주법칙에 누구도 막아낼 수 없는 모양이다. 오라면 가야 하는 것이 인생의 목숨이 아닌가. 사람이 이 세상에 왔으면 좋은 일도 많이 하고 오래오래 살다가야 하지 않겠는가. 갈 때는 친구도 없고 자식도 없고 재물도 그냥 두고 선업과 악업만 간직하고 홀가분하게 혼(魂)만 가고 저 세상에 가서 이성에서 못 다한 것들을 머릿속에 넣어 가지고 가서 할 수 있을지 하는 허무한 세월을 한탄하며 사는 세상에 나복이의 아버지가 이름 모를 병에 걸려 돌아가시고 말았다.

나복이는 바깥세상 구경도 하고 장사하여 돈을 벌어야겠다는 생각에 어머니와 상의하여 집에 있는 재산을 팔아 장사 밑천만 가지고 나머지는 어머니에게 드리면서 제가 돌아올 때까지 집안일을 보전하고 삼보(三寶)를 공양하도록 이르고 장사하러 떠났다.

어머니는 아들이 집 떠나면서 부탁한 것을 생각하지 않고 헛된 생활에 탐닉(耽溺; 어떤 일에 즐겨빠짐)하여 이삼일이 멀다하고 잡된 귀신들에게 성대한 제사를 지내면서 제물로 바치는 짐승들을 집안에서 마구 살생하였으니 짐승들의 비참한 비명소리가 집안에서 끊어지지 않고 짐승의 영혼이 가득하였다. 게다가 탁발(托鉢)하러 온 수도자들을 냉대하여 하인들로 하여금 몽둥이로 두들겨 내쫓도록 하였고, 나복이는 삼년이 지나자 장삿길에 돈을 많이 벌어 고향집에 와보니 어머니는 많은 재산을 탕진하여 거지같이 사는 것이 아닌가. 어머니는 아들 나복이와 약속을 지키지 않고 거짓으로 삼보를 공경을 하지 못하였으므로 그 과보로 인하여 이레 만에 병이 들어 죽고 말았다.

나복이는 어머니를 잃은 슬픔을 당한 뒤 하인들에게 집안 관리를 맡기고 참 진리를 깨닫기 위해 부처님을 찾아가서 귀의하여 제자가 되어 부처님의 설법을 열심히 듣고 공부하여 부처님의 10대 제자 중 신통력이 제일이 되고 부처님께서 나복이의 이름을 목련존자(木蓮尊者)라고 지어주셨다.

나복이는 목련존자가 되어 어느 날 왕사성에 머물러 계시던 부처님께서 그 부근의 영취산에서 법문을 하실 때 왕사성의 빔비사라왕을 비롯하여 많은 사람들이 모여 들었다.

부처님의 제자인 목련존자도 그들과 함께 부처님의 설법을 부처님의 은혜를 주제로 하여 자비 법문을 계속하셨다.

법문을 듣는 목련존자의 마음은 착잡하여 처소로 돌아와 부모님을 생각하니 보고 싶기도 하고 그리움이 나기 시작하였다.

목련존자는 부모님 사후의 상황이 궁금하여 신통력으로 직접 살펴보기 위해 결가부좌하고는 선정에 들어가 도리천(忉利天)에 올라가서 편안하게 계시는 아버지를 만날 수 있었으나 어머니를 찾지 못하여 마음이 불안하였다. 비록 생전에 자비의 행동은 하지 못하였고 사악(四惡; 망언, 기어, 양설, 악구)하게 살다가 가신 어머님이라 혹시나 지옥에 가 계실지도 모른다고 생각하니 걱정이 앞서기도 하지만 보고 싶은 마음은 더할 나위 없었다. 목련존자는 다시 입정(入定; 참선)에 들어가 가장 고통이 심한 제일 밑에 지옥인 아비지옥까지 가서야 겨우 어머니를 찾을 수 있었다.

지옥에서 어머니는 도현(倒懸; 거꾸로 매달림)의 죄를 받고 괴로움과 굶주림에 고통을 겪고 있는 것을 보았다. 목련존자는 어머님의 고통을 받고 있는 과정을 보고나서 가슴이 터질 것 같아 어떻게 하면 어머니를 저 지옥에서 벗어날 수 있을까 하는 생각을 하여보니 부처님께 매달리는 일밖에 없다는 생각을 하고 지옥에서 애통한 마음을 간직하고 어머니와 작별 인사를 하고 지옥문을 나오자마자 굳게 닫혀 버렸다.

목련존자는 급히 부처님께 달려가서 지옥에 들어간 사실을 아뢰고 어머니를 구제할 수 있는 방법을 알려달라고 울면서 애걸하니 부처님께서는 목련존자가 측은하게 보여 우란분재(盂蘭盆齋)를 베풀 것을 아뢰었다.

목련존자는 부처님의 가르침대로 재(齋)에 필요한 재료를 빠짐없이 준비하여 천이백 명의 대중스님을 모셔다가 경전을 읽고 목탁을 치며 성대하고 예법하게 우란분재를 정성껏 올렸다.

목련존자의 공덕으로 어머니는 지옥고에서 벗어나 화락천궁(化樂天宮)에 나게 되고, 나머지 중생들도 죄업이 감해지면서 천상으로 올라가게 되었다.

염라대왕은 목련존자의 어머니를 무엇으로 태어나 세상에 나오게 하는 것이 좋을까 생각 끝에 목련존자와 가깝게 있게 하기 위하여 강아지로 만들어 세상에 나오게 되었다가 자식과 상면하고 천상으로 올라갔다하여 불교 신도들은 개고기를 먹지 않는 유래가 지금까지 내려오고 있다. 이야기를 통해서 목련존자의 지극한 효심은 자기가 지은 업(業)은 인과필보(因果必報; 원인과 결과를 반드시 받는다)에 의하여 반드시 그 대가를 받는다는 부처님의 진리를 다시 한 번 되새기고 우란분재에 임하는 자세를 가다듬어야 할 것입니다. 현재 이 사회를 사는 우리의 삶은 고통과 불안의 연속입니다. 목련존자의 정성에 지옥고에서 해탈케 하듯 우리도 영원한 해탈을 원한다면 음력 7월 15일 우란분재를 즐거운 것으로 만들고자 다짐하여야 하겠습니다.

* **백중(百衆)의 의미**

첫째 : 공양을 올리고 방생하는 날.

둘째 : 안거를 마친 스님들께 음식 공양을 바치는 날.

셋째 : 선망부모를 천도하는 날.

넷째 : 불교에서는 효(孝)도의 날.

다섯째 : 힘든 노동에서 해방되는 날.
　　농경사회에서 머슴들도 이 날 하루는 쉬는 날.

여섯째 : 우리를 낳고 가르치고 온갖 고생과 슬픔을 이겨내고 하물며 죄업까지도 마다하지 않으신 선망부모님과 인연 연가를 위해 백중기도를 정성껏 참여하여 더 좋은 세상으로 천도시켜야 하는 날입니다.

* **음력(陰曆) 7월 15일**(百衆, 百種日, 舌蘭盆節)

(1) 이 날은 절에서 하안거를 해제하는 날로서 자자(自恣)라 하여 3개월 수행기간 동안 자신의 허물을 드러내어 참회하는 날이다.

(2) 이 날은 스님이 한 곳에 모여 백가지 음식을 장만하여 스님께 공양하는 날이며 일 년에 한번 지옥문이 열리는 날로서 선대 조상들의 천도의식을 베풀어 드리는 날이다.

(3) 부처님의 10대 제자 가운데 신통력이 제일인 목련존자의 어머니(청제부인)를 아비지옥에 떨어져 있는 것을 구제받고 이 세상에 강아지로 나온 날이기도 하다.

* **하안거**(夏安居)

여름 장마때 외출하지 않고 승려들이 한곳에 모여 수행정진 하는 것이다.

안거를 맺는 일을 입제(入制) 또는 결제(結制)라고 한다.

음력 4월 15일부터 7월 15일까지 3개월 끝맺는 날을 해제(解制) 또는 우란분절(盂蘭盆節)이라고도 한다.

* **동안거**(冬安居)

음력 10월 15일부터 1월 15일 3개월 동안 승려들이 외출을 금하고 참선을 중심으로 수행에 전념한다.

* **자자**(自恣)

하안거, 동안거 마칠 때 모든 승려들이 서로 자기의 죄과를 참회하고 고백하여 다른 승려들로부터 훈계를 받는 날이다.

불상의 전설

우천국의 우다야나(uday-ana; 우전왕(優塡王) 왕은 부처님이 출타하시면 친견할 수가 없으니 어떻게 하면 보고 싶을 때 볼 수 있을까 하는 방법을 생각하다보니 불상(佛像)을 생각하여 전문 목수에게 부탁하여 "우두산(牛頭山)에서 나오는 전단향(栴檀香) 나무로 부처님과 똑같이 모습을 조각하여라." 하고는 저녁에 부처님이 돌아왔을 때 부처님께 불상을 만든 이유를 상세히 설명해서 부처님께서도 "그게 좋겠다." 하시면서 승낙을 하여 그때부터 불상을 숭배하는 전통이 되었다고 합니다.

※ 기원전 1세기 때 마케도니아의 알렉산더 대왕이 인도를 침범하여 부처님의 이야기를 듣고는 부처님 현상을 자기 생각대로 간다라불상을 만들어 수염이 꼬불꼬불하게 만들었다고 전하여 내려온 전설이 있습니다.

※ 그 뒤 마투라 불상이 생겼다고 합니다.

가사의 유래

마가다국의 프라세나지트 국왕이 어느 날 말을 타고 가다 반대편에 수행자가 오는 것으로 알고 말에서 내려 공손하게 인사를 하고보니 불제자가 아니고 바라문이었다.

왕은 바라문을 불제자와 혼돈한 것을 큰 실수로 여기고 곧바로 부처님을 찾아가 오늘 있었던 일을 이야기하고 불제자를 한눈에 알아 볼 수 있도록 승복의 제정을 간청했다. 그러자 부처님께서는 빙그레 웃으시더니 옆에 있던 아난존자를 보고 논을 가리키면서 "아난아 농부들이 땀 흘려 노력한 결실을 거두듯이 선인선과(善因善果; 좋은 행업이 받는 보답의 원인) 악인악과(惡因惡果; 흉악한 일을 가져와 나쁜 결과를 주는 원인)을 상징(象徵; 직접 보이지 않는 사물을 그것과 비슷한 대용품)하듯이 내 제자들이 입는 옷을 만들 때 저런 논두렁처럼 반듯한 모양으로 하면 좋겠다." 하여 가사(袈裟)를 만들어 입게 되었다고 합니다.

가사의 명칭

첫째, 연화복(蓮華服) : 더러운 시궁창에서 피는 연꽃처럼 혼탁한 악세에서 몸과 마음을 항상 정갈히 하고 기도와 참선 전진을 하여 세상에 물들지 않는다는 뜻을 가지고 있다.

둘째, 포의복(逋衣服) : 마구니가 가사를 보면 혼비백산해서 부처님의 위신력으로 마구니와 잡귀를 막는 옷이라는 의미가 있다.

셋째, 금강복(金剛服) : 모든 것은 다 무너져도 가사의 공덕은 무너지지 않는다는 뜻.

넷째, 당번(幢幡) : 보살의 위덕을 나타내고 불전을 장엄하게 하는데 사용하는 깃발과도 같은 역할을 한다. 무서운 밤길에 귀신이나 도깨비가 출현하는 곳에 갈 때 가사를 입고 가면 해로움을 입지 않는다고 합니다.

다섯째, 가사를 입고 법복을 입고 전진하며 선정에 든 공덕은 영원히 사라지지 않는다. 땅속에 심어진 씨앗이 언젠가는 움이 트고 꽃과 열매를 맺듯이 보살님은 부처님이 된다고 하였다.

여섯째, 맹목적인 기복신앙으로 절만 많이 하여 복의 대가를 바라는 마음으로 불교를 믿는다면 집을 지을 때 기초 공사를 제대로 하지 않고 짓는 것과 같다.

가장 중요한 것은 부처님이 말씀하신 교리를 체계적으로 정성껏 배워서 아는 일이며 진실한 수행으로 지혜와 자비와 원만한 덕행을 닦아 나아가야 하는 것이며 오직 끊임없이 정진만이 수행자의 올바른 자세라 하겠습니다. 바르게 믿고 정견을 갖고 실천 수행한 불자들은 마지막에 깨달음을 증득한다고 합니다.

불교 발생지인 인도에서 소멸된 이유

　석가모니 부처님의 탄생지이며 최초의 뿌리를 내린 토양인 인도에서 불교가 소멸해버린 데 대해서는 인도불교 말기에 이르러 전반적으로 밀교(密敎; 비밀스런 가르침)화 돼버린 것과 이슬람교도의 인도 침입이라는 두 가지 원인이 거론되고 있다.
　10세기 무렵부터 인도 대륙은 여러 차례 걸친 이슬람교들의 침공을 받아 한때는 이슬람왕국이 세워지기도 했는데 한손에는 코란 다른 한손에는 칼이라는 격언이 일깨우듯이 이슬람교의 타종교에 대한 박해와 회유는 엄청난 것이었습니다.
　특히 불교는 상당히 많은 사원이 그들에 의해 약탈 파괴되는 수많은 승려들이 학살당하는 등 세계 역사상 유래가 없는 참화를 입고 마침내 인도 땅에서 영원히 자취를 감추게 되었으나 이것은 어디까지나 표면상의 이유로서 불교가 소멸하게 된 것보다 본질적인 이유는 밀교의 성행에서 찾아야 할 것이다. 왜냐하면 독같이 박해를 받았던 힌두교는 아직도 인도사회에서 지배적인 종교로 존속하고 있기 때문이다. 다시 말해 7세기 중엽 이후 힌두교의 부흥에 자극받은 불교는 급속히 밀교화되어가기 시작했는데 애당초 민중들의 종교적인 욕구에 부응하기 위해 각종 의례나 제식 신비적인 주술(呪術; 무당) 따위에 의존하여 힌두교의 여러 신들, 예를 들면 범천(梵天)이나 제석천(帝釋天) 또는 변재천(辨才天) 부동명왕(不動明王)까지도 존중의 대상으로 삼는 탄트라불교(Tantra; 힌두교, 불교, 자이나교, 종파에서 행하는 밀교 수행법)까지 발전해 갔던 것이다.

그리하여 석가모니 부처님 이래 이성과 합리주의에 기초한 청정한 수행이라는 독자적인 특성을 잃어버린 불교는 이미 내적으로 힌두교에 흡수되어 가던 끝에 13세기경 이슬람교의 박해로 완전히 소멸되었지만 옛터는 그대로 있기 때문에 화려했던 불교가 있었다는 것을 우리들은 알 수 있기 때문에 이것만이라도 있으니 다행으로 생각합니다.

불교는 영원하리라 믿고 부처님을 친견하도록 노력합시다.

생전예수재의 유래

　인도 마다가국의 빔비사라왕(頻毘娑羅王)이 예수재를 처음으로 거행한 사람이다. 빔비사라왕은 열다섯에 왕위에 올라 25년 동안 예수시왕 철재를 49번이나 나라를 다스리면서 재를 지냈다. 빔비사라왕이 갑자년 12월 8일 겨울밤에 늦도록 잠을 이루지 못하고 있는데 왕 앞에 명도(冥道; 저승)의 사자(使者)들이 갑자기 나타나 험한 모습을 보고 왕은 그 자리에서 기절하고 말았다.

　명도사자들은 기절한 왕을 안고 저승으로 가서 깨어나 보니 어디론가 끌려가고 있다는 것을 알았다.

　왕은 정신을 차리고 주변을 살펴보니 명도사자들에게 저승으로 이끌려 가고 있는 것을 알았다. 한참동안 말없이 끌려가다보니 저승으로 들어서자 특이한 것이 왕의 눈에 들어왔다. 풀 한 포기, 나무 한 그루도 자라지 않은 화산에 하얀 눈으로 뒤덮인 커다란 산이 보였다.

　왕은 궁금하여 명도사자에게 물어보았다. 저기 보이는 저 산이 무슨 산인지 알려주시겠습니까? 명도사자가 하는 말이 저 산은 남섬부주(南贍部洲; 수미산을 중심으로 남쪽의 땅을 말함)의 사람들이 예수시왕 재로 돌아가신 부모, 스승, 형제, 자매들을 위하여 명왕께 바친 재물들입니다. 하지만 그 재물을 법답게 만들지 않았기 때문에 명왕께서 받지 않으시고 그냥 버린 것들인데 오랜 세월 동안 쌓이다 보니 큰 산처럼 된 것입니다.

사자(使者)의 설명을 들은 빔비사라왕은 선뜻 이해가 되지 아니하여 고개를 갸우뚱거리며 생각에 빠지는 사이 명도사자들과 왕은 하얀 산을 지나서 저승길을 재촉했다. 산을 지나자 무수히 많은 귀신들이 길 양쪽에 나타났는데 어떤 귀신은 날카로운 이를 드러내며 왕을 무섭게 노려보고 또 다른 귀신은 붉은 피를 입에서 뿜어내고 또 어떤 귀신은 서너 개 되는 눈을 희번덕거리며 왕을 위협하고 길 양옆에서 달려드는 귀신들 사이에서 왕은 간담이 서늘해지면서 몸을 움츠렸다. 그렇게 얼마를 가자 이번에는 귀졸 하나가 나타났다.

귀졸은 왕을 옥사에 넣자 철거덕하고 옥사 문이 잠기는 소리를 듣자 왕은 자신이 왜 저승에 와야 하는지 왜 지옥에 와야 하는지 억울하여 문 밖에 있는 명도사자를 향해 소리쳤다.

나는 왕위에 오른 이후 바른 법으로 나라를 다스렸으며 악업을 짓기는커녕 선업만을 지었다고 자부할 수 있는 나를 무슨 죄가 있어 이런 벌을 주려 하는가 왕은 억울한 마음에서 울분을 토해냈다. 명도사자들이 안타까운 표정을 지으며 대답한다. 대왕께서는 성심(聖心; 불심)으로 시왕에게 49재를 공양했다면 우리가 어찌 대왕을 배은(背恩; 받은 은혜를 저버림)하겠습니까. 종관 권속이 대왕의 공양을 얻지 못하여 대왕께서는 이런 고통을 받게 되신 것임을 바로 아십시오.

사자의 말을 왕은 무슨 뜻인지 알 수가 없어 왕은 속으로 명도사자의 말을 되새기며 생각하여 본다. 하지만 아무리 생각하여도 이해가 가지 아니하자 왕은 끈질기게 명도사자를 설득하여 대체 그것이 무슨 말씀인지 세상에는 종관의 이름이 없습니다. 그분들의 이름조차 알지 못하는 세상 범부(凡夫; 낮은 계급의 사람)들이라 저와 같은 고통을 받아야 한다는 것은 너무 지나친 처사입니다. 이제 제가 사자들을 통해 종관권속을 알게 되었으니 그분들의 이름을 알려주고 저를 다시 세상으로 돌려보내주신다면 저는 물론이고 어리석은 중생까지 모두 법답게 수행을 하도록 널리 중생을 제도하겠습니다.

빔비사라왕은 간곡히 간청이 지극한 나머지 결국 명도(冥道)가 받아들여 죽음을 면하고 세상으로 돌아올 수 있었다. 빔비사라왕이 가져온 명도 종관 권속의 이름이 259위였다고 한다.

왕은 25년간 매일 1위씩 예배 공양하면서 전세의 죄업을 참회하고 현세의 죄업소멸과 건강 장수를 빌었다. 왕은 59차례 예수시왕칠재(預修十王生七齋)를 올리며 중생을 교화해 도솔천에 태어나 지장대성을 뵙고 수다원이 되었다고 한다.

당나라 때 현장법사가 인도에서 십이생상속(十二生相屬)에 관한 것을 들여오면서 시작하여 윤달 드는 해에 전통식으로 자리잡게 되었다.

　생전예수재(生前豫修齋)는 살아있을 때 나의 재를 내가 미리 올리고 자신의 명복을 스스로 닦는 것으로 삼칠일(三七日)을 닦되 등을 켜고 번(燔; 설법할 때 절 안에 세우는 깃대)을 달고 스님들을 청하여 경전을 읽고 복업을 지으며 한량없는 복을 얻으며 소원대로 과보를 얻는다고 하며 근원이 되었으며 우리나라에서는 수의(壽衣)를 만드는 풍습이 내려오고 있다고 합니다.

인등을 켜는 이유

(1) 자신의 마음을 다스리고 마음의 밝음을 되찾기 위함이다.
1년 내내 인등(引燈)을 켜고 마음의 등불을 밝혀 보다 지혜로운 삶을 살겠다고 다짐한다.

(2) 어둠 속에 들어 있는 보배는 등불이 아니고서는 볼 수가 없고, 법이 아무리 좋아도 설하는 사람이 없으면 알 수가 없다.
불빛은 어둠은 없애주고 어리석음을 없애주는 광명이며 인등은 자성의 등이자 불성의 등이 된다고 합니다.

*** 나(我)의 생(生)을 알아보려면**
욕지전생사(欲知前生事) : 전생을 알고 싶으면
금생수자시(今生受者是) : 금생에 받는 것이 전생사임을 알고
욕지미래사(欲知來生事) : 내가 미래에 어떻게 태어날 것인가를 알고자 하면
금생작자시(今生作者是) : 금생에 짓는 일을 돌이켜보라.
욕지미래생(欲知未來生) : 미래와 내생의 일이 알고 싶으면
금생작자시(今生作者是) : 금생에 내가 하는 행위를 보면 알 수 있다.

기 타

중생심(衆生心)이란

첫째 : 어머니가 아들집에 가보니 아들이 라면을 끓이는 것을 보고는 마음이 아프고 며느리가 미워 죽겠다고 하면서 속앓이를 하다가 딸집에 가보니 사위가 라면을 끓이는 것을 보고 반가워서 속앓이가 다 나았다는 이야기다. 이것이 중생심이라고 한다.

둘째 : 어머니가 아들집에 가보니 아들이 라면을 끓이는 것을 보고는 아들이 안타까워 죽을 지경인데 집에 와서 보니 남편이 라면을 끓이는 것을 보니 반가워서 웃었다는 이야기이다. 이것이 중생이 가진 마음이라 한다.

* 불교에서 제일 큰 법문은
답게 하여라. 예. 너답게 행동하여라. 학생답게 행동하여라.

* 제일 큰 보시는 항상 웃는 얼굴로 상대방을 대하는 것
(1) 즐거움을 주는 얼굴
(2) 편안함을 주는 얼굴
(3) 따뜻하고 안정감을 주는 얼굴
(4) 대화를 나누고 싶은 얼굴

(5) 마음을 즐겁게 하여 주는 얼굴

(6) 안정이 넘치게 보이는 얼굴

(7) 불평불만이 보이지 않는 얼굴

(8) 포근함이 풍기는 얼굴

(9) 항상 보고 싶은 얼굴

(10) 항상 싱글벙글하고 있는 얼굴

우리 도반들은 이러한 얼굴을 가질 수 있게 노력하여야 하겠습니다.

* 천수(千手) 물이란?

스님의 발우를 씻은 물을 받아 방 복판에 놓고 바로 위 천장에다 천수다라니를 써서 붙인 것이 물그릇에 글씨가 비치는 이 물을 천수 물이라 하며 이 물을 아귀가 먹어야 배가 꺼지고 목구멍이 넓어진다.

염주의 사연

  염주(念珠)란 생각하는 구슬이라는 말로서 우리 인간과 자연의 조화가 동일하다는 상징적인 의미를 가지고 있다. 난국의 왕(難國王) 파유리(波流離)는 "온 나라가 흉년으로 도적들과 병이 들어 백성들이 고통이 심하여 편안하게 살 수 있는 방법이 없겠느냐" 하고 왕이 대신들에게 물었다.

  한 신하가 이 방법을 알고 "해결할 사람은 석가모니 부처님이 계십니다." 한다. 이 말을 듣고 왕은 신하들을 대동하여 부처님을 찾아가서 부처님께 절하고 나서 왕이 하는 말이 "지금 온 나라가 흉년으로 도적과 병이 들어 백성들이 고통을 받고 있으니 이 고통을 면하고 나라가 안정될 수 있는 방법을 가르쳐주십시오" 하고 청을 하였다.

  왕의 간절한 요청에 부처님께서는 "번뇌의 장애와 업보를 없애고자 하거든 온 백성이 모두가 하나같이 무환나무열매를 백여덟 개를 꿰어서 항상 지니면서 지극한 마음으로 불(佛) 법(法) 승(僧) 삼보(三寶)의 이름을 부르면서 하나씩 돌려 마음이 산란함이 없어질 때까지 돌려주십시오." 이 말을 듣고는 왕은 곧 백성에게 공포하여 실행하도록 지시를 내렸다.

  이 말을 듣고는 온 백성은 실행하여 얼마 안 되어 나라가 조

용해지고 평온을 되찾았으며 교량수주공덕경(校量數珠功德經)에서 문수보살은 말씀하시기를 염주로 염불하면 공덕과 은혜는 헤아릴 수 없다고 하시었다.

그리고 염주를 돌릴 때에는 왼손이든 오른손이든 편안하게 할 수 있는 손으로 염주를 돌리면 되겠습니다.

합장

부처님의 끝없는 사랑과 막힘 없는 지혜의 힘으로 여래의 가없는 최고지경을 깨닫게 해주십사 하는 간절한 마음으로 합장(合掌)을 하여야 한다.

첫째 : 인도의 전통적인 인사법으로서 흐트러진 마음을 일심(一心)으로 모은다는 뜻.
둘째 : 다섯 손가락을 붙이는 것은, 눈(眼) 귀(耳) 코(鼻) 혀(舌) 피부(身) 등의 색깔(色) 소리(聲) 냄새(香) 맛(味) 감촉(觸)을 좇아 분산 흩어지는 상태를 한 곳으로 모은다는 뜻.
셋째 : 손바닥을 마주 붙이는 것은, 다섯 가지 감각기관을 감시하고 조정하는 육식(六識)인 의식을 모은다는 뜻을 내포하고 있다.
넷째 : 두 손 바닥과 열 손가락을 합한다는 것은, 손가락만을 합하고 손바닥은 합하지 않는 것은 마음이 거만하고 생각이 흩어졌기 때문이며 꺼리게 된다.
다섯째 : 합해진 손모양이 손가락을 모으지 않고 벌린다든가 가지런하지 않을 경우는 마음이 올바르지 않는 상태로 보아야 한다.

여섯째 : 합장의 자세는 다툼이 없는 무쟁(無諍; 남과 더불어 다투는 일이 없는 것)을 상징한다.

합장한 상태로는 싸움을 할 수 없으며 자타(自他)의 화합을 뜻한다.

목은 거의 수평이 되게 하며 손끝은 코끝을 향하도록 자연스럽게 세운다.

* 합장은 두 손을 앞가슴에 모으므로

1. 합장은 바로 욕심을 버렸다는 자기의 표현이다.
2. 빨리 무언가를 이루려는 욕심을 버렸다는 의미이다.
3. 자신을 남에게 과시하려는 욕심을 버렸다는 의미이다.
4. 아무것도 몸에 지닌 게 없음을 표시한 것이다.
5. 세상의 모든 것을 존경하며 자기 자신을 낮춘다는 의미이다.

천수경편집

　천수경(千手經)은 천수천안천비경(千手千眼天臂經)을 줄인 말이며 손이 천 개요, 눈이 천 개요, 팔이 천 개라는 뜻이며, 많은 눈과 팔과 손으로 중생의 고통을 덜어 주겠다는 관세음보살의 원력을 말한 것이다.

　첫째 : 천수경은 우리 조상들이 편집한 경전으로서 우리 민족속에 내면화되어 왔으며 애환을 함께해 온 경전이다.

　둘째 : 천수경에 자비의 어머니인 관세음보살이란 부처님을 온 생명의 자비로운 사생자부(四生慈父; 아버지)라고 하기 때문에 관세음보살을 어머니라고 한다.

　셋째 : 천수다라니를 독송하실 때 제일 먼저 나타난 것은 의상(義相; 625~702) 스님의 찬술(撰述; 글을 만들어 지음)이라고 전하는 백화도량발원문(白花道場發願文)에 기록되어 있다.

　넷째 : 현재 우리가 독송하고 있는 천수경은 천수다라니를 설하고 천수천안광대원만무애(千手千眼廣大圓滿無碍) 대비심대다라니경(大悲心大陀羅尼經)이 조선(朝鮮) 선종 7년(1476)에 최초로 강행되어 서산(西山; 1520~1604) 스님 이후로 진언집(眞言集; 제불보살의 입으로부터 유전하는

진여(眞如)의 음성인 진언으로 모은 것) 의식집(意識集) 의근(意根)에 의하여 일어나 사물의 경계를 깨닫고 분별하는 심왕(心王) 등의 형태로 이루어진 것이 아닐까 추측해볼 뿐이다.

다섯째 : 기도하는 사람은 자비로운 마음과 용서하는 마음, 참회하는 마음 이 세 가지 마음을 갖추어야 하며 수행을 기도 전진하면 도저히 참지 못할 것을 참아낼 수 있는 힘을 가질 수 있으며 모든 중생들은 공덕을 지어야 하겠다.

여섯째 : 천수경 수지독송(千手經受持讀誦)하면 15가지 나쁜 것을 막아주고 15가지 좋은 것을 가져다주는 공덕이 있다.

* 15가지 나쁜 것을 막아주는 것

1. 굶주리거나 괴로움에 시달려 죽지 않으며
2. 죄인이 되어 결박을 당하거나 형벌로는 죽지 않으며
3. 원수 맺은 이에게 보복을 당하여 죽지 않으며
4. 전쟁터에서 싸움으로 죽지 않으며
5. 호랑이나 악한 짐승에게 물려 죽지 않으며
6. 독사나 지네 등 독한 곤충에게 물려 죽지 않으며
7. 물이나 불의 재앙에 죽지 않으며
8. 독한 약을 먹어 죽지 않으며
9. 뱃속에 있는 독충과 독물에 죽지 않으며

10. 미치거나 실성하여 죽지 않으며
11. 산이나 나무에서 떨어져 죽지 않으며
12. 나쁜 사람에게 홀려 죽지 않으며
13. 나쁜 병에 걸려 죽지 않으며
14. 나쁜 귀신이나 삿된 귀신에게 시달려 죽지 않으며
15. 자살하거나 일체 비명횡사하지 않는다.

* 15가지 좋은 것을 가져다주는 공덕

1. 가는 곳마다 어진 임금을 만나게 되고
2. 평화롭고 좋은 나라에 태어나고
3. 심신(心身)과 도심(道心)이 발하게 되고
4. 몸에 모든 기관이 구족(具足 ; 비구가 되어서 지켜야 하는 계)하여 건강하게 하고
5. 용과 하늘과 산신이 항상 보호하여 주며
6. 항상 좋은 시절을 만나게 되고
7. 항상 좋은 벗을 만나게 되고
8. 계율을 갖추어 어기지 않으며
9. 제물과 음식이 항상 풍족하며
10. 가정과 권속(眷屬)에 항상 화순(和順 ; 온화하고 순량함)하고
11. 재물을 남에게 빼앗기지 않으며
12. 뜻대로 구하는 바가 다 이뤄지고

13. 항상 다른 사람들에게 사랑과 공경을 받게 되고
14. 태어나는 곳마다 부처님을 뵈옵고 법문을 듣게 되고
15. 불법의 깊은 이치를 깨달아 선인이 된다고 하였습니다.

금강경 편집

옛날 인도에 한 젊은이가 스님이 아니면서 스님 노릇을 하고 있는 구마라야(鳩摩羅炎)를 바라는 젊은 사람이 불교에 관심이 많아 불교에 대한 서적을 모아 불교에 대한 연구를 하면서 전진하는 젊은이와 구차왕국 왕의 누이동생 공주와 결혼하여 요진(姚秦)에서 구마라지바(鳩摩羅什) 아들을 낳았다. 어머니는 아들이 자라면서 하도 영리하여 7살이 되자 훌륭한 사람을 만들기 위해 아들을 데리고, 득 높은 스님을 만나기 위해 절로 가서 주지스님을 만나 인사를 하고 내 아들을 제자로 삼아 주십시오. 주지스님은 아이를 자세히 보시더니 절에서 생활하겠느냐 하신다.

구마라지바는 네 하고 대답하였다.

어머니의 마음은 열심히 공부하여 큰 일꾼이 되었으면 하는 마음으로 "아들아 열심히 공부하여 훌륭한 사람이 되어 집으로 돌아오너라." 하고는 어머니는 집으로 돌아왔다. 구마라지바는 주지스님 밑에서 열심히 공부하여 주지스님의 권유로 머리 깎고 스님으로 출가하였다.

구마라지바는 밤낮없이 전진하여 40세가 되자 경장(經藏), 율장(律藏), 논장(論藏)에 통달하여 삼장법사(三藏法師)가 되면서 중생들이 복된 길을 걷게 하기 위하여 금강경(金剛經)을 편집하여 널리 보급하고 금강경을 독송할 때에는 아침 저녁으로 하되 꼭 부처님 상 앞에서 독송하여야만 되겠지만 집에서 할 때는 마음 닦고 법을 배운다는 마음으로 실행하여 습관이 될 때까지 노력하여야 되며 몸은 규칙적으로 움직이며 정신만은 흐트러지지 않게 마음을 잘 단속할 수가 있다면 백일을 일기로 하여 10회 정도 전진하면 몸뚱이에 관련된 모든 문제를 해결 할 수 있는 숙명통을 얻을 수 있다.

숙명통(宿命通)은 육도[六途 : 지옥(地獄), 아귀(餓鬼), 축생(畜生), 아수라(阿修羅; 용모가 추하고 항상 제석천과 싸우는 귀신)], 인간, 천상에 윤회하는 모든 중생들과 자신의 전생, 금생, 후생의 일을 다 알 수 있으며 남의 운명(전생, 금생, 후생)까지도 알 수 있는 힘을 가질 수 있으며 밝은 지혜까지 얻을 수 있으며 이것은 아상이 없어진 연고이고 수도하는데 주의하여야 할 것은 공부하겠다는 마음을 가지면 탐심(貪心)이요.

공부가 왜 안되나 하면 진심(嗔心; 자기의 마음에 맞지 않는 경계에 대해 미워하거나 분하게 여겨 몸과 마음이 편하지 않는 심리작용)이요.

공부가 잘 된다 하면 치심(癡心; 어리석은 마음에 가려서 사악한 법에 집착하여 바른 견해를 내지 못하는 것)이니 이 세 가지를 마음에 두지 아니하여야 수도의 효력이 나타난다. 불자들은 금강경을 꾸준히 전진하여야 한다. 중도에 포기하는 일이 없어야 할 것이며 욕심을 버리고 꾸준한 노력의 씨앗이 좋은 결과를 얻을 수 있을 때까지 노력하여야만 좋은 씨앗을 거둘 수 있는 것이다.

  * 금강반야바라밀(金剛般若波羅蜜)
  금강석과 같은 지혜로 모든 번뇌에 얽매인 생사 고해인 언덕(사바세계)을 벗어나 고통 없는 이상경(理想境)인 열반의 저 언덕(극락세계)로 건너간다는 뜻.

  * 바라밀(波羅密)
  반대편 해안에 다다르는 것.
  피안(彼岸)은 이상적인 경기에 이르고자 하는 보살의 수행.

금강경을 왜 읽으라 하나

　금강경을 독경하는 순간은 석가여래 부처님의 정신과 같아지기 때문이다.
　나의 마음은 금강경을 통하여 부처님의 밝은 마음으로 향하는 마음 속에 어두운 그늘은 부처님의 광명에 해탈이 된다. 중생들은 자신의 마음이 생긴 대로 세상을 살아간다. 마음이 밝고 커지려면 큰 마음과 인격을 배워야 하며 부처님의 마음과 같이 본 받아야만 원숙한 사상이 계속해서 온 몸에 배어 있는 정신적 체취를 맡고 호흡하며 마음이 젖어들어 있기에 마음을 소멸하기 위하여 금강경을 읽으면 마음이 밝아지기 때문에 읽으라고 한다.
　부처님은 80평생을 법문을 설하신 경지(境智; 경과 지가 하나가 되는 것을 이상적인 수행의 결과라고 한다) 가운데에서 정오(正誤; 잘못을 바로 잡음)와 같다. 그때 수보리의 물음에 부처님께서는 나의 밝은 마음을 전부 털어 놓은 전통이 담긴 광명의 금강경이다.
　부처님의 정신이 담긴 금강경을 읽으면 가장 완숙한 부처님의 정신과 같아진다고 하였다. 무시겁(無視劫; 존재를 알아주지 않음)이지만 업보와 업장이 녹아내리고 모든 사기(四棄; 승단에서 추방당하여 버림받음)가 되어도 해탈이 된다고 하니 금강경을 읽으면 좋다는 것을 알 수가 있다. 보살들은 금강경을 읽기가 싫고 힘이 든다고 하는 것은 자신의 마음이 어둡고 안정이 되지 아니하여 읽기가 싫어진다고 합니다.

금강경을 읽으면 금강경의 광명을 받게 되며 아상과 업장이 녹아내리면서 금강경 읽기가 힘이 들고 싫어하는 마음이 사라진다고 합니다.

그리고 중생들은 많은 생을 살아오면서 어두운 습기(習氣; 번뇌의 습관)와 모난 마음, 조급한 마음의 결점들이 살아지고 지혜가 밝아오며 부처님과 같은 인격자가 차츰차츰 되어가는 길이라고 합니다.

그리고 마음을 항복(降伏)을 받으니 마음이 안정되어 여유 있는 마음이 생기고 지혜가 나서 금강경 읽는 자체가 깊은 수도 생활이 되며 자신의 마음이 변화가 오면서 깊은 깨우침이 된다고 합니다. 금강경 읽는 습관이 되면 뒤에서 불러도 뒤를 돌아보지 않으며 뒤에서 죽인다고 하여도 뒤를 돌아보지 아니하며 하품을 하여서도 아니 되며 금강경 읽기에 매진하고 그리고 매일 연속되는 정진성(精進性)이 성숙이 된다. 중생들은 자신의 사상과 감정을 글로서 표현하는 것은 자신의 마음이 약하다는 것이 표현되는 것으로 표시가 된다고 합니다. 금강경을 부처님께서는 40여 년간 제자들에게 가르치신 것이며 제자들은 경지가 높아진다. 그때 수보리께서 부처님께 "어떻게 하면 마음을 항복을 받을 수 있으며 마음을 머물게 할 수 있습니까?"하고 여쭤보니 부처님께서 밝으신 마음을 금강경에 몽땅 쏟아 놓으신 금강경이며 부처님의 마음이시며 광명이시다.

  금강경을 통해서 중생들은 부처님의 광명에 향하니 빛이 중생의 업장을 녹아버리게 하고 좋은 지혜가 저절로 나오며 마음 속에 있는 곰팡이가 구석구석마다 있는 것을 햇볕에 청소하듯 마음이 깨끗이 닦아지면서 밝아지는 것은 공덕을 쌓는 길이다. 금강경을 읽기가 싫은 것은 무시겁(無視劫; 존재를 알아주지 않음) 때문이니 마음을 잘 다스리는 연습을 하다보면 갑자기 밝은 빛이 비쳐오면 익숙하지 않는 중생들은 빛이 싫어지고 힘이 든다고 합니다. 이것을 꾸준히 연습하다보면 차츰차츰 익숙해지면서 금강경 읽는 것이 마음을 닦는 것이라는 것을 알게 된다고 합니다.

  이 과정이 부처님의 마음을 닮아가는 과정이며 지혜와 인품과 복이 닮아가는 모습이라고 합니다. 그리고 금강경을 읽으면 응달(그늘진 곳)인 재앙이 소멸이 되고 우환(憂患)도 해탈이 된다고 합니다. 그리고 부처님에게 공경심과 시봉(侍奉)을 하는 길이니 부지런히 모난 마음과 옹이진 마음, 그늘진 마음, 수렁같은 마음 등을 모두 닦아내야 하겠으며 어려운 일들도 해탈이 되면서 소원성취가 되는 길이니 안 된다는 마음을 닦고 공덕을 지어나가야 할 것입니다.

자각의 종교인 불교의 실천구조

큰 '나'가 되는 길이 바로 수행이다. 믿고 이해하고 실천하고 증득하는 신·해·행·증 수행과정을 통해 깨달음을 얻는다.

신(信) : 믿음은 도의 근원이며 일체의 공덕을 낳는 어머니이다. 전 불교의 가르침과 실천 방법을 철저히 믿는 것이다.

해(解) : 이해이며 불법의 정신과 사상 실천 방법 등의 올바른 이해이다.

행(行) : 실천이 확실한 신심과 실천 방법을 토대로한 올바른 행은 불교에서 설하고 있는 진리의 세계다.

증(證) : 깨달음의 경지를 각자가 체득하기 위한 직접적인 수행을 말한다.

정법시대(正法時代) : 부처님이 계시고 가르침에 따른 500여년까지를 말함.

상법시대(像法時代) : 부처님이 안계시만 가르침에 모양 법을 1000년까지 흉내는 것.

말법시대(末法時代) : 부처님이 안계시만 가르침에 계행을 지키고 복을 닦는 사람이 있어 마음이 흐뭇하지만 부처님이 열반한 지 오래 되어 교법이 쇠퇴된 시기를 말함.

돈오(頓悟) : 단계를 밟아 수행하여 하나하나 오르는 깨달음을 말함.

돈오점수(頓悟漸修) : 법을 듣고 오랜 세월 지나 깨닫는 것.

돈오돈수(頓悟頓修) : 법을 듣고 단박에 깨닫는 것.

보살이란?

보살(菩薩)은 범어로 보디사트바(Bodhisattva)인데 한자로는 보리살타(菩提薩埵)로 옮긴 것을 줄여 보살이라고 사용하고 있으며 성불하기 위해 수행에 힘쓰는 이를 통칭한 것이다.

안으로는 높은 깨달음의 지혜를 구하고 밖으로는 널리 중생을 이롭게 하는 사람이며 넓은 의미로는 큰마음을 내어 불교에 귀의한 모든 중생들을 지극한 심신(心神; 중생의 심성이 신령스럽고 기이함)으로 사홍서원(四弘誓願)을 실천하고 육바라밀(六波羅密)을 수행하고 자리이타(自利利他; 자기의 이익과 다른 사람의 이익을 위해 행하는 것)의 행을 닦으며 마침내 성불하는 이를 말하며 보살은 모든 중생에게 이로움을 주겠다는 서원(誓願; 보살이 수행하는 목적)을 마음으로 행을 실천하고 보리심(菩提心; 불과에 이르고 깨달음을 얻으며 널리 중생을 교화하려는 마음)을 내는 것은 구도심(求道心; 도를 구하는 마음)이다.

보살은 자신의 성불만을 생각하면서 다른 중생보다 먼저 진리를 깨닫고자 하는 원만을 행하는 이기적인 마음이 아니고 희생적인 이타행(利他行; 다른 사람의 이익을 위해 행하는 것)을 수행의 일과로 삼는 것이 보살의 마음이다. 이러한 보살은 위

없는 깨달음을 구하고 중생을 교화하기 위해 닦아가는 길(방법)이 보살도(菩薩道)이다.

　중생들은 육바라밀 여섯 가지 길은 일상생활에서 닦아야 하는 기본적인 수행이며 깨달음에 이르는 길이기도 하지만 보살은 인류에게 기쁨과 혜택, 고마움을 주는 사람이기도 합니다. 그리고 보살이라면 내가 앉아 있는 내 앞으로 원수같이 미운 사람이 지나가는 것을 보고는 불자가 아닌 사람이라면 소리 나지 않는 총이 있으면 쏘아 죽였으면 하는 생각이 들겠지만 진정한 보살의 마음은 저 원수같이 미운 저 사람을 어떻게 하면 부처님 앞에 무릎을 꿇어앉힐까 하는 생각이 들어야만 진정한 보살의 마음이라 할 수 있다고 합니다.

＊ 보살은 원(願)을 세우고 실천행을 하여야 한다.
　첫째: 옷을 입을 때에는 모든 공덕을 입는다는 생각으로 참회를 발원하고,
　둘째 : 화장실에서 용무를 보면서 비우고 버리는 공덕을 생각하며,
　셋째 : 세수를 할 때에는 번뇌의 때도 같이 씻어지기를 바라며,
　넷째 : 반듯한 길을 갈 때에는 중생들의 마음이 곧고 몸과 입과 조금도 굽음이 없으면 하고 바라며,
　다섯째 : 험한 길을 걸어갈 때에는 중생들이 나쁜 길을 모두 버리고 그릇된 소견을 다 없앴으면 바라며,

여섯째 : 부드러운 과일을 보았을 때에는 불도의 큰 실천을 일으켜 위 없는 결과를 거두도록 바라고,

일곱째 : 흐르는 물을 보았을 때에는 정법의 흐름을 타고 부처님 나라의 대해(大海)에 다가도록 원하고,

여덟째 : 음식을 삼킬 때에는 선정의 기쁨을 삼킨다는 마음을 갖고,

아홉째 : 음식을 다 먹은 다음에는 공덕이 몸에 충만하여 부처님의 지혜를 완성하도록 해야 한다.

이렇게 일상 생활속에서 일어나는 마음이 수행이 됩니다.

* **보살이 수행해야 할 네 가지 길**

첫째 : 모든 중생에게 평등한 마음을 가질 것.

둘째 : 중생들을 부처님의 지혜로 이끌 것.

셋째 : 중생들에게 평등하게 교법을 말할 것.

넷째 : 중생들에게 평등하게 바른 행동을 실천할 것.

* **진실한 보살에게 갖추어진 네 가지의 덕**

첫째 : 모든 존재의 본성은 공(空)한 것임을 알면서도 행동의 결과를 믿어 의심치 않는다.

둘째 : 중생이 무아(無我)인 것을 알면서도 그들에게 자비심을 지닌다.

셋째 : 진리를 구하는 자기마음은 열반으로 향해 있지만 윤

회의 세계에서 수행한다.

넷째 : 중생들을 위해 그들에게 필요한 것을 베풀지만 그 갚음은 기대하지 않는다. 이것은 진실한 보살의 덕이다.

* 보살 열 가지 중한 계(菩薩十重大戒)

첫째 : 중생을 죽이지 말라.

둘째 : 주지않는 것을 갖지 말라.

셋째 : 음행을 하지 말라.

넷째 : 거짓말을 하지 말라.

다섯째 : 술을 팔지 말라.

여섯째 : 사부대중(四部大衆; 비구, 비구니, 우바새, 우바이)의 허물을 말하지 말라.

일곱째 : 자기를 칭찬하고, 남을 비방하지 말라.

여덟째 : 자기 것을 아끼려고 남에게 권하지 말라.

아홉째 : 성내지 말고 참회를 잘 받아라.

열번째 : 삼보(三寶; 불, 법, 승)를 비방하지 말라.

* **보살이 될 자격**

부처님께서 가섭존자에게 보살은 이름만으로 되는 것이 아니다. 보살은 완전한 깨달음이란 뜻이 있으며 32가지 행을 닦아야 하며 착한 법을 닦고 평등한 마음을 행하여야 보살이라고 하느니라.

＊ 보살이 갖추어야 할 32가지 행

1. 항상 중생을 위하여 깊이 안락을 구하고
2. 중생을 모두 일체 지혜에 머물게 하며
3. 다른 사람의 지혜를 마음속으로 미워하지 말며
4. 교만심을 깨뜨리고 깊이 불법을 즐기며
5. 진실한 이를 보호하고 공경하여 끝끝내 친히 가까이하고
6. 밉고 착한 사람의 마음이 평등하며
7. 말에 항상 웃음을 머금고 먼저 법에 들어가며
8. 하던 사업을 중간에 쉬지 않고
9. 널리 중생을 위하여 대비심(大悲心)을 평등하게 하여야 하며
10. 마음에 게으름이 있어서 많이 듣기를 싫어하지 말고
11. 스스로 자기의 허물을 찾고 남의 허물을 말하지 않으며
12. 보리심(菩提心)으로 모든 계율(戒律)을 행하며
13. 은혜를 베풀고 갚음을 바라지 않으며
14. 계행(戒行)을 항상 가지며
15. 중생에게 인욕(忍辱)을 행하며
16. 부지런히 정진을 행하며
17. 선정(禪定)을 닦으며
18. 방편 지혜를 행하며
19. 사섭법(四攝法)에 응하고
20. 선(善)하고 악(惡)한 중생에게 두려움이 없으며

21. 일심(一心)으로 법을 듣고
22. 세상일에 마음이 집착하지 않으며
23. 소승을 탐구하지 않으며
24. 대승에 항상 큰 이익이 있는 것을 보며
25. 악(惡) 지식을 여의고(이별하다)
26. 선(善) 지식을 취하며
27. 네 가지 범행[梵行; 자(慈), 비(悲), 희(喜), 사(捨)]을 이루고
28. 다섯 가지 신통(천안통, 천이통, 타심통, 숙명통, 신족통)에 능하며
29. 항상 참된 지혜에 의지하고
30. 중생에게 항상 정행(正行)을 버리지 않으며
31. 항상 진실한 법을 귀하게 여의며
32. 모든 일에 보리(菩提)를 으뜸으로 삼는 것이다.

* 바라이죄(波羅夷罪)

첫째 : 교단에서 추방되는 엄벌

둘째 : 아비지옥에 떨어지는 극악한 죄

셋째 : 살생(殺生), 투도(偸盜), 사음(邪淫), 망어(妄語) 등을 한 죄(罪)는 사기(四棄) 죄를 범하면 영원히 승단에서 추방하여 불법 밖으로 버림을 받으므로 기(棄)라고 한다.

* **사바라이**(四波羅夷)

계(戒)를 4가지 범한 죄

첫째 : 대음계(大淫戒) 온갖 음욕을 금할 것.

둘째 : 대도계(大盜戒) 주인이 있는 사물을 주인의 허락 없이 취하거나 옮기는 것.

셋째 : 대살계(代殺戒) 자기 손이나 남의 손을 빌려서 살생하는 것을 금한 계.

넷째 : 대망어계(大妄語戒) 이양(利養)을 얻기 위해 스스로 성인이라고 하고 성인의 법을 얻었다고 말하는 것.

* **관세음보살**

인도 : 말로 관세음보살(觀世音菩薩)을 아바로기테슈바라, 보디사트바라함.

법어 : 말로는 크시티가르바라고 한다.

이 세상의 모든 사람들이 한꺼번에 불러도 다 알 수 있는 능력 때문에 관세음보살이라고 한다. 자비를 상징하는 보살 연꽃 감로수병을 들고 있는 현상 우리나라에서는 낙산사 보리암 보문사 등에 있다.

* **관자재보살**

삼장법사(三藏法師)가 역경사업(逆境邪業; 부정한 행위가 일이 뜻대로 안 되는 불행한 경우)을 마친 후부터 관자재보살

(觀自在菩薩)이라고 하였다.

* **칠관세음보살**(七觀世音菩薩)

모든 중생이 어렵고 괴로운 일을 당하여도 일심(一心)으로 관세음보살님을 생각하고 그 명호를 부르게 되면 관세음보살님은 33가지의 몸을 나누어 천재의 손과 천재의 눈으로 일체 중생을 살피시고 구원해준다.

첫째 : 성관세음보살(聖觀世音菩薩)
모든 관세음보살의 중심으로 극락세계로 중생을 인도하는 보살.

둘째 : 천수관세음보살(千手觀世音菩薩)
삼재팔난을 면하게 하여 건강을 주고 천수경의 중심으로 하는 보살.

삼재(三災) 하늘(天), 땅(土), 사람(人)
팔난(八難); 배고픔, 추위, 더위, 불, 물, 칼, 병란(兵亂), 목마름.

셋째 : 십일면관세음보살(十一面觀世音菩薩)
염주와 물병(감로수)을 가지고 있으며 각종 시험의 합격을 도우며 기쁜 일이 있게 하는 보살이다.

넷째 : 불공격산관세음보살
현세 20가지 공덕과 내세 8가지 이익을 준다는 보살이다.

다섯째 : 마두(摩頭) 관세음보살

축생의 고통에서 벗어나고 운전자의 안전을 책임을 지는 보살이다.

여섯째 : 여의륜(如意輪) 관세음보살

구름을 타고 있으며 육도 윤회에서 벗어나고 많은 재물을 축적하게 하는 보살이다.

일곱째 : 준제(准提) 관세음보살

자손들을 돌보아주고 다라니를 독송하는 중생들을 보호하는 보살이다.

* **여래십명호**(如來十名號)
(1) 응공(應供) : 온갖 번뇌를 끊어서 인간과 하늘 중생으로부터 공양을 받을 만한 덕을 갖춘 분.
(2) 정변지(正遍知) : 일반적으로 등각(等覺) 정각(正覺)이라 의역하는데 일체의 모든 지혜를 두루 갖추어 세계와 주주의 모든 물질과 마음의 현상에 대해 다 아시는 분.
(3) 명행족(明行足) : 과거세를 아는 숙명명(宿命明)과 불교의 진리를 알아서 번뇌를 끊어 없애 버릴 수 있는 누진명(漏盡明)의 지혜를 완전히 갖추고 있는 분.
(4) 선서(善逝) : 호거(好去)라고 의역하기도 하는데 생사의 세계를 벗어나 열반의 언덕에 이른 분.
(5) 세간해(世間解) : 참다운 깨달음을 성취했기 때문에 능히 세간의 모든 일을 다 아시는 분.

(6) 무상사(無上師) : 일체 중생 중에서 가장 높아 위가 없는 분. 어두움을 밝게 비추어 생로병사의 바다를 건널 수 있도록 인도해주셨으므로 더 이상의 스승이 없는 스승이시다.

(7) 조어장부(調御丈夫) : 중생을 대자대비 대지(大智; 부처의 맑고 밝은 마음이 모든 법계를 비추는 것을 말함) 대해 올바른 길로 이끄신 분.

(8) 천인사(天人師) : 하늘과 인간의 스승과 같으신 분.

(9) 불(佛) : 깨달으신 분.

(10) 세존(世尊) : 인간은 물론 천상으로 부터도 존경받는 분.

* 호명보살(護明菩薩)이란

석가모니 부처님이 도솔천(兜率天) 내웅궁에 계실 때 명호이시다.

* 도리천(忉利天)

육욕천(六欲天)의 둘째 하늘 수미산 맨 꼭대기에 있으며 제석천(帝釋天)이 그 가운데 있다.

* 부처님의 육신통(六神通)

첫째 : 천안통(天眼通)

세간일체(世間一體)의 멀고 가까운 모든 고락의 모양과 형(形), 색(色)을 자유자재로 장애 없이 환하게 뚫어보는 힘이다.

둘째 : 천이통(天耳通)

세간 일체의 좋고 나쁜 말 멀고 가까운 말.

어떠한 말과 소리를 하나도 듣지 못할 것이 없는 신통력이다.

셋째 : 신족통(神足通)

자신의 생각대로 날아다니는 신통력을 말하는데 한걸음에 천리를 다니며 한 몸으로, 여러 몸으로 나타내고 여러 몸을 한 몸으로 나타나고 없어지고 산과 장벽을 지나되 허공과 같이 걸리지 않고 땅속에 출몰하여 물속처럼 자유자재로 하며 물위를 땅위에서 다니는 것과 같이 하는 신통력을 가졌다.

넷째 : 타심통(他心通)

다른 이의 마음을 자유자재로 알 수 있는 불가사의한 심력으로 귀신의 생각도 아는 힘을 말한다.

다섯째 : 숙명통(宿命通)

지난 세상의 생애 전생의 일도 잘 아는 신통력을 말함.

여섯째 : 누진통(漏盡通)

번뇌를 끊음이 자유자재하여 상상을 초월하는 큰 힘을 갖고도 드러내지 않고 고요하게 정한 채 혹세무민(惑世誣民; 세상 사람을 미혹하게 하여 속임)하지 않는 큰 힘을 말함.

* **연기법**(緣起法)

차유고피유(此有故彼有) : 이것이 있으므로 저것이 있고

차생고피유(此生故彼生) : 이것이 생김으로 저것이 생긴다.

차무고피무(此無故彼無) : 이것이 없으므로 저것이 없고

차멸고피멸(此滅故彼滅) : 이것이 죽음으로 저것이 죽는다.

연기법은 두 막대기가 서로 버티고 섰다가 이쪽이 넘어지면 저쪽이 넘어지는 것과 같다.

일체 만물은 서로서로 의지하면서 살고 있어서 하나도 서로 관련되지 않은 것이 없다는 깊은 진리를 부처님께서 깨달음을 얻어 연기법을 크게 외치며 만물을 원래부터 한 뿌리이기 때문이다. 그리하여 이쪽을 해치면 저쪽은 따라서 손해를 보고, 저쪽을 도우면 이쪽도 따라서 이익을 받는다.

남을 해치면 내가 죽고 남을 도우면 내가 사는 것은 당연한 일이다. 이러한 우주의 근본 진리를 알면 남을 해치려고 해도 해칠 수 없다. 참으로 내가 살고 싶거든 남을 도와라. 내가 사는 길은 오직 남을 돕는 것밖에 없다.

* 연기법이란 부처님께서

(1) 서로 의지해 있는 것, 이것을 상의성(相依性)이라고 하셨다.

(2) 너는 나를 의지하고 나는 너를 의지해 있다고 하셨다.

(3) 내가 있기 때문에 네가 생겼고 네가 있기 때문에 내가 생겼다.

(4) 부처님께서 만물의 이치를 깨닫고 연기법을 강조하셨다.

연기법을 산스크리트어는 '쁘리띠야싸무뜨빠다' 이라 한다.

쁘리띠 : 의지함.

싸무뜨빠다 : 발생을 말함.

* 부처님의 십대제자

(1) 사리불(舍利弗; 사리풋타)

마갈타국 왕사성 북쪽나라 촌에서 태어나 바리바사 외도인 산자야 스승에게 출가하였다가 석가모니 제자인 마승존자(馬勝尊者)의 설법을 듣고 석가교단에 목건련과 함께 들어가 중요한 지위의 인물이 되었으며 지혜가 제일이신 분이다. 원래 이름은 우바체(優婆替)인데 부처님께서 사리불이라고 지었다.

(2) 목건련(目建連; 목갈타나, 목련)

목련은 구리가촌 바라문의 아들로 바리바사 외도인 산자야 스승에게 출가하였다가 석가모니 제자인 마승존자의 설법을 듣고 석가교단에 사리불과 함께 250명의 수행인을 이끌고 귀의하여 여러 고장을 다니면서 불법을 교화하였으며 신통력이 제일이신 분이다.

원래 이름은 나복(羅卜) 구율타(拘律陀)인데 부처님께서 목련이라고 지었다.

(3) 마하가섭(摩訶迦葉, 대가섭)

인도왕사성 거부의 브라만 미그루다칼파의 아들로 피팔라 나무 밑에서 출생, 본래 이름은 비바리(毘婆離)였으며, 석존이 성도(成道)한 지 3년 뒤 부처님께 귀의했으며 두타(頭陀; 청정하게 부처의 가르침을 수행하는 것) 제일로써 부처님의 심인을 전해 받았으며 두타금욕(頭陀禁慾; 청정한 부처의 가르침을 수행하는데 감정과 욕망을 금하는 것) 22행을 했다.

가난한 집만 골라 공양하였다고 한다.

(4) 아나율(阿那律, 아니룻다)

샤카족의 가난한 요리사였다. 부처님 10대 제자 중에 천안(天眼) 제일로서 경전을 결집할 때 장로로서 원조한 공이 컸으며 부처님께 출가하여 부처님 앞에서 자다가 부처님께 꾸중을 받고 밤새도록 자지 않으면서 수도에 정진하다 눈이 멀었다. 그 뒤에 천안통일을 얻어 천안 제일이 되었다. 부처님의 사촌동생이다.

(5) 수보리(須菩提)

선현(善現), 선길(善吉), 선업(善業), 공생(空生) 등이라 번역하고 온갖 법이 공(空)한 이치를 깨달은 첫째 가는 이로서 중일아함경에서는 수보리라 기재되어 있으며 부잣집만 골라 공양하였다고 한다.

(6) 부루나(富樓那)

인도 고살라국 사람으로 바라문 종족 출신이며, 큰 부잣집 자재로서 부처님과 생년월일이 같다. 녹야원에서 설법하심을 듣고 친구들과 함께 부처님께 귀의하여 아라한과를 얻었으며 변재(辨才; 말재주)가 훌륭하여 불제자 중에서 설법제일이 되었으며 인격과 변재로서 중생 교화에 전력하였다.

(7) 가전연(迦旃延)

아반타국 웃제니에서 왕사의 아들로 태어나 문식(文飾; 속은 없이 거죽만 꾸밈) 불공(不空)이라 번역하여 남인도 사람으로 논의는 제일이 되었다.

(8) 우바리(優婆離, 우파리)

신분 중에 가장 낮은 계급인 수드라(노예) 출신이며 근집(近執) 근취(近取)라 번역하며 수타종족의 출신으로 석가족의 여러 왕자의 이발사였다. 아난 등이 교단에 들어감을 보고 따라갔다가 부처님의 허락을 받아 득도하여 계율을 잘 지키기도 제일인자가 되어 결집할 때는 계율을 외워 내었다고 한다.

(9) 라후라(羅睺羅, 라훌라)

석촌의 아들로서 석촌이 성도한 뒤에 출가하여 제자가 되어 남이 보든 말든 묵묵히 실천 수행을 하여 밀행제일(密行第一; 미묘하고 은밀한 수행)이 되어 사미의 시초가 되었다.

라후라 이름은 장애라는 뜻으로 석촌이 태자로 있을 때 출가하여 도를 배우려고 마음을 내었다가 아들을 낳고는 장애됨을 한탄하여 라후라라고 이름을 지었다고 한다.

(10) 아난다(阿難陀)

아난이라 하며 무염(無染), 환희(歡喜), 경희(慶喜)라 번역하였으며 부처님의 배다른 친동생으로서 8세에 출가하여 수행하는데 미남인 탓으로 여자의 유혹이 여러 번 있었으나 지조가 견고하여 몸을 잘 보호해 수행을 완성하였으며, 부처님이 전도생활 하신 지 20년 후에 여러 제자들 중에서 시자(侍者; 어른 승려의 시중을 드는 소임)가 선출되었다. 그래서 다문(多聞; 법문을 많이 듣고 몸에 지는 것) 제일의 제자가 되어 부처님 멸도 하신 후에 대가섭이 중심이 되어 제일차 결집때 가장 중요한 위치를 차지하였다. 120세에 원적(圓寂)하셨다.

* 왜 걸식(乞食)을 하나

탐(貪) · 진(嗔) · 치(癡)를 제거해주기 위한 목적이며 하나의 밝은 이의 행위이다.

* 아난존자(阿難尊者)

가난한 집만 골라 7집을 다니면서 걸식하여 복을 주기 위하여 가난한 집만 선택하였다고 한다.

* 卍 길상(吉祥)

여래의 가슴에 육인(六印)의 상이 있으며 현상(現相)이 만(卍; 행운)자 같았다.

첫째 : 부처님의 97가지의 훌륭한 모습 중 53번째의 특징으로 기록되어 있으며 화엄경 48권에 기록에 있으며 이것을 길상해운(吉祥海雲)이라 한다.

둘째 : 만(卍)자의 상(相)은 금강(金剛)과 같이 견고한 승장(勝藏; 승리를 감춤)으로 마음을 장엄(莊嚴; 불국토를 아

름답게 꾸미는 것)했다.

셋째 : 인도 고대 신화 속에 등장하는 태양의 신비세계와 밀접한 관련이 있는 것으로 파악하고 있다.

넷째 : 불교 상징(象徵; 직접 보이지 않는 사물을 그것과 어떤 유사성을 가진 것에 의하여 연상시킬 때의 그 과정 또는 그 내용물)할 때 사용하는 표시를 말한다.

다섯째 : 일체의 마구니가 털끝 만큼도 건드릴 수 없다.

여섯째 : 심지(心地; 마음자리)를 장엄하는 표상(表象; 마음속에 떠오르는 물건의 형체)임을 나타내는 말.

일곱째 : 卍(만)자는 태양이 빛을 발하는 모양으로 시방(十方)에 뻗쳐 있는 현상.

가로-삼세(三世; 과거 현재 미래)를 나타냄.

세로-시방(十方)을 나타냄.

여덟째 : 卍(만)자는 삼세(三世)와 공간을 두루 포함하는 상징적인 의미를 나타내고 있다.

아홉째 : 시방으로 꺾인 모양은 범부(凡夫; 낮은 계급의 사람)의 마음에서 부처님의 마음에서 범부의 마음으로 들어가는 것을 뜻한다.

* **사성제**(四聖諦)

고(苦) : 모든 것이 괴로움이니 이것을 말함.

집(集) : 괴로움이 집착으로 생기는 것.

멸(滅) : 괴로움과 집착이 없어져 다한 것을 말함.

도(道) : 괴로움과 집착을 없애는 길이니 이것을 말함.

* **팔정도**(八正道)

(1) 정견(正見; 바른 견해)

네 가지 진리를 바로 보는 지혜 편견 없이 있는 그대로 보는 것.

(2) 정사(正思; 바른 생각)

번뇌 망상을 멀리하고 성냄과 원한이 없는 생각과 현실을 있는 그대로 보고 맞게 생각하는 것.

(3) 정어(正語; 바른 말)

거짓말, 악담, 이간질, 부질없는 잡담하지 않는 것.

(4) 정업(正業; 바른 행위) 살생, 도둑질, 음행을 하지 않고 올바른 계(戒), 행(行)을 지킬 것.

(5) 정명(正命; 바른 생활)

각자의 생활 방법으로 부정한 장사나 점술 따위의 수단을 떠나 정당한 방법으로 의식을 얻어 생활하는 것.

(6) 정정진(正精進; 바른 노력)

아직 일어나지 않은 나쁜 생각을 알지 못하게 하고, 이미 일어난 나쁜 생각은 없애 버리며, 아직 일어나지 않은 착한 생각은 원만히 키워 나가도록 끊임없이 노력하는 것, 깨달음을 향한 부단한 노력을 말하는 것이며, 물러서지 말며 정열과 용기의 뜻입니다.

(7) 정념(正念; 바른 기억)

생각을 한 곳에 집중하여 몸과 마음과 진리를 바로 관찰하고 탐욕에서 일어나는 번뇌를 없애는 것.

(8) 정정(正定; 바른 선정)

모든 욕심과 산란한 생각을 가라앉혀 선정에 들어감을 말하며 번뇌 망상에서 바른 견해나 행동이 나올 수 없다. 마음과 몸을 편안하게 하고 바로 수행해야 한다.

* 부처님의 설법

제1시 성도후 삼칠일동안 화엄경	21일	
제2시 녹야원 법구경 아함경	11년	12년
제3시 방등시(方等時) 유마경 승만경	7년	
제4시 반야시 반야부공(空) 사상역경	20년	22년
제5시 법과 법화경 열반경	7년	8년

* 부처님께서 발우와 금란가사를 주다

부처님께서 발우와 금란가사를 마하가섭존자(摩訶迦葉尊者)에게 전해 주며 나의 정법안장(正法眼藏; 진리를 볼 수 있는 지혜의 눈으로 바르게 깨달은 비밀의 법)과 열반묘심(涅槃妙心; 모든 번뇌에서 벗어나 깨달음을 얻은 사람의 미묘한 마음)을 너에게 전하는 것이니 유포해서 끊어지지 않게 하여라.

* **지장**(地藏)**이란**

지옥에 스며들어가 지옥의 중생을 교화하는 부처님이라는 의미 외에도 안인부동(安忍不動; 움직이지 않고 편안하게 있는 것)하기가 대지와 같고 생각하는 바 치밀하기가 비장[秘藏; 숨겨서 잘 간직함, 지옥문을 여는 석장(錫杖; 지팡이)과 어둠을 밝히는 명주(明珠; 흐린 물을 맑게 하는 덕이 있다고 한다)]와 같다 하여 붙여진 이름이기도 하다.

* **지장보살의 세 가지 원력**

첫째 : 지옥미공서불성불(地獄未空誓不成佛)

지옥이 텅 비지 아니하면 결코 성불하지 않겠다. 이 마음이 부처님의 마음이다.

둘째 : 아불입지옥수입지옥(我不入地獄誰入地獄)

내가 지옥에 들어가지 아니하면 누가 지옥에 들어가겠는가 라고 하였다.

셋째 : 중생도진방증보리(衆生道盡方證菩提)

중생들을 모두 제도하고 난 후 보리를 이루겠다고 하시었다.

* **육환장**(六鐶杖)

지팡이에 걸린 고리가 6개 환(鐶)이 있는 지팡이며, 지옥문 앞에서 세 번 흔들어 소리 내면 지옥문이 저절로 열린다는 뜻.

* 마정수기

석가모니 부처님은 미륵보살에게 마정수기(摩頂授記; 부처님의 후계자를 정하여 인가)를 주셨다.

* 오관(五官) : 귀, 눈, 입, 코, 피부

(1) 음식을 받았을 때는 약을 먹듯이 하여라.
(2) 좋은 것, 나쁜 것을 가리지 말라.
(3) 주리고 목마른 것을 채울 정도면 좋다.
(4) 낮에는 부지런히 착한 법을 닦아 익혀라.
(5) 밤에는 경전을 읽으며, 세월을 헛되게 보내서는 아니 된다.
(6) 지은 죄를 부끄러워 할 줄 알아야 한다.
(7) 인욕(忍辱; 고통이나 박해 또는 재해 등을 인내하는 것) 할 줄 알아야 한다.
(8) 교만한 마음을 버려야 한다.
(9) 아첨하지 말아야 한다.
(10) 꾸준히 정진하여 자기의 마음을 조복(調伏; 몸, 입, 마음, 3업을 조절하여 모든 악행을 굴복시키는 것)하여야 한다.

* 오안(五眼)

(1) 육안(肉眼) : 일체의 색을 보는 눈(중생의 육신에 갖추어져 있는 눈).

(2) 천안(天眼) : 미세한 사물을 살필 수 있고, 모든 중생의 마음까지 들여다 보는 눈.
(3) 혜안(慧眼) : 모든 집착과 차별을 떠나 진리를 밝게 보는 눈.
(4) 법안(法眼) : 모든 사물을 분명하게 살피는 눈, 진실한 이치를 보는 지혜의 눈.
(5) 불안(佛眼) : 부처의 눈, 모든 사물의 참모습을 보는 눈.

* **삼업**(三業)**과 십악**(十惡)
신(身) : 몸으로 지은 죄(3가지)
 - 살생(殺生) : 산 목숨을 죽이는 것
 - 투도(偸盜) : 물건을 훔치는 것
 - 사음(邪婬) : 음행 그릇된 생각

구(口) : 입으로 짓는 죄(4가지)
 - 망어(妄語) : 거짓말
 - 기어(綺語) : 발림말
 - 양실(兩室) : 이간질
 - 악구(惡口) : 나쁜 말

의(意) : 뜻으로 지은 죄(3가지)
 - 탐애(貪愛) : 욕심, 욕망, 애착, 열애
 - 진애(塵埃) : 성내는 것

- 치암(痴暗) : 우치(愚癡; 못나고 어리석음)

* **삼밀**(三密) **진리**(올바른 일)

신(身) : 몸으로 행동하여(절을 많이 함) 악업이 소멸된다.
구(口) : 입으로 행동하여(염불을 많이 하는 것) 악업이 소멸된다.
의(意) : 참선(參禪)으로 업장 소멸시킨다.

* **십선법**(十善法)
① 불살생(不殺生) ② 불투도(不偸盜)
③ 불사음(不邪婬) ④ 불망어(不妄語)
⑤ 불양설(不兩舌) ⑥ 불악구(不惡口)
⑦ 불기어(不綺語) ⑧ 불탐욕(不貪欲)
⑨ 불진애(不塵埃) ⑩ 불사견(不邪見)
이것을 십계(十戒) 또는 십도(十道) 해탈도(解脫道)라고도 한다.

* **십불선법**(十佛善法)
살(殺) · 도(盜) · 음(婬) · 망(妄)
청정하지 못한 악(惡)의 행으로 가장 큰 죄를 범(犯)하는 것.

육인(六人) 육처(六處)

육근(六根)식(六識)계(六賊)	육진(六塵)경(六境)	육경(六境)
안(眼) 눈	색(色) 물질	호(好) 좋다
이(耳) 귀	성(聲) 소리	악(惡) 나쁘다
비(鼻) 코	향(香) 냄새	평등(平等) 좋지도 싫지도 않다
설(舌) 혀	미(味) 맛	고(苦) 괴롭다
신(身) 몸	촉(觸) 감촉	락(樂) 즐겁다
의(意) 뜻	법(法) 의식	사(捨) 버리는

육식 : 식물의 모양을 잘 분별하여 인식(認識).

칠식 : 꿈 생각 말나식(末那識) 분별식(分別識)이라고 부른다.

8식 : 열반(죽음) 아뢰야식(阿賴耶識).

아뢰야식 ① 업력(業力)들을 감싼다는 뜻 ② 포장이라는 뜻 ③ 포섭이란 뜻 : 태어남 죽음 윤회 희로애락 등이 8식의 컴퓨터와 같이 저장되어 있다. 이것을 장식(藏識)이라고 부른다.

9식 : 엄마라식(奄摩羅識)이라 한다.

8식 9식 : 수준 높은 경계의식이며 수준 높은 영이라고도 한다.

18계 : 6근 +6식 +6진

12처 : 6근 +6진

지찬(之賤) : 육근을 나쁘게 볼 때

오관(五官) : 눈, 귀, 코, 입, 몸(피부)

108번뇌 : 육근×육진×3(과거 현재 미래)=108 염주

* **삼종가피**(三種加被)

첫째 : 현증가피(顯證加被)

현실에서 바로가피(加被)를 입어 소원성취 되는 것.

정성껏 관세음보살을 찾으면 우연히 남이 도와주어 받는 것.

둘째 : 몽중가피(夢中加被)

꿈을 통하여 소원이 이루어질 것을 예시하는 것.

 관세음보살을 정성을 다해 찾으면 꿈에 나타나 소원성취 길을 가르쳐 준다.

셋째 : 명훈가피(冥熏加被)

의는 일없이 관세음보살을 찾으면 가는 곳마다, 머무르는 곳마다, 편안한 세상 곧 처처안락국(凄凄安樂國; 곳곳마다 극락세계)으로 바뀌어 버린다.

* **삼학**(三學)

불법을 닦아 깨달음을 이루기 위해서는 반드시 수행해야 할 세 가지 배움이 있다.

첫째 : 계학(戒學); 정어, 정업, 정명이다.

마음의 청정을 지키고 몸을 단속하여 나쁜 행동을 하지 않음으로 몸을 보호하는 계율이다.

둘째 : 정학(定學); 정정진, 정념, 정정이다.

마음의 산란(散亂; 정신이 어수선함)을 그치고 고요하고 평안하여 한결같은 경지(境智)를 나타내는 법.

셋째 : 혜학(慧學); 정견 정사이다.

모든 번뇌(煩惱)를 없애고 진리(眞理)를 꿰뚫어 보는 법.

* **불교기색채**(佛敎旗色)

서기 1956년에 스리랑카에서 열린 세계불교도우화에서 정식으로 승인함.

청색 : 마음을 흐트러뜨리지 않고 불법을 구하는 정근(正勤)
황색 : 찬란한 부처님 몸의 빛과 같이 변하지 않은 굳은 마음
적색 : 항상 쉬지 않고 수행에 힘쓰는 정진(精進)
백색 : 깨끗한 마음으로 온갖 번뇌를 밝히는 청정(淸淨)
주황색 : 수치스러움과 그릇된 길로 꾀임에서 잘 견디어 나 가는 인욕(忍辱)

* **수행자의 마음 가짐**

(1) 수행자는 비난을 받더라도 화를 내지 말며,
(2) 수행자는 칭찬을 받더라도 우쭐거리지 말며,
(3) 수행자는 탐욕과 인색함 성냄과 욕설을 멀리 하여야 한다.
(4) 수행자는 남을 비방해서는 아니 된다.
(5) 수행자는 남과 교제한다는 마음을 가져서는 아니 된다.
(6) 수행자는 자기 이익을 위해 사람들을 만나서는 아니 된다.
(7) 수행자는 거만해선 아니 된다.
(8) 수행자는 자기 이익을 위해 책략은 아니 된다. 수행자는

적인(狄人; 오랑캐 사람) 언사를 써서도 아니 된다.
(9) 수행자는 오만불손하거나 수행자는 불화를 가져올 말을 하여서는 아니 된다.
(10) 수행자는 거짓말을 피하여야 한다.
(11) 수행자는 마음을 조심하여 남을 속이지 않도록 한다.
(12) 수행자는 생활에 대해서나 지혜와 계율 도덕성에 대해서는 자기가 남보다 뛰어나다고 생각을 하여서는 아니 된다.
(13) 수행자는 원굴(冤屈; 원통하게 누명을 씀)이 있어도 참아라.

* 소승불교(小乘佛敎) **남방불교**
인도, 세이로, 태국, 버마, 라오스, 스리랑카, 미얀마, 캄보디아 (8개국)

* 대승불교(大乘佛敎) **북방불교**
중국, 한국, 일본, 몽골, 티벳 (5개국)

* 대승불교의 실천정신
각자가 깨달음을 통한 지혜와 인격 완성을 위한 끊임없는 자기 향상의 보살도를 닦는 수행이다.

＊ 삼신할머니

법신(法身) 비로자나불, 보신(報身) 노사나불, 화신(化身) 석가모니불 세분의 부처님을 삼신할머니라고 불리어 오고 있다.

＊ 좌선

원래 마음에 집착함도 아니고 청정에 집착함이 아니요 움직이지 않음도 아니다.

좌(坐) : 걸리고 막힘이 없으며 밖으로 일체 선악의 환경에 마음과 생각이 일어나지 않은 것을 말함.

선(禪) : 안으로 자성을 보아 움직이지 않은 것을 말함.
 자기의 불성을 깨달아 산란됨이 없는 것을 말함.

＊ 자비

법어에서 불쌍히 여긴다는 의미에서 나온 자(慈)와 함께 슬퍼하는 뜻으로 비(悲)가 합친 말이며, 사랑이 오고 가고가 아니라 베풂입니다. 불보살이 중생을 측은하게 여기고 동정하는 마음을 말합니다.

자(慈) : 온갖 생명체를 사랑해 애지중지하여 즐거움을 준다는 의미가 함축되어 있다.

비(悲) : 온갖 생명체를 불쌍히 여겨 괴로움을 뿌리 뽑아 준다는 뜻.

* **나무아미타불**

나무(南無) : 귀명(歸命; 목숨을 던져 귀의한다는 뜻)이니 진실한 믿음으로 몸과 마음을 바쳐 무량광명의 세계를 돌아가기를 원하는 진실한 신앙심을 뜻한다.

아미타(阿彌陀) : 무량수 무량광의 뜻으로 염불수행에서 찬탄하며 부르고 생각하고 관찰할 법이다.

불(佛) : 삼신의 지혜를 성취하고 무량수 무량광명의 덕성을 지닌 아미타부처님이시다.

* **불성**

정인불성(正因佛性) : 부처나 중생이나 똑같은 부처님을 이루어 내는 씨앗이 불성이다.

조금도 잡스러움이 섞이지 아니 한 채 간직하고 있어 만일 벌레로 태어나도 청정한 본래 성품에는 조금도 변함이 없으므로 일체중생실유불성(一切衆生悉有佛性; 세상에 살아도 모든 중생에게도 다 부처가 될 수 있는 본성이 있다는 말)이라는 말이 있다.

연인불성(緣因佛性) : 정인불성이 인연을 만나 나타나 불성이다.

예) 같은 꽃, 씨앗이라도 좋은 환경을 만나면 흐드러지게 크고 곱게 피지만 나쁜 환경에서는 좋은 꽃을 피우지 못한다.

요인불성(了因佛性) : 정인불성이 연인불성을 거치며 끊임없이 위로 향하는 불성이 있어 정인불성과 합치려 노력하는 것이 불자는 수행이라 부른다. 수행을 통하여 현재 시점까지 이루어낸 불성이 요인불성이라 한다.

* 스님을 높여 부르는 말
화상(和常) : 스승이라는 뜻.
사문(沙門) : 쉬라마니라고 해서 바나문교에 대응하던 인도의 새로운 사상적 지도자들을 지칭하는 말.
대덕(大德) : 덕이 높은 분.
대사(大師) : 큰스님이란 뜻.

* 스님들의 행적이나 덕성에 따라 호칭
조사(祖師) : 석가모니 부처님으로부터 정통의 법맥을 이어받은 덕이 높은 스님.
종사(宗師) : 한 종파를 일으켜 세운 학식이 깊은 스님.
선사(禪師) : 오랫동안 선(禪)을 수행하는 선의 이치에 통달한 스님.
율사(律師) : 계율을 전문적으로 연구했거나 계행(戒行)이 철저한 스님.
법사(法師) : 경전을 통달하며 부처님의 가르침을 널리 선양하는 스님들을 말함.

* **오탁**(五濁)

탐내고 성내고 어리석고 삿된 소견에 따르며 교만하고 아첨한다.

(1) 겁탁(劫濁) : 시대의 혼탁과 재난.
(2) 번뇌탁(煩惱濁) : 번뇌가 사랑의 몸과 마음을 어지럽고 혼탁하게 하는 것.
(3) 중생탁(衆生濁) : 중생은 죄악을 많이 지어 의리에 밝지 못함.
(4) 견탁(見濁) : 말세에 이르러 중생들이 보아서 아는 견(見)이 삿되고 그릇되게 일어나 세상을 어지럽히는 것을 말함.
(5) 명탁(命濁) : 말세에 이르러 중생의 수명이 단축되는 것을 말함.

* **아라한의 이름**

(1) 아야교진여 : 부처님 설법을 듣고 가장 먼저 깨치신 분.
(2) 마하가섭 : 의복과 음식, 집에 대한 탐욕과 집착 모두 떨쳐버린 두타(頭陀; 번뇌를 떨쳐내고 의식주에 탐착하지 않음) 제일이다.
(3) 우루빈나가섭 : 승단을 공양함에 제일이다.
(4) 가야가섭 : 마음의 모든 번뇌를 항복받음.
(5) 나제가섭 : 교화에 뛰어남.
(6) 사리불 : 지혜가 제일이다.

(7) 대목건련 : 신통이 제일이다.

(8) 마하가전연 : 부처님의 가르침을 알기 쉽게 설명 잘하는 논의 제일.

(9) 아로루타 : 남의 마음속을 꿰뚫어 보는 천안 제일.

(10) 겁빈나 : 천문과 역술에 뛰어남.

(11) 교법바제 : 계율 해석 잘하는 해율 제일.

(12) 이바다 : 마음이 흔들리거나 뒤바뀐 생각을 일체하지 않음.

(13) 필릉가바차 : 경행(經行; 불도를 닦는 일) 좌선을 잘함.

(14) 박구라 : 병이 없고 욕심이 없음.

(15) 마하구치 : 어려운 질문에 해답 잘함.

(16) 난타 : 기쁨이 가득한 마음으로 설법을 잘 듣는다.

(17) 손타라난타 : 용모가 부처님처럼 빼어남.

(18) 부루나미다라니자 : 실천적인 용기와 설득력을 가진 설법 제일.

(19) 수보리 : 모든 현상이 공에 의한 것임을 잘 아는 해공 제일.

(20) 아난 : 부처님 곁을 잠시도 떠나지 않고 시중든 다문 제일.

(21) 라후라 : 부처님의 아들이면서도 자기의 덕이 높은 것을 드러내지 않고 언제나 겸손한 태도를 간직했던 밀행 제일

마흔 여덟 가지 계(戒)

(1) 스승과 벗을 공경하라.
(2) 술을 마시지 말라.
(3) 고기를 먹지 말라.
(4) 냄새나는 채소를 먹지 말라.
(5) 계(戒)를 범한 사람은 참회시켜라.
(6) 법사에게 공양하고 법을 청하라.
(7) 설법하는 곳에 찾아가 들어라.
(8) 대승법을 그릇되게 여기지 말라.
(9) 환자를 잘 보살펴라.
(10) 살생하는 도구를 가지고 있지 말라.
(11) 국가의 사신(使臣)이 되지 말라.
(12) 나쁜 마음으로 장사하지 말라.
(13) 비방하지 말라.
(14) 불을 놓지 말라.
(15) 딴 법으로 교화(敎化)하지 말라.
(16) 이익을 탐내지 말고 바르게 가르쳐라.
(17) 세력을 믿고 무엇을 얻으려 하지 말라.
(18) 아는 것 없이 스승이 되지 말라.
(19) 두 가지를 말하지 말라.

(20) 산 목숨을 놓아주고 죽게 된 것을 구제하라.

(21) 성내고 때려 원수 갚지 말라.

(22) 교만한 생각을 버리고 법문을 청하라.

(23) 교만한 생각으로 잘못 일러주지 말라.

(24) 여려개의 가르침을 잘 배우라.

(25) 대중을 잘 통솔하라.

(26) 혼자만 이양(利養 ; 이익으로 써 몸을 보양하는 것)을 받지 말라.

(27) 따로 초대 받지 말라.

(28) 스님들을 따로 초대하지 말라.

(29) 나쁜 업(業)으로 살지 말라.

(30) 재일(齋日 ; 부정을 피하고 몸을 깨끗이 함)을 공경하라.

(31) 재난을 보거든 구해 내라.

(32) 중생을 손해 보게 하지 말라.

(33) 나쁜 짓은 보지도 말고 듣지도 말라.

(34) 잠시도 마음을 놓지 말라.

(35) 원을 발하다(부모와 스승에게 은혜 갚기를 원하여라).

(36) 서원(誓願)을 세워라.

(37) 위험한 곳에 다니지 말라.

(38) 높고 낮은 차례를 어기지 말라.

(39) 복(福)과 지혜(智慧)를 닦게 하라.

(40) 계(戒)를 가려서 일러주지 말라.

(41) 이익을 위해 스승이 되지 말라.

(42) 계(戒)를 받지 않은 이에게 포살(布薩; 청정한 몸과 마음)하지 말라.

(43) 계(戒)를 범할 생각을 내지 말라.

(44) 경전에 공양하라.

(45) 중생을 항상 교화(敎化) 하여라.

(46) 법(法) 답게 설법을 하여라.

(47) 옳지 못한 법(法)으로 제한을 하지 말라.

(48) 바른 법을 파괴하지 말라.

부처님의 가르침 여덟 가지

(1) 산목숨을 죽이지 말라.

(2) 남이 주지 않는 것은 갖지 않으며

(3) 거짓말 하지 말며

(4) 화합을 깨뜨리지 않으며

(5) 탐욕을 버리고

(6) 성내지 않으며

(7) 교만을 버리는 일이며

(8) 시기 하지 않으며

이 여덟 가지를 꼭 지켜나가는 보살이 되자.

수기(授記)란

부처가 제자들의 성불에 관한 일을 미리 기록하여 예언한 것.
첫째 : 미발보리심수기(未發菩提心授記)
　보리심을 발(發)하기 전에 수기를 준다.
둘째 : 공발보리심수기(共發菩提心授記)
　도심(道心 ; 올바른 이치를 지닌 마음)을 발(發)하여 보살(菩薩)위에 오름과 동시에 수기를 준다.
셋째 : 은부수기(隱覆授記)
　부처님의 위신력으로 당사자가 모르는 사이에 타인 앞에서 수기를 준다.
넷째 : 현전수기(現前授記)
　일체 대중이 보는 가운데에서 수기를 준다.

삼귀계(三歸戒)

(1) 불(佛) 부처님께 귀의합니다.
　부처라고 함은 깨달음이다 온갖 법의 모양을 훤히 알기 때문이며 도안(道眼)이 이미 열려 일체 중생이 삼악도에서 긴 잠을 자고 있는 것을 일깨우기 때문에 깨달음이라 한다.
(2) 법(法) 가르침에 귀의합니다.

욕심이 끊어지고 욕심이 없어 다한 곳인 열반에 들어가 의지한다 하느니라 또한 자기와 남의 몸을 다하여 귀의하여야 한다.

(3) 승(僧)가에 귀의합니다.

이전 복밭(福田)인 성문(聲聞; 설법을 듣고 사제(四諦)의 이치를 깨달아 아라한이 된 불제자로서 연각(緣覺 : 꽃이 피고 잎이지는 따위의 외면에 의해 혼자 모든 사물의 성별을 깨달았다는 뜻) 보살과 더불어 삼승(三乘; 보살에 대한 3가지 교법)의 하나, 즉 배울 것이 있는 이나 없는 이를 가리지 않고 부처님의 가르침에 출가 수행하는 이의 공덕에 돌아가 의지함이다. 이것을 승가에 귀의한다는 말.

삼보

불보(佛寶) : 부처님에 대한 우리의 영적인 수행과 연결시켜 깨달음으로 향하는 것을 말하는데 곧 어떤 고통으로부터 벗어나 기쁨을 얻는 것을 말함.

법보(法寶) : 무지로부터 벗어나 깨달음으로 들어가는 것을 말하며 수행을 열심이하면 지혜는 자연스럽게 얻어지는 하나의 과정이다.

승보(僧寶) : 불도를 실천해 가는 율리적 측면을 말하는데 부처님의 법을 통해 바른 삶을 닦는 것을 말함.

* **오계**(五戒)
(1) 불살생(不殺生) 산목숨을 죽이지 마시오.
(2) 불투도(不偸盜) 주지 않은 것을 갖지 마시오.
(3) 불사음(不邪婬) 음행을 범하지 마시오.
(4) 불망어(不妄語) 거짓말을 하지 마시오.
(5) 불음주(不飮酒) 술을 먹지 마시오.

* **오욕락**(五欲樂)
(1) 색(色) 제물에 대한 욕망
(2) 애(愛) 이성에 대한 욕망
(3) 상(想) 먹을 것에 대한 탐욕
(4) 행(行) 명예에 대한 욕망
(5) 식(識) 편안함의 추구를 말함.

* **오독심**(五毒心)
탐(貪) 진(瞋) 치(痴) 만(慢) : 힘만으로 이룰 수 있다는 것.
의(義) : 과거 때 격서의 의의를 설명시키던 사문의 하나.

* **오온**(五蘊)
(1) 색(色) : 흙, 물, 불, 바람의 요소를 말함.

스스로 변화하면서 다른 것까지도 장해하는 물체.
(2) 수(受) : 괴로움과 즐거움과 괴롭지도 즐겁지도 않는 평정의 셋으로 이루어진 정서적 요소이다.
(3) 상(想) : 개념이나 이미지들이다.
(4) 행(行) : 의지와 욕망 결단 등의 의지적 요소들이다.
(5) 식(識) : 지각(知覺; 스스로 알아 깨달음) 판단 기억 사고 등을 포함한 인식작용을 말한다.

* 중도(中道)란 중정(中正)의 도(道)

중도는 유(有) 무(無) 선(善) 악(惡) 옳음과 그름을 네 편과 내 편 괴로움과 즐거움의 악극단에 치우치는 것을 떠나 중정(中正)을 취하는 것을 말함.

* 문수보살

인도에서는 문수보살(文殊菩薩)을 만주슈리라하며 사자를 타고 왼손에 연꽃을 들고 있으며 지혜를 상징하는 보살 무명 번뇌를 끊어버리는 지혜의 칼이며 지혜와 복덕을 두루 갖춘 보살이시다.

* 보현보살(普賢菩薩)

여섯 개의 상아를 가진 흰 코끼리를 타고 중생들에게 덕을 베풀고 장수하게 하며 실천행을 상징하는 보살이며 이덕(理

德), 행덕(行德), 정덕(定德)을 맡고 있다.

* **선재동자**(善財童子)

선재동자 이름은 그를 수태하였을 때 그 집안 칠보가 가득 차 있어 붙여진 이름이다.

선재동자가 무정각(無正覺; 참되고 올바른 깨달음이 없을 때)을 이루기를 발심하여 여러 선지식을 찾아 남방을 수행하는 과정을 서술한 경전이 입법계품이며, 선재동자는 53선지식인을 찾아 법을 듣고 배우는 구도역정(求道歷程; 부처가 될 선정 방도를 구하는 것)의 마지막 차례에 보현보살을 만나게 된다. 여기서 보현보살이 선재동자에게 행원을 설하는데 보현행원품은 바로 그 내용이 담긴 경전으로 화엄경에서 설해진 광대한 공덕을 성취할 방법이 설해져 있다.

보현보살님께서 선재동자를 보고 '내려놓아라. 무겁게 가지고 다니지 말라' 이 말 한 마디에 선재동자는 깨달음을 얻었다고 합니다.

* **선지식**(善知識)**이란**

조그마한 깨달음의 안일에 빠지지 않고 밝은 지혜를 나아가게 하며 중생에게 악법을 멀리하고 선법을 수행하도록 가르치는 사람.

(1) 나그네가 길을 가는데 이정표 역할하는 사람.

(2) 진리의 이정표이다.

(3) 수행을 통해 깨달음으로 나아가는 과정.

(4) 수행자 내면에 일어나는 마음의 움직임.

(5) 선지식을 올바르게 지도해주지 않으면 잘못된 방향으로 간다.

(6) 바다가 고요해졌다. 폭풍우가 인다.

(7) 마음의 바다 역시 고요한 듯하면서 요동치듯 바람이 인다. 이것이 선지식의 역할이 중요하다.

* 현장법사

법명(法名) : 승현(僧玄) 664년에 입적함.

반야심경을 번역하였으며 중국, 한국, 일본에서 읽는 손오공 저자이며 649년 5월 24일에 종남산(終南山) 취미궁(翠微宮)에서 번역하였다.

* 자구불료(自求不了)

남의 말에 의존하여 깨달음을 얻으려고 하면 결국 자기 자신을 스스로 구제할 수 없다는 말이다.

사무량심(四無量心) 자(慈) 비(悲) 희(喜) 사(捨)

(1) 자무량심(慈無量心)

사랑을 끝없이 사랑으로 중생에게 기쁨을 주는 마음.

보살이 중생을 향하여 베푸는 사랑의 기쁨은 무량한 마음에서 나오는 것이기 때문에 영원하다는 것이며 이와 같은 마음을 말한다(바다 같은 마음을 써라).

(2) 비무량심(悲無量心)

중생의 고통이나 처지를 가엽게 여기는 마음.

(3) 희무량심(喜無量心)

다른 사람이 잘되는 것을 보고 같이 기뻐해 주는 마음.

남편과 부인은 서로 상대방에게 기쁘고 즐겁고 편안하게 해 주는 생각을 항상 마음속에 담아 있어야 한다.

(4) 사무량심(捨無量心)

선(善)과 악(惡) 시(是; 옳을시)와 비(非; 나무랄비)

애(愛; 사랑애)와 증(憎; 미울증) 등 일체에 분별을 내지 않고 평등한 마음을 쓰는 것이며 자존심을 버리고 고집부리지 말고 중생을 평등하게 보아 분별심을 두지 않는 마음이다.

무량심(無量心) : 베풀다가 받는 쪽에서 반응이 없으면 멈추거나 돌아서는 것이 아니라 흐르는 물처럼 끝없이 베푸는 마음.

삼법인(三法印)

(1) 제행무상(諸行無常)

우주 삼라만상은 어느 하나도 영원불변 한 것이 없다. 늙으면 늙은 데로 좋고, 젊으면 젊은 데로 좋고, 그때그때 시기에 맞추어 알맞은 행을 하는 것이며 애착을 가지면 가진 만큼 병이 나니 그저 인생은 흐르는 물처럼 유유자적 살아야 한다.

제행(諸行) : 여러 인연에 의하여 지어진 것이므로 시시각각으로 생기고 소멸하면서 변천 한다는 것.

(2) 제법무아(諸法無我)

항상 변하고 생멸하는 모든 것에나 나라고 하는 실체가 없다.

제법(諸法) : 삼라만상의 모든 사물을 가리킨다.

(3) 열반적정(涅槃寂靜)

부처님이 깨달으신 열반의 경지를 맑고 고요하며 번뇌도 고통도 없다는 것.

(4) 일체개고(一切皆苦)

모든 것이 실체가 없고 무상하기 때문에 그것은 고(苦)일 수 밖에 없다는 것.

제법실상(諸法實相) : 모든 존재는 있는 그대로의 진실된 모습.

계율

중생을 위해서 꼭 지켜야 하는 약속이며 법(法)으로 생각하여야 한다.

계(戒) : 법어로는 실라(sila)라 하며 악업을 대처하고 몸과 마음을 청량하게 만들어 마음속에 핍박과 고뇌를 없애주는 중생제도를 위해 부처님의 제자가 되면서 맺은 약속.

율(律) : 법어로 비니야(vinaya)라하며 좋은 습관을 몸에 익힌다는 뜻. 계를 지키지 않을 때는 벌을 받겠다고 맹세한 것.

섭율의계(攝律儀戒) : 악을 저지르지 않게 하기 위한 계로 지악계(止惡戒)이라고도 한다.

섭선법계(攝善法戒) : 적극적으로 선행의 실천을 강조하는 것이며 삶 대신 방생하며 도둑질 대신 보시를 하는 선을 행하는 것이며 이것을 행선계라고도 한다.

섭중생계(攝衆生戒) : 모든 중생의 이로움을 위해 행하는 사섭법과 같은 행위를 이타계(利他戒)라고도 한다.

사섭법(四攝法) : 중생을 교화하기 위한 보살의 4가지 수행 덕목을 말한다. 보시(布施) 애어(愛語) 이행(利行) 동사(同事)이다.

섭수(攝受) : 자비의 마음으로 일체 중생을 두둔하고 보호함.

염불

염불(念佛)이란 부처님과 보살님들의 상호와 공덕을 생각하면서 입으로나 마음으로 불보살님의 명호를 부르거나 공덕을 관하고 염하는 수행을 말한다.

삼시염불 : 새벽과 낮 저녁으로 나누어 염불하는 것.

별시염불 : 3일 7일 21일 정하여 도량에 머물며 몸과 마음을 깨끗이 하고 염불하여야 한다.

칭명염불 : 부처님 명호를 지극정성으로 부르는 것(입과 마음이 같아야 한다).

정행염불 : 부처님의 명호만 부르는 염불.

잡행염불 : 여러 부처님의 명호를 차례로 일컫는 염불.

점심염불 : 밖으로 소리가 나가지 않고 조용한 마음으로 하는 염불.

대념염불 : 소리를 크게 하는 염불.

소념염불 : 소리를 적게 하는 염불.

고성염불 : 염불시 집중을 위해 행하는 염불.

관상염불 : 한 부처님의 상호를 관하여 생각하는 방법으로 정진하는 염불.

실상염불 : 자신과 아울러 일체법의 진실한 자성법신을 관하는 형태로 정진하는 염불.

* **염불수행목적**(念佛修行目的)

염(念) : 기억한다는 것, 계행을 기억하며 잊지 않고 부지런히 노력하는 것.

불(佛) : 몸과 마음을 깨우치고 살펴서 악(惡)이 일어나지 않게 하는 것. 불보살의 대자대비하신 큰 광명이 한량없고 신통묘용(神通妙用; 무분별 경지에서 일어나는 작용을 기억함)을 얻어서 중생 세계의 여러 가지 고통을 벗어나 소원을 성취하려는데 있다. 바른 생각을 닦는 것이니 부처님만 생각하고 염불하여야 복덕을 얻을 수 있다.

* **염불소리에 숨겨진 비밀**

우리나라에서 염불이라 하면 아미타불의 본원력(本願力)에 의지하여 오직 일심으로 나무아미타불 염(念)하는 것이다. 청허선사의 저서 선가귀감(禪家龜鑑; 본보기가 될 만한 참선의 집)에서 장엄염불(莊嚴念佛)가운데 고성염불십종 공덕이 온다. 큰소리로 염불하면 열 가지 공덕을 얻을 수 있다.

첫째 : 능히 잠을 없애 주는 공덕이 있다. 불교에서는 수면을
    본능적 번뇌의 일면으로 보고 있다.

수면은 업력의 소산(疏散; 서로 사이가 탐탁하지 않아서 헤어짐)에 의한 습관이다. 수면이 지나치면 불성계발(佛性戒發)의 장애물이다.

둘째 : 천마(天魔)가 놀래고 두려워하는 공덕이 있다.

마는 마라빠배마라는 법어의 줄임. 생명을 죽게 하고 악을 조장하는 것이라는 뜻이다. 선가에서는 마라(魔羅; 번뇌의 말)를 자신의 마음속에서 일어나는 온갖 번뇌로 보고 있다. 큰소리로 불보살의 명호를 부르면 염불삼배를 얻는다. 이때에는 온갖 번뇌가 사라진다.

셋째 : 염불 소리가 온 시방에 두루 퍼지는 공덕이 있다.

넷째 : 삼도(三途)의 고통을 쉬게 하는 공덕이 있다.

지옥, 아귀, 축생, 삼도(三途; 사람이 죽어서 생전에 지은 업에 따라 7일 만에 이르게 되는 곳)는 우리들의 마음속에 언제나 도사리고 있다. 이것이 표출될 때 괴로움으로 가득 차게 된다. 염불은 불을 끄고 화를 가라앉히고 응어리를 마음으로 생각하고 큰소리로 외우면 참회와 서원이 동시에 이루어지고 삼도의 고통이 사라지게 된다.

다섯째 : 다른 소리가 들어오지 않은 공덕이 있다.

염불시에는 입으로는 큰소리로 칭명(稱名; 부처와 보살의 이름을 부르는 것) 하지만 귀로는 자신의 소리를 관(觀)하게 된다. 그러면 외부의 소리가 들리지 않고 마음에 집중이 된다.

여섯째 : 염불하는 마음이 흐트러지지 않는 공덕이 있다.

큰소리로 염불하면 염심이 흩어지지 않는다. 정신이 일도경(一道境; 한 가지 도리의 활동영역)에 든다면 그는 반드시 염심이 흩어지지 않아 삼매를 형성하게 된다.

일곱째 : 용맹정진하는 공덕이 있다.

일념으로 염불을 꾸준히 매일 반복하다보면 흔들리지 않는 믿음의 마음이 생겨 더욱 정진하고자 하는 용기가 생기게 된다. 이러한 용맹정진(勇猛精進; 사나우면서 용감하게 하는 것)으로 목적을 성취한다.

여덟째 : 모든 부처님이 기뻐하시는 공덕이 있다.

실제로 염불하는 자신의 마음이 순일(純一; 다른 것이 섞이지 아니하고 하나임)하여 말로 표현 할 수 없는 환희가 생긴다.

아홉째 : 삼매가 뚜렷하게 드러나는 공덕이 있다.

삼매는 무명이 없어지고 맑고 밝은 마음이 또렷하게 나타내는 것을 말한다. 탐(貪) 진(瞋) 치(癡) 삼독(三毒)심이 잠잠하다는 의미로 해석된다. 탐심(貪心)이자면 베푸는 마음이 생기고, 진심(瞋心)이면 자비심이 생기고, 치심(癡心)이면 선정과 지혜가 생긴다.

열 번째 : 정토에 가서 태어나는 공덕이 있다.

염불 수행자가 목숨을 마친 뒤 정토(淨土)에 태어난다는 것은 너무나 당연한 이야기이다. 염불수행자는 아미타불의 본원력에 의해 서방정토극락세계(西方淨土極樂世界) 왕생하게 되기 때문이다.

오직 일념으로 염심(念心)이 정진하다 보면 그 이치를 스스로 깨닫게 된다.

천도재(薦度齋)

대자대비하시고 신통 자재하신 불보살(佛菩薩)님 전에 공양에 올리고 진심으로 참회의 기도를 함으로써 그 가피를 영가의 왕생극락을 발원하고 가르침을 전하여 미혹에 덮여 있는 영가의 혜안을 열어줌으로써 생전에 지은 악업을 진실로 뉘우치고 청정 무궁한 본심자리를 돌아가게 하는 제사(祭祀)의식이다.

* 천도재의 유래가 되는 재(齋)
원래는 깨끗한 마음으로 부처님께 공양을 올리는 공덕을 닦는 의식이다.

* 천도재의 공덕
7분 공덕이라고 하여 망자(亡子)에게 7분 1재(齋)를 올린 이에게는 7분 6이라고 한다.

* 사십구재(四十九齋)
사람이 죽으면 일곱 분의 대왕님에게 재판을 받는데 7일마다 법식(法食; 불법을 음식으로 삼아 오래도록 지혜와 신명을 기르는 것)을 베풀어 극락왕생하게 대왕님에게 애원을 하고 또는 49일째 대는 날에 베푸는 재회(齋會; 승려들이 모여서 음식을 차려놓고 공양하는 법회)하기도 한다. 법식(法食)의 공덕은 7분 1은 영가에게로 가고 7분 6은 산자에게로 간다. 이것은 좋은 인(因)이 되면 죽은 자나 산자나 법식(法食)을 베풀면 공덕을 받으며 좋은 인연이 된다고 합니다. 돌아가신 시간부터 10대왕님에게 재판을 받는다. 그래서 극락왕생 부탁하는 49재를 지내고 천도재까지 지내는 이유라고 한다.

  1주일 제1 진광대왕(秦廣大王)전에 가서
    안식작용(眼識作用)에 대한 재판을 받는다.
  2주일 제2 초강대왕(初江大王)전에 가서
    이식작용(耳識作用)에 대한 재판을 받는다.
  3주일 제3 송제대왕(宋帝大王)전에 가서
    비식작용(鼻識作用)에 대한 재판을 받는다.
  4주일 제4 오관대왕(五官大王)전에 가서
    설식작용(舌識作用)에 대한 재판을 받는다.
  5주일 제5 염라대왕(閻邏大王)전에 가서
    신식작용(身識作用)에 대한 재판을 받는다.
  6주일 제6 변성대왕(變成大王)전에 가서
   생각을 일으켜 지은 업 의식작용에 대한 재판을 받는다.
  7주일 제7 태산대왕(泰山大王)전에 가서
    제7식작용(7識作用)에 대한 재판을 받는다.

이에 태산대왕의 판결을 내리면 도장 찍는 소리에 깜짝 놀라 눈을 떠보면 죽은 자는 캄캄한 뱃속 암컷의 자궁 속에 들어

가 있다. 내생이 확정되지 않는 이들은 백일까지 가서

 제8 평등대왕(平等大王)전에 가서
 재판을 받고 죽은 지 일 년이 지나게 되면
 제9 도시대왕(都市大王)전에 가서
 제판을 받으며 그래도 남은 이들은 만 이년까지 가서
 제10 오도전륜대왕(吾道轉輪大王)전에 가서
 마지막 재판을 받는다고 합니다.

이렇게 사실을 우리가 눈으로 보지 못하고 본 사람도 없지만 조상님들이 믿고 믿으며 내려온 풍습으로 돌아가신 부모님들이 극락왕생 하는 것을 자식들은 원하는 일이며 극락왕생하게끔 각 대왕님께 기원하고 부탁하는 것입니다. 사실이든 아니든 자식된 도리로 정성을 다하여 사십구재와 천도재를 지내주는 이유가 여기에 있다고 봅니다.

 첫째 : 극락왕생을 지극한 마음으로 기원하고 있으니 가시는 길에 더욱 큰 힘이 될 것입니다.
 둘째 : 깨달은 분의 지혜의 눈으로 볼 때 진리의 가르침이라고 하는 것은 한번 잠깐 왔다가 가버리고 마는 육신의 생명가지보다 높고 소중한 것이라고 가르치신 것.
 셋째 : 저승의 어두운 길을 밝히는 밝고 밝은 등불이 되기 때문이며, 영가가 가는 유명의 길은 아주 밝고 밝은 지혜의 등불로 밝혀 드립니다.

원한을 남기지 말자

　전생에 지은 업(業)의 기(氣)가 우리의 몸 주변에 안개처럼 서려 있는 것을 알아야 합니다.
　진정된 마음으로 업의 기는 걷어내고 싱그러운 기를 맞이하여야 한다고 합니다. 설령 보이지 않은 업이라 할지라도 그 업은 본인이 스스로 열심히 기도 정진하여야 하며 자신의 업을 잠재우지 못하면 알지도 못하는 사람에게 봉변을 준다고 합니다.
　그래서 우리 불가에서는 항상 베풀고 남을 미워하지 말고 산 짐승을 죽이지 말라고 합니다. 업은 유심(有心)으로 지은 업은 유심으로 받고 무심(無心)으로 지은 업은 무심으로 받는 것을 말하는 것입니다. 그리고 죽어가면서 한을 남기는 사람이 죽으면서 누구누구가 불쌍하니 잘해주고 누구누구를 부탁한다.
　내가 이루지 못한 일을 네가 해다오. 그놈이 평상시에 나를 괴롭혔으니 죽어서 그놈 원수를 갚아야 하겠다. 나는 너를 잘해주었는데 너는 나를 괄시하다니, 남을 미워하고 시기하고 질투하고 원망하는 것이 원한(怨恨)이 되고 그 원한이 뭉쳐 염력(念力)이 되어 떠돌아다니게 되는 것입니다.
　이런 안연(晏然)의 고리가 원한이 되어 우리 주변에서 보면 부부간에도 서로 헐뜯고 해치며 심지어 자식이 부모를 죽이는가 하면 부모가 자식을 죽이기도 하며 멀쩡하던 사람이 갑자기

강도로 돌변하여 자기와 이해관계가 없는 이를 죽이기까지 한다. 이러한 일들은 결코 우연이라고 보기는 어려운 사실이다.

여러 생을 살면서 지어온 원결(元結, 原結)의 업이라고 보아야한다고 합니다. 모두 원결로 인하여 염력이 내장되어있다가 나타난 결과로 보는 것이 옳다고 합니다.

이 장문을 보시고 원한을 남기지 말아야 하겠습니다.

먼저 고개 숙이고 하심(下心)하여야 하겠습니다.

* **심중육도**(心中六道)

(1) 지옥도(地獄道)

남에게 못할 짓을 많이 한 악인(惡人)의 마음을 가진 사람.

(2) 아귀도(餓鬼道)

재물에 인색하고 음식 욕심내는 사람이 죽은 자의 영혼을 말하는 것으로 식사할 능력이 없이 늘 굶주려서 배는 산 같고 목구멍은 바늘구멍만 하다고 하며 이러한 사람은 재산이 많아도 많은 줄 모르는 사람.

(3) 축생(畜生)

올바른 판단을 못하는 사람을 말함.

예) 동물, 곤충, 어리석은 사람.

(4) 아수라(餓修羅)

싸움을 좋아하고 성을 잘 내는 사람을 말하며 이러한 사람은 천상에서 쫓겨 내려와 행패가 심하다고 합니다.

(5) 인간(人間)

좋은 마음과 나쁜 마음이 섞여있는 사람을 말합니다.

(6) 천상(天上)

항상 마음을 고요히 갖고 좋은 일만 생각하고 행하는 사람을 말합니다.

천상(天上)

사천왕(四天王) : 수미산 중턱의 사방에 있는 하늘나라로 동방지국천왕, 남방증장천왕, 서방광목천왕, 북방다문천왕의 사왕천과 천인들이 사는 곳.

도리천(忉利天) : 33천 수미산 꼭대기에 제석천(帝釋天)의 궁궐을 중심으로 하여 사방에 여덟 하늘나라가 있고 중앙에 한곳을 합하여 33천이 된다.

야마천(夜摩天) : 선시천(善時天) 시분천(時分天)이라 번역하였으며 때에 따라 쾌락을 받으므로 그렇게 이름 한다(수염마천이라고도 함). 음욕의 경계를 만나면 잠깐 어울리다 떠나면 생각이 없어진 자가 태어난다.

도솔천(兜率天) : 지족(知足)이라 번역하며 자기가 받는 오욕락(五欲樂) 마음을 내는 까닭으로 그렇게 이름 함. 내원궁 미륵보살이 거주하고 삼재의 괴겁이 화재, 수재, 풍재 때에도 내원궁은 파괴되지 않는다.

화락천(化樂天) : 낙변화천(樂變化天)이라고도 하며 오욕(五欲)의 경계를 스스로 변화하여 즐김으로 그렇게 이름함.

타화자재천(他化自在天) : 다른 이로 하여금 자재하게 오욕(五欲)경계를 변하게 하므로 그렇게 이름함.

마왕천(魔王天) : 욕계(欲界)와 색계(色界)사이에 마왕천(魔王天)이 있다.

삼유(三有)인

욕계(欲界) : 음욕, 식욕, 재욕 같은 탐욕이 많아 정신이 흐리고 거칠며 물질에 속박되어 가장 어리석은 중생이 사는 세계.

색계(色界) : 중생들이 살고 있는 세계이며 욕심이 적지만 성내는 버릇이 남아 있어 물질의 지배에서 벗어나지 못한 중생들이 사는 비교적 밝은 세계.

무색계(無色界) : 물질이 육체를 여의고 정신적인 요소만 있는 세계.

삼계(三界) : 삼계 가운데 가장 높은 차원의 하늘이라고 해서 유정천(有頂天)이라고도 한다.

＊ 피안교(彼岸橋)**의 종류**

반야교(般若橋), 해탈교(解脫橋), 연화교(蓮花橋), 칠보교(七寶橋), 열반교(涅槃橋).

피안(彼岸)

생사윤회의 사바세계를 떠나 열반상락(涅槃常樂)의 오성(悟性; 사물을 이해하는 힘) 세계 참선자. 염불, 인연, 업보, 성불, 번뇌, 모든 번뇌에 얽매인 고통의 세계의 생사고해를 건너서 이상의 경지인 열반의 저 언덕(깨달음의 세계)에 도달한다는 뜻을 가지고 있다.

피안교(彼岸橋)

부처님 앞에 나가라는 수행의 상징이며 그 다리를 이 언덕[此岸]에서 저 언덕[彼岸]으로 건너가는 다리며 온갖 번뇌에 휩싸여 생사윤회 하는 곳에서 아무런 고통과 근심 없는 깨달음의 세계로 건너가는 다리를 뜻함.

피안교(彼岸橋)**를 건너면**

  첫째 : 세속에서 찌든 마음을 청정히 하고,
  둘째 : 진리와 지혜의 충만한 불보살들의 세계로 나간다는 것을 의미한다.
  셋째 : 중생들은 속진(俗塵; 일체 세간의 모든 일을 일컫는

말)을 떨치지 못하고 부처님 도량으로 들어선다는 것.

넷째 : 사찰 다리의 개울을 건너면 삼독심을 다 씻어 내리는 물이 흐르고 있다.

다섯째 : 이 개울을 건너야 절에 갈 수 있고, 물든 삼독심의 때를 씻어야 불보살님을 친견할 수 있다고 한다.

* **육바라밀**(六波羅密)

첫째 : 보시

남을 대할 때는 주는 마음을 대하여 보수 없는 일을 하여라.

둘째 : 지계(持戒)

계를 마음속에 잘 지녀서 어기지 않으면 미안에 머물지 말라. 후회하는 일을 적게 하여라. 계행을 잘 지켜라.

셋째 : 인욕(忍辱)

① 모든 사람을 부처님같이 보아라.

② 모욕(侮辱; 깔보아 욕되게 함)을 당해도

③ 고뇌(苦惱; 몸과 마음이 괴로움)를 당하여도

④ 박해(迫害; 핍박하여 해롭게 함)하여도 견디어 참아라.

⑤ 마음을 움직이지 말아야 한다. 이것이 인연에 의해 오는 것이니 지혜로서 대처하여야 한다. 무조건 참으면 화병이 생기고 업을 만드는 것이다.

넷째 : 정진

부지런히 수행하여 번뇌를 여의고 불법을 듣고 꾸준히 계율을 지키며 속된 생각을 버리고 오로지 불도에만 열중하여야 한다.

다섯째 : 선정(禪定)

마음을 한 곳에 정하고 마음이 동요가 없이 진리를 사유하는 것, 참선하여 삼매경에 들음.

여섯째 : 반야 또는 지혜

사물의 실상을 관조하여 의혹을 끊고 정각을 얻는 일.

* **사바라밀**(四波羅密)

방편(方便) 원(願) 력(力) 지(智)

* **육바라밀권장**(六波羅密勸勸獎)

여래는 중생의 성품을 잘 알아 거기에 알맞은 법을 설하셨다.

첫째 : 탐욕이 많은 사람에게는 보시를 권장하고

둘째 : 규칙을 지키지 않는 사람에게는 계율 갖기를 권장하며

셋째 : 화 잘 내는 사람에게 인욕을 권장하고

넷째 : 게으른 사람에게는 정진을 권장하고

다섯째 : 마음이 흩어지기 쉬운 사람에게는 선정을 권장하고

여섯째 : 어리석은 사람에게는 지혜를 권장하고

일곱째 : 인정이 없는 사람에게는 사랑을 권장하고

여덟째 : 남을 해치는 사람에게는 가엾이 여김을 권장하고

아홉째 : 마음에 근심이 있는 사람에게는 기쁨을 권장하고

열번째 : 사랑하고 미워하는 생각이 강한 사람에게는 버림

을 권장하라.

* 인욕(忍辱)의 종류

(1) 복인(伏忍) : 비위에 거슬리는 일이 생기더라도 참는다.
(2) 유순인(柔順忍) : 어떤 경우를 당하더라도 유순함을 잃지 않는 것.
(3) 무생인(無生忍) : 보살의 지위에 오른 사람은 성낼 일도 없게 된다는 것.
(4) 적멸인(寂滅忍) : 생사해를 뛰어 넘는 본래부터 고요한 상태를 말함.
(5) 인욕바라밀(忍辱波羅蜜) : 성을 내지 않는 것.

* 보시공덕(布施功德)

첫째 : 행동은 항상 부드러운 눈으로 남을 대할 것.
둘째 : 항상 미소 띤 얼굴과 좋은 말로서 남을 대할 것.
셋째 : 바른 예의와 착한 마음으로 사람을 대할 것.
넷째 : 사람들을 따스하게 재워주어라.
다섯째 : 노인과 환자에게 자리 양보하여 주는 것이 보살행의 자세인 동시에 보시공덕을 쌓는 길이다.

* 무재칠시(無財七施)

재물이 없어도 남에게 베풀 수 있는 방법.

첫째 : 사신시(捨身施)

　장기이식 안구기증 헌혈 등 몸으로 보시하는 것.

둘째 : 심려시(心慮施)

　남을 걱정해주는 것 어진 마음으로 위로하는 것.

셋째 : 화안시(和顔施)

　밝고 즐거운 얼굴로 남을 대하는 것.

넷째 : 자안시(慈眼施)

　자비로운 눈으로 남을 편안하게 하는 것.

다섯째 : 방사시(房舍施)

　남에게 쉴 수 있는 곳을 제공해주는 것.

여섯째 : 애어시(愛語施)

　부드럽고 고운 말로 남을 위로해주는 것.

일곱째 : 상좌시(床座施)

　남에게 앉을 자리를 마련해주는 것.

* **공양**

존경, 존중, 경의, 숭배, 예배 등의 뜻이다.

(1) 초기불교에서는 의복, 침구, 음식, 탕약 등을 사사공양이라 하여 출가자에게 필요한 최소한 의식주를 부족함이 없이 공양하도록 하였다.

(2) 승려들의 식사를 공양이라고 하는 것은 보시한 은혜를 잊지 않겠다는 뜻이 담겨져 있다.

(3) 수행을 위한 최소한의 몸을 유지할 목적으로 자양(字樣)하는 것을 말함.

(4) 수행의 길에선 절대 긴장의 끈을 놓아서는 아니 된다.

(5) 수행의 길에선 항상 목표를 세우고 그 목표에 흔들림이 없는 의지를 가질 수 있도록 자신을 이끌어 가야한다.

* **사섭**(四攝)

모두가 남을 위한 이타행(利他行; 남에게 공덕과 이익을 베풀어주며 중생을 구제하기 위해 노력하는 것)이 기본이다.

보시(布施) : 남을 위해 이로운 것을 베풂.

애어(愛語) : 남에게 이로운 말과 좋은 말을 하여 주는 것.

이행(利行) : 남을 위해 이로운 행을 하는 것.

동사(同事) : 남과 더불어 같은 마음으로 생활하는 것.

* **사지**(四知)

천지(天知; 하늘이 알고), 지지(地知; 땅이 알고), 방인지(傍人知; 네가 알고), 자지(自知; 내가 알고) 선악을 행할 때 천신(天神), 지신(地神)도 보고 있는 데도 아무도 보지 않는다고 나쁜 행동을 하여서는 아니 되겠습니다.

* 공양의 종류
법공양(法供養)
(1) 부처님 말씀대로 수행하는 공양.
(2) 중생들이 이롭게 하는 공양.
(3) 중생을 섭수(攝受; ① 중생의 사정을 받아들여 진실교에 들어가게 하는 것 ② 자비의 마음으로 일체 중생을 두둔하고 보호하는 공양)
(4) 중생의 고(苦)를 대신 받는 공양.
(5) 선근(善根)을 부지런히 닦는 공양.
(6) 보살 업(業)을 버리지 않는 공양.
(7) 보리심(菩提心)을 여의치 않는 공양.

법공양이 으뜸의 까닭

모든 부처님께서 법을 존중히 하시는 까닭이며, 말씀대로 행하면 많은 부처님이 출생하시는 까닭이며, 또한 보살들이 법공양을 행하면 곧 여래께 공양하기를 성취하나니 이러한 수행이 참선공양이 되는 까닭이다.

사사공양(四事供養)

음식(飮食), 의복(衣服), 탕약(湯藥), 와구(臥具) 대신 방사(房舍)를 넣기도 한다.

재공양(財供養)

재물, 향, 꽃

공경공양

찬탄, 예배, 칭찬, 존경.

육법공양의 유래(六法供養)

불보살님께 올리는 의식대방광불화엄경 국보196호에 의하면 연기조사가 국태민안(國泰民安)과 선망부모의 극락왕생을 발원하는 큰 사경법회를 열었다.

이 법회에서 청의 동자가 꽃을 뿌려 도량을 청정히 하고 대중들이 향, 등, 차, 꽃, 과일, 쌀 여섯 공양물을 부처님 전에 올렸다는 기록을 토대로 육법공양 의식이 재현되어 지금까지 내려오고 있다.

도(道) 닦는 이의 마음가짐

　재물과 여색, 화는 독사보다 무서우니 잘 살펴서 멀리하여야 한다. 일 없이 다른 사람의 방이나 집에 가지 말며, 이유 없이 남의 일을 알려고 하지 말며, 세수할 때 큰소리로 침이나 코를 풀지 말며, 음식을 돌릴 때 차례를 어기지 말며, 밥을 먹을 때는 말을 하지 말며 큰소리로 해서는 안 된다. 중요한 일이 아니면 문밖에 나가지 말며, 시원한 곳을 찾아가서 참선하는 것도 좋다.
　환자를 보면 자비한 마음으로 보호해주고 손님이 오면 반갑게 맞아들이며, 어른을 만났을 때는 예의를 갖추어 인사를 하고 공손하게 모셔야 한다. 적은 것에도 만족할 줄 알아야 하며 헛된 생각을 하지 말며, 모두가 청정한지 살펴보고 도를 닦는 데 어긋남이 없도록 하여야 한다.
　재물을 아끼고 탐을 하면 악마의 권속이 되고, 자비의 마음으로 보시를 하면 진실한 불자가 되며, 높은 산, 좋은 바위는 지혜로운 이가 도를 닦는 곳이며, 푸른 산, 깊은 골짝은 수행자가 사는 곳이요. 주린 배는 나무열매로 달래주고, 목마르면 흐르는 물로 달래주고, 메아리가 울리는 바위동굴에서 염불당을 삼고 슬피우는 기러기소리를 벗을 삼으며, 무릎이 얼음같이 시려와도 불을 생각하지 말며, 주린 창자가 끊어질 듯 배가 고파도 먹을 생각을 하지 말며, 이런 생각할 사이에 도를 닦아도 백년이 잠깐인데 사람들은 주린 창자를 밥으로 달래 줄은 알면서도 불법(佛法)을 배워 어리석은 마음을 고칠 줄 모르고, 어리석어 배우지 못하면 교만만 늘고 더러운 마음 닦지 아니 하면 아상(我相)만 크다.

삿된 말과 나쁜 소리를 잘 들으면서 성현의 가르침은 모른 체 피하니 이일을 어찌할고 탄식만 하지 말고 '이러한 사람들을 부처님 앞에 무릎을 꿇어 앉혀야 되겠다' 하는 마음을 가지는 것이 옳은 일이라고 생각합니다.

* 교단의 계율 제정(戒律制定)

열 가지 계율 최초로 제정

계율 공통적으로 좋은 습관을 몸에 익힌다는 뜻.

첫째 : 교단의 질서를 잡기 위함이요.

둘째 : 대중을 기쁘게 하기 위함이요.

셋째 : 대중을 안락하게 하기 위함이요.

넷째 : 믿음이 없는 이를 믿게 하기 위함이요.

다섯째 : 이미 믿은 이를 더 굳세게 하기 위함이요.

여섯째 : 다루기 어려운 이를 잘 다루기 위함이요.

일곱째 : 부끄러운 줄 알고 뉘우치는 이를 안락하게 하기 위함이요.

여덟째 : 현재의 실수를 막기 위함이요.
아홉째 : 미래의 실수를 막기 위함이요.
열번째 : 바른 법을 오래 가게 하기 위함이요.

비구계(比丘戒) : 250계(戒)를 지켜야 한다.
비구니계(比丘尼戒) : 348계(戒)를 지켜야 한다.
구족계(具足戒) : 비구가 되어서 지켜야하는 계(戒)를 제정하였다.

*수도자의 명칭

수다원(須陀洹) : 성인의 대열에 들어섰다는 뜻으로 도(道)를 즐기는 맛을 시작한 사람.

사다함(斯多含) : 천상에 한번 갔다가 인간세계로 다시오면 두 생만 더 닦으면 도(道)인이 될 사람.

아나함(阿那含) : 사바세계는 더 이상 인연이 없이 죽은 뒤 천상에 태어날 수 있지만 사바세계는 태어날 수 없을 정도로 닦은 도인은 천상에 가서 바로 도인이 된다고 하여 불래(不來; 욕계에 다시나지 않는 계위를 뜻한다)라고 불립니다.

아라한(阿羅漢) : 마음속에 번뇌가 전혀 없는 상태이며 마음이 흔들림이 없으며 고요한 마음을 가지고 있는 큰스님(도사) 금생에 깨달으신 분(다시 태어나지 않음).

바라문(婆羅門) : 인도 4성(四性) 가운데 최고 지위에 있는 계급으로 국왕보다 윗자리이다.
  ① 정행(淨行) : 범행(梵行; 항상 번뇌와 욕망에 물들지 않고 깨끗한 자비심으로 중생을 제도하는 일).
  ② 정지(靜志) : 모든 어지러운 생각을 제거한다는 뜻.
  ③ 정예(淨穢) : 맑은 옷 뒷자락.
  ④ 범지(梵志) : 우주의 최고 이치인 범(梵)에 뜻을 두고 구하는 바라문(婆羅門).

나한상(羅漢像) : 불경에서 소승의 성문사과(聲聞四果; 성문승이 증득한 것에 따른 사과(四果; 수다원, 사다함, 이나함, 아라한을 말함))의 하나로 일체의 번뇌를 끊고 끝없는 지혜를 얻어 세상 사람들의 공양을 받을 만한 성자를 말함.

신심(信心)의 열 가지 공덕(功德)

첫째 : 징(澄) 믿음이 있으면 사람의 마음이 저절로 맑고 밝아 깨끗해진다.
둘째 : 결정(決定) 믿음이 사람의 마음을 순수(純粹; 다른 것이 조금도 섞임이 없음)하면서도 견고하게 만들기 때문에 할까 말까 망설임이 없게 한다.
셋째 : 환희(歡喜) 확고한 마음이 온갖 근심과 빈민을 제거

해주어 기쁘고 즐겁고 편안한 마음으로 살 수 있게끔 해준다.

넷째 : 무염(無厭) 싫증을 불러일으키지 않게 하여준다.

다섯째 : 수희(隨喜) 다른 사람의 훌륭한 행동이나 좋은 일에 함께 기쁘게 하여준다.

여섯째 : 존중(尊重) 믿음이 없는 자는 제 잘난 맛에 살아가지만 믿음이 있는 자는 덕이 있는 사람을 존중하여 그의 덕을 배우고자 한다.

일곱째 : 수순(隨順) (수순; 남의 뜻을 맞춤) 하는 마음을 길러주어 많은 사람들의 뜻을 거스리지 않게 만들고 가르침을 잘 실천할 수 있도록 한다.

여덟째 : 찬탄(讚嘆) 보살의 덕을 자극한 마음으로 찬탄(讚嘆; 부처를 칭송하거나 불법을 설교하는 것) 한다는 것은 쉬운 일이 아니다. 그러나 믿음이 깊어지면 찬탄이 저절로 우러나온다.

아홉째 : 불괴(不壞) 나의 목표에 한마음으로 집중할 수 있게 도와주며 좌절하지 않게 한다.

열번째 : 애락(愛樂) 남을 사랑하고 행복하게 해주고자 하는 자비심을 성취시켜 준다.

중생(衆生)은 첫째가 선행(善行)이다

첫째 : 보살은 자기의 몸이 곧 바른 깨달음의 도(道)를 얻는 그릇임을 생각하여 악마의 마음을 일으키지 말고 좁은 소견도 가져서는 안 된다.
둘째 : 모든 중생은 다복밭임을 생각해야 된다.
셋째 : 해치려는 생각을 버리고 선행으로 중생들이 오래 살기를 원하여라.
넷째 : 훔치려는 생각을 버리고 선행으로 중생들이 구하고자 하는 것을 얻도록 원하여라.
다섯째 : 음란한 생각을 버리고 선행으로 중생들이 탐욕과 성냄과 어리석음과 애정에 목말라 하는 일이 없기를 원하여라.
여섯째 : 거짓말하려는 생각을 버리고 선행으로 중생들이 정토(淨土)를 이루어 꽃이 향기롭고 온갖 소리가 아름다워지기를 원하여라.
일곱째 : 이간질이나 남을 헐뜯는 생각을 버리고 중생들이 화목하여 바른말 하기를 원하여라.
여덟째 : 그릇된 소견을 버리고 선행으로 중생들이 모두 지혜가 충만하기를 원하여라.

초기불교 분류

근본불교(根本佛敎) : 부처님과 직접 제자들에 의해 이루어진 원 초기의 불교를 말함.

원시불교(原始佛敎) : 부처님 제자 이후부터 부파의 분열이 전까지 백여 년 동안 불교를 말함.

부파불교(部派佛敎) : 그 시대의 불교를 부파불교라 한다. 부파불교는 소승불교라고하며 수십개의 부파가 나눠져 서로 이론적 논쟁을 하게 되었다.

대승불교(大乘佛敎) : 아쇼카왕이 인도를 통일하고 나서 불교가 굉장히 전성기를 이루었는데 아쇼카왕이 끝날 때 불교가 쇠퇴하자 토속종교를 브라만교가 흡수하여 힌두교를 만들어 석가모니 부처님을 힌두교 교단의 한 성자로 모시다 보니까 힌두교는 강세를 이루고 불교는 쇠퇴해가자 소승불교의 문제점을 극복하고 근본불교 정신으로 되돌아가려고 용수(龍樹)하는 사람이 대승불교 운동을 체계화시키려고 중관파(中觀派)를 일어난 것이다.

* **범패**(梵唄)

혜소스님(慧昭; 773~850) 전주 최씨 출생 31세 출가. 절에서 재를 올릴 때 쓰는 불교음악을 판소리 곡을 섞어 같이 불렀다. 신라 때 혜소스님이 최초로 도입 선구자가 되어 쌍계사에 선문을 열어 많은 수행자를 배출하였다고 한다.

*여래선(如來禪)

색도 없고 공도 없는 경지의 원점선(原點禪)을 말하며 산과 물도 보이지 않고 높고 낮은 것도 보이지 않는 것을 말한다.

*조사선(祖師禪)

색즉시공 공즉시색의 선과 없는 가운데서 묘하게 나타나는 현상 세계를 있는 그대로 보고 선을 조사선이라고 한다.

산은 높고 물은 낮고 하늘은 푸르고 땅이 누른 것을 있는 그대로 보는 것을 말한다.

* 소욕지족(少欲知足)

(1) 욕심이 적으면 근심도 적다.

(2) 욕심이 많으면 구하는 것이 많으므로 번뇌가 많고 크다.

(3) 만약 고뇌를 벗어나고자 하면 만족할 줄을 알아야 한다.

(4) 만족함을 아는 것은 즐거운 일이다.

(5) 만족할 줄 모르는 사람은 재물을 가지고 있으면서 마음은 가난하다.

(6) 만족할 줄 아는 사람은 가난한 듯하나 마음은 부유하다.

* 무아(無我)란

자기 자신을 없애라는 말이 아니며, 또한 자신이 없다는 것도 아니며, 자신의 마음을 조금씩 조금씩 변하여 본질적인 자신의 마음을 일 깨우치며 마음을 비우라는 말이며, 나를 깨달아야하는 의미이기도 하다.

* 법당에서 세운 부처님 모셔진 곳

불상은 예배의 대상으로서 한 분만 모셔진 곳도 많으나 절에 따라 본존불(本尊佛)의 양쪽에 두 분의 부처님이나 보살님을 모셔서 삼존불(三尊佛)이 되어 있는 곳도 많다.

비로자나불(毗盧遮那佛)

비로자나불 주불로 모신 곳은 석가모니 부처님과 노사나 부처님을 모셔져 있다. 대우주의 진신으로서 법성상주한 청정법신 그 자체가 진리이시다.

노사나불(盧舍那佛)

노사나 부처님은 보신(報身) 또는 법신(法身) 보리심(菩提心) 그 자체로 불보살의 마음이 의지하고 있는 심지(心地; 마음이 만법의 근본이 되어 일체의 제법을 낼 수 있다는 것)를 가리킨다. 지혜와 자비를 두루 갖춘 공덕의 모습을 나타내신 원만보신불이시다.

석가모니불(釋迦牟尼佛)

　천백억 화신불(千百億化身佛) 석가모니부처님을 모신 대웅전은 양쪽에 문수보살(文殊菩薩), 보현보살(普賢菩薩)을 모셨고 석가모니부처님은 그 자체가 본래가 진리이며 중생들의 근성이나 근기에 따라 중생을 제도하기 위해 이 세상에 몸을 나투신 화신불이며 이 셋의 부처님은 이름만 다를 뿐 그 본체는 같고 우주법계(宇宙法界)의 합일(合一)을 나타나기 위한 데에 그 뜻이 있는 것입니다.

삼처전심(三處傳心)

　첫째 : 영산회상거염화(靈山會上擧拈花)에서 설법. 연꽃 영축산에서 연꽃을 들어보이자 가섭존자는 미소를 지었다. 관중은 왜 연꽃을 들었는지 모르고 있다. 이것은 인심전심(人心專心)이라 한다.

　둘째 : 부처님께서 다자탑전분반좌(多子塔前分半座)에서 설법. 부처님자리 앞에서 설법할 때 가섭존자가 남루한 옷차림으로 도착하여보니 사람이 너무 많아 앉을 자리가 없어 서있는 것을 보시고 부처님이 가섭존자를 불러 부처님 자리를 나누어 앉았다. 관중들은 어리둥절하였으나 가섭존자는 이미 알고 빙그레 웃었다. 이것은 부처님과 같다는 표시이다.

셋째 : 부처님께서 사라나무 사라쌍수하곽시쌍부(沙羅雙樹下槨示雙趺)에서 양발로 바깥 아래서 열반에 드시자 관에 모셔 두었다. 뒤늦게 행각 길에서 돌아온 가섭존자가 슬퍼하면서 오른쪽으로 세 바퀴 돌고 눈물을 글썽이며 슬프게 탄식하며 다리를 만지니 두발이 관 밖으로 내보인다. 이것을 선심(禪心)이라 한다.

삼륜청정(三輪淸淨)

보시를 행함에는
주는 사람[施者], 받는 사람[受者], 주는 물건[施物]
세 가지가 모두 깨끗해야만 참다운 보시공덕이 이루어진다고 합니다.

* 대웅전(大雄殿)

석가모니 부처님 모시고 석가모니불의 좌우에 염화시중이 미소를 대변되는 가섭과 타문제일의 아난존자 각각 선법과 교법을 상징하며 봉안된 곳이다.
주불(主佛), 석가모니불(좌), 보처(補處), 문수보살(우), 보현보살이 있다.

* 대웅보전(大雄寶殿)

　석가모니 부처님의 좌우에 조상의 극락왕생과 내생의 행복이 직결되는 아미타불과 고통 받는 병자나 가난한 사람을 구원하는 자비의 약사여래를 모시는 경우가 있는데 문수보살과 보현보살 대신 관세음보살과 지장보살 또는 대세지보살을 협시보살로 봉안하는 경우도 있다.

* 대적광전(大寂光殿)

　더러움에 물들지 않는 연꽃으로 장엄된 세계인 연화장세계(蓮華藏世界)의 교주인 비로자나불(毘盧遮那佛)을 보조불로 모신 건물주로 화엄중, 계통사찰에 있다. 대적광전에는 비로자나불을 중심으로 한 건물이다.

* 극락전(極樂殿)

　무량수전(無量壽殿) 또는 미타전(彌陀殿)이라고도 하고 극락정토의 주제자인 아미타불(阿彌陀佛)을 모신 법당이나 임금님의 직위와 부기를 버리고 출가한 법장비구로서 여래의 덕을 칭송하고 보살이 닦는 온갖 행을 닦아 중생을 제도하려는 원을 세워 아미타불이 되었다. 보처에는 (좌)관세음보살, (우)대세지보살이 보좌하고 계신다.

* **미륵전**(彌勒殿)

　미륵존을 용화전(龍華殿)이라고도 하며, 미래의 부처님인 미륵불을 모시는 법당이다. 미륵불은 현재 오고 계시고 있는 것을 기념하기 위하여 옥외에 모시는 것이 한 예이다.

* **원통전**(圓通殿)

　관세음보살을 본존으로 모신 곳이다. 중생의 고뇌를 소멸해 주시기 때문에 그 권능과 구제의 측면을 강조하여 원통전이라 한 것이다. 관세음보살을 모신 전각이 부불전의 성격을 띨 경우에는 관음전이라 한다.

* **약사전**(藥師殿)

　약사 유리광(藥師琉璃光) 여래를 모신 곳이며 약사여래는 동방유리광 세계의 교주로서 대의왕불 만월보전 유리광전 보광전이라고도 한다. 약사여래 부처님은 현세 중생의 모든 재난이나 질병을 없애고 고통을 구제하는 부처님이며 일광(日光) 월광보살(月光菩薩)은 약사여래 좌우에서 진리광명을 두루 비추어 중생의 모든 고통을 제거한다고 한다.

* **나한전**(羅漢殿)

　석가모니 부처님의 제자로 아라한과(阿羅漢果)를 성취한 성인 나한을 모신 건물이며, 영산전(靈山殿) 및 응진전(應眞殿)

이라고도 하며 석가모니 부처님이 주불로 봉안되어 있으며 좌우에는 가섭과 아난이 봉안되어 있다. 그 좌우에 열여섯 분의 나한이 웃고 졸고 자유자재한 현상으로 배치되어 있는 곳이다.

* **무량수전**(無量壽殿)

극락정토의 주재자인 아미타불 모신 법당으로 수량이 무량함을 뜻한다.

* **명부전**(冥府殿)

지장보살을 봉안하고 있기 때문에 지장전(地藏殿)이라고도 하며 지옥계의 심판관이 시왕을 봉안하기 때문에 시왕전(十王殿)이라고도 한다. 시왕은 지옥에서 죄의 경중을 정하는 10위의 왕으로 진관왕, 초강왕, 송제왕, 오관왕, 염라대왕, 변성왕, 태산왕, 평등왕, 도시왕, 오도전륜왕 등이 있다.

부모님의 사랑 십중대은(父母任愛十重大恩)

회탐수호은(懷耽守護恩)

배속에 품어 보호하는 은혜로서 여러 겁을 맺어 왔던 인연이 중하여서 어머니 태를 빌려 이승에 태어날 때 열 달을 하루같이 공경을 치르지만 모든 것 다 잊고서 아기만 생각하는 은혜(恩惠).

임산수고은(臨産受苦恩)

낳을 때 고통 받은 은혜이며, 달이 차 아이날 때 온몸이 뒤틀리고 무섭고 두려움에 혼미한 자리에서 그래도 기운차려 순산을 다짐하여 새 생명 이루시는 거룩한 모습이 떠오릅니다.

생자망우은(生子忘憂恩)

낳은 다음 모든 근심을 잊는 은혜이며 또렷한 아기울음 세상에 울릴 적에 죽도록 받은 아픔 말끔히 잊혀지고 충실한 아기 모습 반갑기 그지없어 기쁨을 서로 나눠 즐기는 부모 모습입니다.

유포양육은(乳哺養育恩)

젖을 먹여 기르는 은혜이며, 어머니 크신 은혜 땅에다 견주리까 아버지 높은 공덕 하늘에 비하리까. 어머니 젖 주시고 아버지 품어주니 그 하늘 그 땅에서 아들 딸 자라나네.

회건취습은(廻乾就濕恩)

마른자리에 가려 눕히는 은혜이며, 진자리 마른자리 가려서 누이옵고 차가운 바람결을 옷깃으로 막으시네. 부모가 아니라면 어느 누가 그리하랴. 겹겹이 쌓는 은공 자식을 부축하네.

세탁부정은(洗濁不淨恩)

더러움을 씻어주는 은혜이며, 은혜가 깊을수록 부모는 축이 나나 아들 딸 더러운 것 모두다 씻어주며 큰 보물 다루듯이 소중히 가꾸시니 꽃 같은 그 얼굴에 주름만 잡혀가네.

인고토감은(咽苦吐甘恩)

쓴것은 삼키고 단것은 먹이는 은혜이며, 사랑이 깊으시니 단것을 자식 주고, 은공이 높으시니 쓴것은 대신 받네. 어버이 자식생각 무엇에 비할건가. 단 이슬 넘쳐 나는 봄동산같네.

위조악업은(爲造惡業恩)

몹쓸 것 마다하지 않고 가르치니 은혜이며, 아들 딸 깨우치려 몹쓸 업 짐짓(일부러) 짓고 아들 딸 괴로움을 부모가 대신하네. 넓고도 깊은 마음 가득한 축원으로 바르게 자라가기를 주야로 애쓰시네.

원행억념은(遠行憶念恩)

멀리 보내고 걱정하는 은혜이며, 자식이 다 자라서 부모 곁을 떠나가면 마음은 한결같이 자식을 따르면서 밤이면 추울세라 낮이면 주릴세라 지극한 자애로움이 끝 날이 없을세라.

100세 된 어머니가 80먹은 아들을 항상 염려하시는 은혜.

인도 찰제리(刹帝利) 카스트제도

인도의 사회계급 제도를 통틀어 일컫는 사성(四姓) 카스트 제도로 구분하여 정치를 하였다.

제1계급
바라문(婆羅門)이며 인도에서는 최고의 계급으로서 임금님 보다 윗자리에 있으며 그들의 생활에는 범행(梵行; 욕을 끊는 행위) 가주(家主) 임서(林棲; 숲에 들어가 일하는 일) 유행(遊行; 유람하기)이 네 가지의 시기가 있어 어렸을 때는 부모 밑에 서 있다가 7세가 되면 12년간을 집을 떠나 스승을 모시고 베다 (Veda; 바라문교의 경전으로 신에 대한 찬가를 모은 세계에서 가장 오래된 문학작품)를 학습하고 20세 장년이 되면 다시 집으로 돌아와 결혼하여 아이를 낳고 살다가 50세가 되면 집안 산림살이를 아들에게 물려주고 숲속으로 다시 들어가 고행하면서 수도(修道)한 뒤에 세상으로 나와 사방으로 다니면서 세상의 모든 일을 초탈(超脫; 세속을 벗어남)하여 남들이 주는 사물을 가지고 생활하였다고 한다.

제2계급 왕족 또는 사족(士族).

제3계급 바이야(농업, 공업, 상업)에 종사하는 사람.

제4계급 수드라(노예).

* **상가(sangha)란**

인도에서는 불교가 흥하기 이전부터 있었던 상공업자의 조합을 말한 것인데 특정하게 통제된 정치 단체를 나타내는 말을 불교에서는 출가자들의 명칭을 상가라고 사용하였다.

참회로 죄업을 소멸할 수 있다

업보는 허공바다 산속 어디에서도 피할 수 없고 과보(果報; 행업의 결과에 따라 받는 보답)를 피할 곳은 어디에도 없으니 참회하여 그 힘의 죄업을 소멸할 수가 있다. 중생들이 업을 짓는 것은 생사가 있기 때문에 참회할 때는 먼저 열 가지 생사를 따르는 마음 십종순생사심(十種順生死心)을 참회하여야 한다.

(1) 부질 없이 나와 남을 헤아리는 마음.
(2) 번뇌로써 악연을 만나 들뜨는 마음.
(3) 착함이 없어져 남의 좋은 일을 기뻐하지 않는 마음.
(4) 삼업(身, 口, 意)을 함부로 하여 나쁜 짓을 마음대로 하는 마음.
(5) 악한 마음을 두루 펼치는 마음.
(6) 악한 마음이 이어져 주야로 끊어지지 않는 마음.
(7) 허물을 덮고 가려 남이 알지 못하게 하는 마음.
(8) 사납고 저돌적이어서 악도를 두려워하지 않는 마음.
(9) 부끄럼이 없이 범부와 성인을 두려워 않는 마음.
(10) 인과를 믿지 않아 불성이 없는 종자가 되는 것.

* 생사의 고통을 벗어나고 싶다면 열 가지 생사를 거스리는

마음을 내야 한다.

(1) 인과(因果; 원인이 있으면 반드시 그에 따르는 결과가 있다는 뜻)을 분명히 믿을 것.
(2) 스스로 부끄러워하며 꾸짖을 것.
(3) 악도(惡道; 악취악업을 지어서 죽은 뒤에 가는 고통의 세계)를 두려워 할 것.
(4) 자기의 허물을 감추지 말 것
(5) 상속(相續; 인과가 차례로 계속하여 끊어지지 않는 것)하는 마음을 끊을 것.
(6) 보리심(菩提心; 불가에 이르고 깨달음을 얻으며 널리 중생을 교화하려는 마음)을 발할 것.
(7) 공덕을 쌓아 허물을 보상할 것.
(8) 바른 법을 수호(守護; 지키어 보호함)할 것.
(9) 시방세계의 부처님을 생각할 것.
(10) 조의 성품이 공(空)함을 관찰할 것.

* **참회진언**(懺悔眞言)

「옴 살바 못자 모지 사다야 사바하」(3번)

참회기도 발원문(懺悔祈禱發願文)

　이 천지에 두루하사 안 계신 곳 없사오며 어두운 이 세상에 밝은 빛이 되어 주신 거룩하신 부처님께 저희들은 지성으로 발원 참회하나이다.
　부처님은 대자대비(大慈大悲; 불보살의 넓고 큰마음으로 모든 중생을 구제하려는 자비)하시니 우리 중생들을 가상히 여기시고 증명하여 주옵소서.
　오늘 여기 이 도량에 함께 모여 기도하고 신남신녀(信男信女)불자들은 지은 업을 참회하고 어두운 마음 밝게 하여 바른 길을 깨닫고자 지극 정성 다하여 삼보(三寶; 불·법·승)전에 예배하고 부처님의 가르침을 일심으로 배우면서 어떤 일이 있더라도 어기지 않고 지키려고, 가슴 깊이 맹세하니 부처님은 살피시고 저희들의 마음에서 어리석은 생각은 조금이라도 나지 않고 맑고 밝은 정신으로 복을 닦고 덕을 닦아 사람답게 사는 길을 하루속히 깨닫도록 인도하여 주옵소서.
　부처님은 자비(慈悲; 호의)하사 크나크신 서원(誓願)으로 저희들을 위하여 고통에서 건지시고 어려움을 구하시려 백천가지 방법으로 가르침을 주셨건만 저희 마음이 어두워서 크신 은혜 등지오니 이를 어이하오리까. 저희들은 지금까지 부처님을 믿으면서 가르침을 들었어도 바른길을 못 깨달아 생각이 어리석고 행동은 모자라서 생활하는 모든 일에 안되는 것이 더 많은데 다른 것만 탓하며 의심원망 가득차서 태산 같은 걱정 불안 애타는 일하도 많아 몸과 마음을 고통스러워 편할 날이 없나이다.

이것을 없애려고 하는 일이 또 어두워 모르는 새 지은 악업 더욱 깊이 빠져들어 헤어나기 어려워서 온갖 고생 다 겪으니 어찌 아니 슬프리까. 자비 지혜 구족(具足; 무한하다)하여 거룩하신 부처님은 저희들의 이런 사정 소상히 아시리니 가련한 저희들을 다시 한 번 이끄소서.

저희들은 오늘 이제 부처님의 힘을 입어 정신을 가다듬고 시방세계 불보살님 지켜보신 이 앞에서 뜨거운 눈물 쏟으면서 일심참회하옵나니 대자대비하신 부처님은 굽어 살펴 주옵소서.

저희들은 이제부터 어떤 고난을 겪더라도 부처님의 가르침을 지성으로 받들면서 부처님의 인도하심을 이 몸 바쳐 따르리다. 저의 마음 어리석어 세상일을 잘못 알고, 저희 행동 모자라서 하는 일이 안되오니, 인과응보(因果應報; 원인이 있으면 반드시 결과가 있으며 선과 악의 행위에 따라 받게 된다)를 깊이 믿어 바른 길을 깨닫도록 부처님의 대자대비로 깨우쳐 주시옵고, 부처님의 원력으로 이끌어 주옵소서.

불보살님의 대자대비로 저희 마음 근본이며 불보살님의 대원력이 저희 행동 바탕인 줄 잠시라도 잊지 않고 부처님의 가르치신 바른 법을 갈고 닦다 복이 되고 덕이 되어 이 세상에 빛이 되는 지혜로운 수행으로 부처님 뜻 성취토록 용맹 정진 하오리다.

　이 세상 중생들의 모든 일은 관찰하여 고난에서 벗어나고 밝은 지혜 성취하여 평안과 즐거움을 마음껏 누리도록 바른 길로 이끄시는 거룩하신 부처님께 이와 같이 발원하여 자그마한 정성으로 삼보(三寶) 전에 공양하고 지성 예배하옵나니 자비하신 부처님은 가련히 여기시고 저희들이 모두 다 같이 밝은 삶에 눈뜨도록 일깨워 주옵소서.

　저희들은 언제든지 부처님을 받들면서 가르침을 지키기에 모든 것을 바치리라.

　허공이 끝이 나고 온천지가 변하여도 저희들의 발원은 변하지 아니하고 이 세상을 밝혀주는 큰 광명이 되오리다. 약속하겠습니다.

　나무 석가모니불 나무 석가모니불 나무시아본 석가모니불

*** 참회**(懺悔)

　참(懺) : 지나간 허물을 뉘우침이다.

　회(悔) : 다음 지을 죄를 미리 깨닫고 아주 끊어 다시는 죄를 짓지 않겠다는 결심.

* **참회종류**

첫째 : 이참(理懺)

참회를 하고자 하는 사람은 단정히 앉아서 실상을 염하면 아무리 무거운 죄라도 이슬같이 지혜의 햇빛에 녹아 없어지는 것을 말한다. 마음으로 잘못을 수긍하고 반성하는 것.

둘째 : 사참(事懺)

자기 몸이나 입이나 뜻으로 행한 일 중에서 잘못이라는 것을 알고 부처님과 보살님 앞에서 예배하거나 공양을 올리거나 경전을 외우거나 주문을 외우거나 불보살의 명호를 부르면서 지성껏 자기 잘못을 참회하면 지은 업(業)이 소멸됨을 말한다.

* **참회법**(懺悔法)

이성의 자각에서 지난날의 감성과 본용에 지배되어 온갖 죄악을 범한 것을 뉘우치고 깨끗이 씻고 나서 새로운 사람이 되겠다고 하는 정신적 혁명과 인격 개조를 뜻한다.

참회할 때에는 죄와 죄를 느끼는 마음과 참회한다는 생각까지 모두 없는 무념(無念; 집착을 버리고, 사리분별을 여의고)이 되어야 진정한 참회라고 할 수 있다.

* **오불**(五佛)

① 비로자나불 : 법신(法身)

② 노사나불 : 보신(報身)

③ 석가모니불 : 화신(化身)
④ 아미타불 : 서방교주
⑤ 약사불

* **오복**(五福)

수(壽; 목숨), 부(富; 재물), 강녕(康寧; 건강), 유호덕(攸好德; 즐거움), 고종명(考終命; 마지막까지 건강하게 살다가 깨끗한 정신으로 죽는 것을 말함).

* **육방예경**(六方禮經)

동(東; 부모), 남(南; 스승), 서(西; 아내이면서 극락세계), 북(北; 친족), 중앙(中央; 상(上) 사문이나 바라문, 하(下) 노비).

* **천왕문**(天王門)

천왕문은 신라에서 처음으로 건립하였으며 불법을 수호하며 외호신(外護神)은 사천왕(四天王)을 모시는 건물이다.

동쪽을 수호하는 왕은 지국천왕(持國天王)이며, 오행색인 청색이다.

남쪽을 수호하는 왕은 증장천왕(增長天王)이며, 붉은 기운이 도는 적색이다.

서쪽을 수호하는 왕은 광목천왕(廣目天王)이며, 백색 웅변을 통하여 온갖 나쁜 이야기를 물리친다.

북쪽을 수호하는 왕은 다문천왕(多聞天王)이며, 몸은 흑색이며 비파(琵琶)를 잡고 비파줄을 튕기는 모습을 하고 있다.

* 사상(四相)
아상(我相) : '나' 라는 생각(내 자랑, 잘난 척하는 마음).
인상(人相) : '너' 라는 생각(남을 무시하고 흉보는 마음).
중생상(衆生相) : 중생이라는 생각, 남의 탓으로 돌리는 마음과 괴로운 것을 싫어하고 즐거운 것을 즐기는 생각과 마음.
수자상(壽者相) : 경험이 많다는 생각, 영원히 거기에 안주하려는 생각, 오래 산다는 생각, 자신이 깨달았다는 생각, 나는 큰 스님이다 하는 마음.

* 해탈의 소승적 견해(解脫小乘的見解)
해탈을 개인적 차원의 문제로 인식하려는 경향으로 번뇌와 욕망의 속박을 어디까지나 개인의 문제이며 벗어나는 것도 개인의 의지와 노력에 의한다고 보고 있다.

* 해탈의 대승적 견해(解脫大乘的見解)
개인의 해탈을 성취했다고 하더라도 그것만으로는 완전할 수 없다고 판단하고 인간은 구체적 현실 속에서만 존재할 수 있기 때문에 전쟁이나 질병과 같은 외적 현실로부터 자유로울 수 없다고 보는 것.

* 원왕(寃枉)

사람이 임종할 찰나에 육근(六根)은 모두 흩어지나 원왕만은 떠나지 아니하고 어느 때나 항상 앞길을 인도하여 일찰나에 극락왕생한다.

* 원왕이란

원굴(寃屈 : 원통하게 누명을 씀)이라 한다.

마군(魔群 : 마(魔)자는 장애하는 자, 죽이는 자, 약한 자라는 뜻). 사람의 생명을 빼앗고 좋은 일을 방해하며 사람의 몸과 마음을 어지럽게 한다.

야차(夜叉) : 큰 위세와 힘이 있으며 나찰과 함께 북방을 수호한다.

나찰(羅刹) : 악귀를 말한다.

구반다(鳩槃茶) : 말머리에 사람 몸을 하고 사람의 정기를 빨아먹는 귀신이다.

비사사(毘舍闍) : 사천왕이 거느리는 8부족의 하나로 지국천왕의 부하라고 하면서 사람의 피와 살, 정기를 먹고 산다.

부다(部多) : 아귀 중에서 뛰어난 자로 몸에서 더러운 냄새가 나며 사람과 짐승을 해친다고 한다.

육체(肉體) : 부모로부터 빌려서 가져온 것이고 본래 내가 가져온 것은 마음, 영혼, 혼백, 혼령이다. 살아서는 마음이라고 하고 죽어서는 영혼, 혼백, 혼령이라 한다.

해탈(解脫) : 완전히 벗어난다는 뜻. 해탈을 산스크리트어로는 비모크샤(vimoksa)라 하는데 욕망과 번뇌의 속박을 벗어난 자유로운 상태를 의미하는 말.

단, 계(戒)・정(定)・혜(慧)를 잘 지켜야 한다.

* **무상참회**(無相懺悔)

삼세의 죄과를 없애고 몸과 말과 생각의 세 가지 업을 청정하게 할 것이다.

첫째 : 제가 순간순간마다 미현(迷眩; 정신이 헷갈려 어지럽고 어수선함)하고 어리석음에 빠지지 않게 하소서. 이전부터 지어온 나쁜 짓과 미련한 죄를 모두 참회하오니 단번에 소멸하여 다시는 일어나지 않게 하소서.

둘째 : 제가 순간순간마다 교만하고 진실치 못한데에 물들지 않게 하소서. 이전부터 지어온 나쁜 짓과 교만하고 진실치 못한 죄를 참회하오니 단번에 소멸하여 다시는 일어나지 않게 하소서.

셋째 : 제가 순간순간마다 질투심과 시기심에 물들지 않게 하소서. 이전부터 지어온 나쁜 짓과 질투와 시기한 죄를 모두 참회하오니 단번에 소멸하여 다시는 일어나지 않게 하소서.

* 자각의 종교인 불교의 실천구조

큰 나(大我)가 되는 길이 바로 수행이다. 믿고 이해하고 실천하고 증득(證得)하는 신(信) 해(解) 행(行) 증(證)을 수행과정을 통해 깨달음을 얻는다.

신(信) : 믿음은 도(道)의 근원이며 일체의 공덕을 낳는 어머니이시다. 전불교의 가르침과 실천 방법을 철저히 믿는 것이다.

해(解) : 이해하며 불법의 정신과 사상 실천 방법 등의 올바른 이해이다.

행(行) : 실천이 확실한 신심과 실천방법을 토대로한 올바른 행은 불교에 사설하고 있는 진리의 세계이다.

증(證) : 깨달음의 경지를 각자가 체득하기 위한 직접적인 수행을 말함.

마음을 올바르게 쓰자

 옛날 어떤 도인 앞에 젊은 사람이 지나가는데 뒤에 악심을 내는 귀신들이 우르르 몰려 따라간다. 한참 후 그 뒤에는 싱글벙글 웃는 귀신들도 우르르 몰려 따라온다.
 도인이 젊은이를 보고 "갈 때는 무슨 마음으로 갔으며 올 때는 무슨 마음으로 오느냐"고 물었더니 젊은이의 대답이 "갈 때는 돈을 하도 안주기에 악심을 품고 행패라도 부리겠다는 마음으로 갔다"가 "끼니를 굶고 있는 것을 보니 딱한 마음이 들어 나의 주머니에 있는 돈을 전부 꺼내어 쌀 두되를 사주고 오니 이렇듯 마음이 기쁘다"고 한다.
 짜증을 내면 그 파장으로 비슷한 기운들이 주위에 에워싸고, 명랑한 마음을 내면 명랑한 기운이 그 주위에 가득히 일어난다는 것을 알았으며, 데모를 하는 사람과 데모를 저지시키는 사람과의 주위에는 살벌한 기운이 가득하여 살기가 등등한 마음을 가진 영가들이 모여드니 그 영향으로 이성은 마비되고 영가들의 무리들과 휩쓸림에 돌진하고, 악을 쓰며, 서로가 상처가 나고 죽음까지 오고 가고 한다.
 우리 불자들은 악을 쓰거나 화를 내서는 아니 될 것이며, 항상 웃는 얼굴과 기쁜 마음을 간직하고 즐거운 마음, 편안한 마음을 가지면 하고자 하는 일이 무사히 잘될 뿐 아니라 이웃과 친구사이도 더 가까워질 것입니다. 다 같이 좋은 마음 항상 웃는 얼굴을 가져봅시다.

* **보리심**(菩提心)**을 내는 일**
(1) 몸과 말과 생각, 이 세 가지 업(業)을 악(惡)에 물들지 않게 한다.
(2) 몸과 재산을 아끼지 말며,
(3) 남에게 은혜를 입었으면 조그마한 것일지라도 크게 생각하고 갚아야 한다.
(4) 말을 항상 부드럽게 하며 나쁜 말을 하지 않는다.
(5) 마음이 거친 사람에게는 항상 부드러운 말을 하여라.
(6) 근심이 있는 사람에게 근심을 덜어 주어라.
(7) 굶주린 사람에게 음식을 넉넉히 대접하여라.
(8) 병든 사람에게는 약을 사다주고 마음을 위로하여 주어라.
(9) 전쟁이 일어나거든 중재 역할을 잘하여 화평하게 하라.
(10) 부모와 스승에게는 공경하는 마음을 가져야 한다.
(11) 원한이 있는 사람에게는 자비를 베풀고 먼저 다가서라.
(12) 남을 위해서라면 몸을 아끼지 말고 무량겁에 지옥의 고통을 대신 받더라도 억울하다 생각말고
(13) 남이 이익을 얻는 것을 보면 칭찬을 아끼지 말고 시기하지 말아야 한다.

(14) 자기 이익을 얻기 위해 남을 손해 보는 일을 하지 말며 과보의 인연을 모으지 말고,

(15) 현재의 쾌락에 탐착하지 마시오.

　이와 같은 선행에 의해 보리심을 물리치지 않으면 부처님을 보고 불성을 환히 깨질 수 있을 것이다.

* 팔상도에 의한 설화

부처님이 태어나셨을 때 하늘에서 제석천이 내려와 싯다르타를 받았으며 모든 천신들이 보석을 공양했으며 아홉 마리의 용이 내려와 입에서 맑은 물을 뿜어 부처님을 목욕시켰다고 합니다.

* 팔상도(八相圖)

석가모니 부처님의 일생을 여덟 가지로 나누어 그린 그림을 대웅전 외벽에 있다.

첫째 : 도솔래의상(兜率來儀相)

　마야부인 오른쪽 옆구리로 흰 코끼리를 탄 호명보살이 들어가는 장면.

둘째 : 비람강생상(毘藍降生相)

　아기 부처님이 태어나는 장면.

셋째 : 사문유관상(四門遊觀相)

　석가모니 부처님의 출가한 동기 동서남북 현장 실상보고.

넷째 : 유성출가상(踰城出家相)

29세 태자가 왕궁을 빠져나오는 장면.

다섯째 : 설산수도상(雪山修道相)

설산에서 6년 동안 고행한 장면.

여섯째 : 수하항마상(樹下降魔相)

성도를 방해한 마왕을 물리치고 대오각성 경지에 드는 모습.

일곱째 : 녹원전법상(鹿野轉法相)

깨달음을 이루고 녹야원에서 다섯 비구에게 법문을 설하는 모습.

여덟째 : 쌍림열반상(雙林涅槃相)

사라쌍수 아래에서 열반에 든 모습.

부처님의 두발이 관 밖으로 나오는 장면.

* 싯다르타 부처님 탄생한 곳 발견

기원전 250년경 인도 아쇼카왕이 이곳에 석가모니 부처님을 찬미하는 기념돌 기둥(석주)을 세웠다.

1896년에 이곳을 발견하여 돌기둥에 이곳에서 사카족의 성자 불타가 탄생한 것에 연유해 룸비니 마을은 세금을 면하고 생산량 1/8만을 납입하게 하였다는 내용의 글이 새겨져 있다. 1997년에 이 석주를 유네스코에 세계문화유산으로 지정하였으며 지금은 박물관에 보관하고 있다.

* **부처님의 좌상모양**

오른손을 무릎위에 놓은 것은 마구니를 눌러 꼼짝도 하지 못하도록 하는 현상이요,

왼손가락을 붙인 것은 설법한다는 모양이다.

* **불교사대성지**(佛敎四大聖地)

첫째 탄생지(誕生地) : 서력기원전 566년 룸비니아 동산.
둘째 성도지(成道地) : 기원전 531년 12월 8일 35세 불타가야.
셋째 초전법륜지(初轉法輪地) : 기원전 532년 녹야원(사르나트).
넷째 열반지(涅槃地) : 서력 544년 2월 15일 구시나가라.

* **마하살**(摩訶薩)**이란**

보살은 지옥 아귀의 괴로움에 허덕이는 중생을 가엾이 여겨 그 괴로움을 대신 받는 큰 마음을 일으키며 더러운 마음, 화내는 마음, 어리석은 마음, 자기 이익에만 만족하는 마음을 일으키지 않는 마음이다. 흔들리지 않는 마음을 일으켜 법을 믿고 법을 참고 법을 받고 법을 수행하여 공(空)에 머물러 열반에 드는 사람 중에 으뜸이 된 보살을 지칭하는 말이다.

* **티벳왕사**(王師) **링린포체**

티베트 불교에서 링린포체 스님은 환생한 스님으로 티베트

승왕(僧王) 달라이라마가 어렸을 때 링린포체 스님은 불교 철학을 지도한 스승이었다.

1959년에는 링린포체와 달라이라마는 눈 덮인 설산을 넘어 인도로 망명해 티벳 사람들의 정신적 지주가 되었던 전대(前代) 링린포체는 1983년 열반하여 현재 인도북부 달람살라승 왕청에 등신불(等身佛; 몸 키의 크기만 한 불상)로 있다고 합니다.

1985년 달라이라마는 자신의 스승이 환생한 것을 알고 링린포체 스님이 쓰시던 물건을 찾으라고 지시하여 달람살라의 티베트마을에서 찾아낸 텐진초광이라는 어린이는 1987년 전생에서 쓰시던 물건을 골라내어 선문답을 108가지 물건을 시험을 거쳐 확인한 후 승왕(僧王)인 달라이라마와 고승들로 구성된 추대위원회에서 왕사(王師)로 추대되었다고 합니다.

링린포체 스님은 우리나라를 방문하여 통도사 서울 포교당 구룡사에 24~26일까지 머물었고, 일산 통도사 포교당 여래사(如來使)에서 3월 1일~3월 3일까지 머물고 있는 사이 친구로부터 연락이 와서 우리 두 부부는 여래사에서 링린포체 스님을 참배하고 스님이 머리를 만져 주셨다.

3월 3일에는 법회가 있었고, 3월 4일에는 신도들과 링린포체 스님은 통도사를 순례하시고, 3월 6일에는 한국을 떠났습니다.

티베트의 장수마을

　홍콩 로이터 통신이 1992년 1월 25일 신문에 올린 티베트의 신비스러운 장수마을을 소개한 곳은 티베트의 깊은 산골에 자리한 둥지라는 마을에서는 45년간 한사람도 사망하지 않았다고 하면서 여기서 최고 고령자는 140살이고, 130살이 넘는 사람이 188명이나 된다고 합니다.
　장수 비결은 무공해였고 주식은 쌀, 콩, 생선 등을 즐겨 먹으며 이웃간에는 화목하게 지내는 모습이라고 합니다. 그리고 화를 낼 줄도 모른다고 합니다. 조선일보 1992년 7월 31일자 이규태 코너에서 언급함.
　또한 신기한 것은 1988년에 일본 쯔꾸바 만국 박람회에 출품된 토마토는 한 그루(한나무)에 열린 토마토가 10,000개나 달렸다고 하며, 정말 성장을 초월한 현실인데 한 그루의 식물이라기보다는 커다란 고목나무로 성장되었다고 합니다.

　* **만해**(卍海) **한용운**(韓龍雲)
　충남 홍성에서 1905년에 출생하여 27세 때 설악산 백담사에서 스님이 되어 삶의 현장은 서울 성북동 심우장에 거주하며, 1914년 불교 대전을 저술하였으며, 민족 대표 33인으로 3·1

운동을 주도하였고, 조선총독부를 마주보기 싫어 북향으로 지은 심우장에서 해방 1년 전 1944년 6월 29일 영양 실조로 생을 마감하였다.

1962년 대한민국 건국훈장인이 추서되었으며, 성북동 심우장에서 1981년 남한산성으로 기념관을 이전하였다.

* 활산 성수(活山 性壽) 스님

1923년에 울주 출생이며 본명 홍진호이다.

1967년에 대한불교 조계종 교무부장 및 조계사 주지로 계실 때 박정희 대통령에게 사월 초파일을 부처님오신날로 건의하여 이때부터 부처님오신날로 정하였다.

불기 2556년 4월 15일 (음) 3월 25일 오전 11시 54분에 원적하였다.

* 선(禪)이란

(1) 숨김없이 그대로 드러나 있는 것.
(2) 역력하게 드러나 있는 그대로 가감없이 보고 행동하는 것.
(3) 보태고 뺄 것도 없다. 본래 갖추어져 있는 모습이 온통 다 드러날 뿐이다.
(4) 자신 속에 그 순수하고 밝은, 깨끗하고 영롱한 생명이 간직되어 있다.

(5) 누구에게는 있고 누구에게는 없는 것이 아니다.
(6) 어떤 때는 있고 어떤 때는 없는 그런 것이 아니다.
(7) 언제나 누구에게나 있는 그것이 바로 그것을 보는 것이 선이다.
(8) 인도의 선이 시발하고 중국에서 발전된 선 사상이다.

* **삼매(三昧)란**

첫째 : 모든 번뇌 망상 구속에서 벗어나는 방법으로 쓰여지는 정신적 작용을 통틀어서 삼매라 한다.
둘째 : 마음을 한 경지에 집중시키는 것.
셋째 : 심일경성(心一境性)이라고도 한다.
넷째 : 기도중이나 선 수행중에 나타나는 무아의 세계를 알기 쉽게 말한다.
다섯째 : 참선에 들어가 고요한 선정의 세계에 빠져든 상태를 말함. 곧, 정신 통일된 상태를 말함.
여섯째 : 마음을 한 자리에 집중시키는 노력으로 정신이 완전히 통일된 상태를 말함.
일곱째 : 인도에서는 삼매를 소리번역(음역)으로 삼마지(三摩地), 삼마야(三摩耶), 삼마발저(三摩鉢底)라고도 한다.

* 참선(參禪)에 들어가기 전에 주의사항

- 수식관(數息觀)

(1) 제일 먼저 수식관부터 시작하는데 코로 숨을 마실 때에는 바람을 다 마신다는 마음으로 크게 들어 마시면서 숨을 자세히 살핀다.
(2) 입으로 숨을 내쉴 때는 온몸에 있는 바람을 다 뱉어낸다는 마음으로 다 뱉어내면서 숨을 자세히 살피는 것이 수행법이며 이러한 방법으로 3번을 하고 화두 들고 참선에 들어갔다고 한다.
(3) 참선을 할 때는 음식을 적게 먹고 참선을 한다.
(4) 간절한 마음으로 참선을 하여야 한다.
(5) 참선을 할 때는 문자나 말에 팔리지 말아야 한다.
(6) 참선할 때는 졸지 말아야 한다.
(7) 참선할 때는 다른 생각이 떠오르면 빨리 지워버리고 화두에 들어가야 한다.
(8) 참선할 때는 무엇보다 고요한 환경에 탐착(貪著; 탐내고 집착하는 것)하지 말아야 하며 고요한 환경에 빠지게 되면 사람이 생기가 없고 고요한데 주저앉아 깨치지 못하게 된다. 대개 사람들은 시끄러운 환경은 싫어하고 조용한 환경을 좋아한다. 수행하는 사람은 항상 시끄럽고 번거로운 곳에서 지내다 조용한 환경을 만나면 정신없이

좋아하고 탐착하게 되니 이것이 오래 지속되면 스스로 피곤하고 졸음에 취해 잠자기만 좋아하니 어찌 깨치기를 바라겠느냐. 공부하는 사람은 머리를 들어도 하늘을 보지 못하고 머리를 숙여도 땅을 보지 못하며 산을 보아도 산이 아니요, 물을 보아도 물이 아니다. 가도 가는 줄 모르고, 앉아도 앉은 줄 모르며, 사람이 많이 모여 있는 곳에 가 있어도 한 사람도 보지 못한다. 몸과 마음이 하나가 될 때까지 의단(疑團; 수행 중에 일어나는 의문)을 부서질 때까지 쉬지 않고 정진하여야 한다. 그러면 모든 것이 있는 그대로 보일 것이며 깨달음도 얻을 것이라고 합니다.

* 부처님의 열 가지 힘

첫째 : 도리에 맞는 것과 맞지 않는 것을 변별하는 힘이 있다. 업인과 업과를 변별하는 힘이 있다. 인과응보를 다 아신다.

둘째 : 사선(四禪)과 팔해탈(八解脫)과 삼삼매(三三昧)와 팔등지(八等至)와 선정(禪定)을 아는 힘이 있다.

셋째 : 중생 근기의 높고 낮음을 아는 힘이 있다.

넷째 : 중생들이 좋아하는 것을 다 알고 계시며 소원성취 시켜주는 힘이 있다.

다섯째 : 중생계나 모든 법의 본성을 아는 힘이 있다.

여섯째 : 중생이 죽어 있다가 이 세상에 태어났는가를 아는 힘이 있다.

일곱째 : 전생에 어디에 있다 이 세상에 태어났는가를 아는 힘이 있다.

여덟째 : 중생이 여기서 죽어 어느 곳에 태어나는가를 아는 힘이 있다.

아홉째 : 번뇌를 다 끊는 것을 아는 힘이 있다.

열번째 : 청정한 경계를 도달하는 길을 아는 힘이 있다.

* **사리**(舍利)**란**

범어로 (sarira : 설리라 또는 실리라)한다.

(가) 전신사리(全身舍利) : 다보여래와 같이 전신이 사리라는 뜻.

(나) 쇄신사리(碎身舍利) : 부처님이 열반하신 뒤 부처님 몸에서 나온 낱알로 나온 것.

(다) 생신사리(生身舍利) : 부처의 유골에서 나온 것.

(라) 법신사리(法身舍利) : 부처가 설교한 묘법(妙法 ; 부처님의 일대의 설교한 전체를 말함) 경전.

* **불자**(佛子)**란**

부처님의 자식이며 제자라는 뜻.

* **참선(參禪)이란**

선을 참구(參究; 선에 참예하며 진리를 연구함)한다는 뜻으로 묵묵히 공안(公案)을 참구하여 참된 이치를 깨닫는 것을 말함.

선은 인도에서 시발하여 전국적으로 하고 있으며 본래의 말은 인도의 드야나 dhyana : 사유수(思惟修; 생각하고 또 생각해가면서 닦는다는 뜻) 중국에서 번역할 때 선이라고 번역하였다.

* **참선의 종류(參禪種類)**

(1) 행선(行禪 : 다니며 하는 법)

(2) 주선(住禪 : 머물러 서 있는 행)

(3) 좌선(坐禪 : 앉아 있는 행)

(4) 와선(臥禪 : 누워 있는 행)

등이 구애 없이 하며 몸과 마음은 정신적 자세와 육체적은 알맞게 한다.

* **참선(參禪)도달점**

적적성성(寂寂惺惺; 깨달으면 이상야릇하다)인데 마치 그것은 고요하게 가라앉은 맑은 물에 빛이 어리는 것과 죽은 뜻 정적(靜寂; 고요하여 이상 야릇함, 정적을 깨드리다)한 밤 하늘에 초롱초롱 빛나는 샛별과 같은 상태로 의식이 순수해지고 또렷또렷 해지는 것이며 이러한 경지(敬止; 삼가서 멈추어야 할 곳에서 멈춤)를 선정(禪定)이라고 한다.

참(參) : 내 마음을 본래의 마음에 참예(參預; 참가하여 관계함)시키는 것.

선(禪) : 고요히 생각을 가라앉히고 생각으로써 수행하여 밝혀내는 것.

* 참선(參禪)은 큰 세 가지

첫째 : 큰신심(大信心) : 크게 옳다고 믿는 마음 가져야 한다.
둘째 : 큰분심(大忿心) : 크게 분한 마음을 가져야 한다.
셋째 : 큰의심(大疑心) : 크게 믿지 못하는 마음을 가지면 안 된다.

* 참선화두(參禪話頭)

(1) 어두운 마음을 맑은 마음으로 바꾸고자 하는 것.
(2) 육체를 찾지 말고 영혼을 찾아라.
(3) 본인의 마음자리를 찾아라.
(4) 서로 마음을 찾아가는 것.
(5) 마음의 빛을 찾는다.
(6) 광명을 찾는 것.
(7) 우리 마음에는 무궁무진한 빛이 있다.
(8) 우리의 빛을 업장이 덮여 있다.

(9) 지식을 지혜로 터득하기 위한 것.

(10) 법성의 광명, 불성의 광명은 우리의 마음에 있다.

* **화두**(話頭)

화두의 종류는 1,700공안(公案)이 있으며, 참선의 의정을 담고 있는 말이며, 지혜를 다스리게 하는 말로 보는 것이 좋다. 지혜는 때 묻지 아니한 청정한 본연의 자성 지혜를 향한 것이고, 다스린다는 것은 지혜를 밑바닥에서부터 조금도 누락 없이 끌어내는 조심하고 조심하면서 빈틈없이 다스려야 한다는 뜻.

* **공안**(公案)**이란**

선종(禪宗)에서 도(道)를 터득하게 하기 위해 생각하게 하는 문제이다. 처음 등장은 황벽선사의 어록에 담긴 오가 정종찬 황벽선사 장에 작일공안(昨日公案)이란 말이다.

* **화두**(話頭)**란**

(1) 부처님의 심인법(心印法)을 터득하는 방법이어서 바른 선지식을 만나 바로 지도를 받으면 바른 길을 찾아 대도(大道)에 이른다. 이처럼 부처님의 경지에 이르는 바른 길을 제시해놓은 것이 화두이다.

(2) 화두는 말길[言路]과 생각의 길[思路]이 끊어진 부처님과 조사 스님의 말이다.

(3) 화두는 우리를 바로 그러한 자리로 인도한다.

(4) 화두는 우리를 본래 자리로 되돌려 놓는 역할을 한다.

(5) 수행법은 온 몸과 마음 가슴으로 깨닫는 것이다.

(6) 화두는 번뇌 망상을 끊어 내는 칼이다.

(7) 화두는 번뇌 망상을 녹이는 용광로다.

(8) 중생과 범부를 구별할 수 있는 거울이다.

(9) 관세음보살도 일념으로 부른다면 화두 참선과 전혀 다를 바가 없다.

(10) 화두가 머리와 가슴에 딱 붙어 밤낮없이 붙어 있어야 하며 잡념이 붙어 있을 장소를 주지 말아야 견성 할 수 있다.

* **화두삼요소심**(話頭三要素心)

(1) 대신심(大信心) : 내 자신이 본래 성불해 있다는 확고한 마음.

(2) 대분심(大憤心) : ① 선지식께서 자상하게 보여주어도 보지 못하는 마음. ② 본래 부처이면서도 알지 못하고 있는 마음. ③ 중생 놀음에 끝이 없는 나 자신에 대한 억울한 마음.

(3) 대의심(大疑心) : 화두에 조그마한 빈틈도 허용하지 않는 철두철미한 의심을 말함.

* 화두는 누구로부터 받아야 하며 받을 자격은

(1) 화두는 발심이 되었을 때 받아야 한다.
(2) 화두를 받고자 하는 사람은 화두로 통하여 생사의 괴로움을 영원히 해결하겠다는 발심을 해야 한다.
(3) 이러한 발심이 서지 않으면 화두를 받은들 아무런 의미가 없다.
(4) 화두는 물건 받듯이 아무렇게나 받는 것이 아니다.
(5) 자신을 찾고자 하는 간절한 마음으로 온 신심이 달구어지지 않으면 화두는 결코 마음속으로 들어가지 않는다.
(6) 발심 없는 화두는 죽은 화두이다.
(7) 화두는 반드시 선지식인에게 받아야 한다.

* 화두(話頭)할 때 주의사항

(1) 음식을 적게 먹는다.
(2) 앉아서 졸지 말 것.
(3) 눈은 반만 뜬다.
(4) 눈은 코끝을 본다.
(5) 허리는 90° 가깝게 편다.
(6) 참선할 때는 긴장을 푼다.
(7) 허리끈을 느슨하게 한다.
(8) 성불한다는 마음을 갖지 말자.
(9) 지식을 무시한다.

(10) 묵언

(11) 화두는 정답이 없다.

(12) 화두를 해설 및 설명을 이해하고 답을 찾으려고 하지 말라.

(13) 무엇일까 하는 데까지만 생각하여라.

(14) 화두를 억지로 알라고 하면 삼귀(三歸; 불, 법, 승에 귀의하여 공경함)가 올 수 있다.

(15) 화두를 할 때 집념이 오래 가면 망념삼매에 빠지게 된다. 빨리 화두로 돌아가야 한다.

(16) 어째서, 왜, 아주 간절하게 생각하여야 한다.

(17) 깨달음을 얻기 위해서 마음속에 가지고 있는 숙제이다.

(18) 화두를 듣자마자 처음부터 앞뒤가 꽉 막혀서 어떻게 해 볼 수 없는 인연속으로 들어가야 한다. 한번 물면 이빨이 빠지든 목이 끊어지든 절대로 놓지 않는 사나운 개처럼 화두에 한번 들면 일념만년(一念萬年)이 되도록 지독한 마음을 가져야 의심을 제대로 이어갈 수 있다.

(19) 화두는 모기가 무쇠소의 잔등에 붙어서 주둥이로 계속해 뚫어서 몸까지 뚫고 들어가려고 노력하는 것과 같이 화두를 열심히 하고 놓치지 말아야 한다.

(20) 햇볕도 분열되면 불이 일어나지 않고, 하나로 모이면 불이 일어나는 것과 같이 참선도 정신분열을 하나로 모으며 정신 삼매를 들어가면 깨달을 수 있다.

* **간화선**(看話禪)

간화(看話)란 看(볼 간) 話(말 화) 즉, 화두를 간(看)하는 선(禪)이라는 뜻.

- **간화선의 본질**(看話禪本質)

화두를 들고 간절히 들어가 그 화두를 타파해 깨달음을 얻는 수행방법이다.
(1) 화두의 불꽃을 지속시킬 수 있어야 간화선 수행이라고 할 수 있다.
(2) 우리나라에서는 간화선을 참선이라고 부르고 있다.
(3) 조사 스님이 깨친 기연(機緣; 중생의 근기에 부처의 교화를 받을 만한 인연이 있는 것)서 유래이며 조사선의 정신을 가장 정통으로 계승한 수행법이다.
(4) 선(禪)을 문답식으로 주고 받는 대화를 나누는 것.
(5) 선문답을 화두로 정형화(定型化; 일정한 형틀)한 것이 다를 뿐이다.
(6) 화두와 내가 하나되어 모든 생각의 작용이나 판단을 단칼에 베어 버린다.
(7) 나를 찾아 가는 것이 특징이다.
(8) 항상 있는 자리에서 하며 장소와 시간은 상관이 없다.

* **간화선의 효과**(看話禪效果)

(1) 사태에 직면하면 당황하지 않는다.

(2) 불안 공포를 제거한다.

(3) 자신감이 생긴다.

(4) 망상과 번뇌를 다스리며 현실에 깨어 있게 한다.

(5) 삶에 스트레스가 쌓이지 않는다.

(6) 내면이 진정 자유롭고 마음에 평화가 깃든다.

(7) 마음이 여유가 있고 자연스러워진다.

(8) 마음이 안정과 집중력을 기르게 해준다.

(9) 대립과 갈등을 해소한다.

(10) 좋고 싫은 경계에 휘둘리지 않는다.

(11) 항상 현재를 산다.

(12) 날마다 좋은 날이다.

(13) 신심의 조화를 통해 건강한 삶과 강한 정신력을 심어준다.

* **선불교**(禪佛敎)**의 본질**

자각을 통해 인간이 참 되고 진실된 인간으로 자신 있게 살 수 있는 자각 확립과 확신을 갖도록 가르친 고등종교이다. 생활종교, 지혜종교, 깨달음의 종교이며, 선불교는 자각의 종교이다.

불교의 역사

- 우리나라의 불교 최초 전도

삼국시대와 삼국유사에 의하면 고구려의 불교는 제17대 소수림왕 2년 BC 372년 불기 915년 전진왕 부견이 사신과 순도(順道)를 통해 불사와 불경을 보냄으로써 이불난사(伊佛蘭寺)와 초문사(肖門寺)를 최초로 건립하였으며, 민간인으로는 신앙하고 있으며 가락국 김수로왕의 왕비인 허씨와 왕비의 오빠인 장유(長遊) 스님이 인도 나유타국에서 불경과 불상을 전도하였다는 기록이 있다.

- 조계종(曹溪宗)의 성립

조계종은 달마대사의 선법을 이어받은 육조혜능(六祖惠能) 스님이 조계선(禪) 맥(脈)을 이어받아 중국소주(中國韶州) 조계산의 이름을 따서 혜능(惠能) 스님을 지칭하던 이름이다.

- 조선불교역사(朝鮮佛敎歷史)

무학자초(無學自超; 처음부터) 대사를 왕으로 삼았으며 흥천사(興天寺)를 세우고 불사를 시작하였다.

－태종(太宗)

태종 임금이 들어오면서 억불정책을 본격화하였다.

첫째 : 불교의 종파를 통폐합하고 80여 절을 불태웠다.

둘째 : 사찰의 토지와 노비 등 사원의 재산을 몰수.

셋째 : 사찰의 수와 승니(僧尼)를 감축하였다.

넷째 : 국사 왕사 제도를 폐지하였다.

다섯째 : 승려들을 도성(都城)에 출입금지령을 내렸다.

여섯째 : 정도전은 우리나라에 종교를 타파할 궁리를 하였다.

－세종(世宗)의 말년

첫째 : 내불당(內佛堂)을 지었다.

둘째 : 훈민정음 반포 이후 한글로 불서를 편찬 호불(護佛)에 힘썼다.

셋째 : 수양대군을 시켜 한글로 석보상절(釋譜詳節)을 짓게 하였다.

넷째 : 월인천강지곡(月印千江之曲)을 지어 불렀다고 한다.

－세조(世祖)시대

(1) 원각사와 여러 사원을 중흥하고 불사를 크게 일으키는 한편 스님의 권익을 옹호하며 불교의 지위 보장에 힘썼다.

(2) 영산회상곡(靈山會上曲)과 연화대무(蓮花臺無; 나라 잔

치일 때 연꽃 들고 추던 춤의 한 가지)를 창제(創製; 창안하여 만듦)하고 불교 음악과 무용을 국악화하였으며 간경도감(刊經都監)을 설치하고 중요한 불교 경전을 한글로 번역 간행한 일이 있다.

(3) 불교 경전을 한글로 번역한 것은 다음과 같다.
   (가) 월인석보(月印釋譜)   (나) 법화경(法華經)
   (다) 농업경(農業經)   (라) 금강경(金剛經)
   (마) 영가집(永嘉集) 등을 간행하였다.

- 개화격동의 불교(開化激動佛敎)

첫째 : 서기 1911년에 조선총독부가 제정 조선불교를 일본 식민지 통제 아래 스님들을 강제로 결혼을 하게 만들어 이 때 결혼한 스님이 많았다.

둘째 : 서기 1941년 조선불교 조계종 결성.

셋째 : 만해용운(卍海龍雲) 스님은 독립선구자이시다.

보기 : 기원전 280년 상좌불교와 대승불교로 분열하였음.

기원전 372년 중국으로부터 불교수용(고구려; 불기 915년)

기원전 384년 중국으로부터 불교수용(백제; 928년)

기원전 528년 중국으로부터 불교수용(신라; 불기 1071년 이차돈)

기원전 522년 백제에서 일본으로 불교 전파하였다 합니다.

* 역대 부처님 명호

첫째:비바시불(毘婆尸佛) 둘째:시기불(尸棄佛)

셋째:비사부불(毘舍浮佛) 넷째:구류손불(拘留孫佛)

다섯째:구나함모니불(拘那含牟尼佛)

여섯째:가섭불(迦葉佛)

일곱째:석가모니불(釋迦牟尼佛)

* **삼신불**(三身佛)

- 법신(法身)

청정법신(淸淨法身) 비로자나불(毘盧遮那佛) 모든 지혜를 갖추어 있으며 손가락을 잡고 있는 형상은 번뇌를 없앤다는 뜻이며 지혜와 자비를 갖춘 공덕의 모습을 나타내신 부처님이시다.

- 보신(報身)

원만보신(圓滿報身) 노사나불(盧舍那佛) 응신(應身)과 보신(報身)의 모체가 되는 부처님 진리를 깨달은 법신(法身)을 인(忍)에 따라 어려운 수행을 견디고 정진한 노력의 결과로 얻은 몸.

- 화신(化身)

천백억화신(千百億化身) 석가모니불(釋迦牟尼佛)

중생을 제도하고 보살 행위하신 제7대 부처님이시며 오른손 왼손하고 있는 모양은 진리와 지혜를 상징하는 모양.

불조정전법맥(佛祖正傳法脈)

초조(初祖) 마하가섭(摩訶迦葉)　제2조 아난존자(阿難尊者)
제3조 상나화수(商那和修)　제4조 우바국다(優婆掬多)
제5조 제다가(提多迦)　제6조 미차가(彌遮迦)
제7조 바수밀다(婆須蜜多)　제8조 불타난제(佛陀難提)
제9조 복태밀다(伏馱密多)　제10조 협존자(脇尊者)
제11조 부나야사(富那夜奢)　제12조 마명대사(馬鳴大師)
제13조 가비마라(迦毗摩羅)　제14조 용수대사(龍樹大師)
제15조 가나제바(迦那提婆)　제16조 라후라다(羅睺羅多)
제17조 승가난제(僧伽難提)　제18조 가야사다(伽耶舍多)
제19조 구마라다(鳩摩羅多)　제20조 사야다(闍耶多)
제21조 바수반두(婆修盤頭)　제22조 마노라(摩拏羅)
제23조 학륵나(鶴勒那)　제24조 사자존자(師子尊者)
제25조 바사사다(婆舍斯多)　제26조 불여밀다(不如密多)
제27조 반야다라(般若多羅)

중화조사(中華祖師)

제28조 보리달마(菩提達磨)　제29조 이조혜가(二祖慧可)
제30조 삼조승찬(三祖僧璨)　제31조 사조도신(四祖道信)
제32조 오조홍인(五祖弘忍)　제33조 육조혜능(六祖慧能)
제34조 남악회양(南嶽懷讓)　제35조 마조도일(馬祖道一)
제36조 백장회해(百丈懷海)　제37조 황벽희운(黃蘗希運)
제38조 임제의현(臨濟義玄)　제39조 흥화존장(興化存奬)

제40조 남원도옹(南院道顒)　　제41조 풍혈연소(風穴延沼)

제42조 수산성념(首山省念)　　제43조 분양선소(汾陽善昭)

제44조 자명초원(慈明楚圓)　　제45조 양기방회(楊岐方會)

제46조 백운수단(白雲守端)　　제47조 오조법연(五祖法演)

제48조 원오극근(圓悟克勤)　　제49조 호구소융(虎丘紹隆)

제50조 응암담화(應庵曇華)　　제51조 밀암함걸(密庵咸傑)

제52조 파암조선(破庵祖先)　　제53조 무준원조(無準圓照)

제54조 설암혜랑(雪巖惠朗)　　제55조 급암종신(及庵宗信)

제56조 석옥청공(石屋淸珙)

아국조사(我國祖師)

제57조 태고보우(太古普愚)　　제58조 환암혼수(幻菴混修)

제59조 구곡각운(龜谷覺雲)　　제60조 벽계정심(碧溪正心)

제61조 벽송지엄(碧松智嚴)　　제62조 부용영관(芙蓉靈觀)

제63조 청허휴정(淸虛休靜)　　제64조 편양언기(鞭羊彦機)

제65조 풍담의심(楓潭義諶)　　제66조 월담설제(月潭雪霽)

제67조 환성지안(喚惺志安)　　제68조 호암체정(虎巖體淨)

제69조 청봉거안(靑峰巨岸)　　제70조 율봉청고(栗峰靑杲)

제71조 금허법첨(錦虛法沾)　　제72조 용암혜언(龍岩慧彦)

제73조 영월봉율(永月奉律)　　제74조 만화보선(萬化普善)

제75조 경허성우(鏡虛惺牛)　　제76조 혜월혜명(慧月慧明)

제77조 운봉성수(雲峰性粹)　　제78조 향곡혜림(香谷蕙林)

제79조 진제법원(眞際法遠)

※ 서건(西乾; 네팔을 말함), 동진(東晉; 중국을 말함)
　급아해동(及我海東; 한국을 말함)

※ 고려시대 61조 벽송지엄은 김천 직시사 황학산에서 숨어 살다 신라시대 62조 부용영관에게 인계하였다고 한다.

※ 63조 청허휴정(서산대사)은 제자인 사명대사에게 하던 일을 넘겨주고 산사로 들어갔다.

※ 제10조 협존자는 81세에 출가하여 3년 만에 모든 것을 터득하였다고 한다.

조사선의 역대(祖師禪歷代)

부처님 이후 인도의 28번 조사이자 중국 제1조사가 된 보리달마(菩提達磨)는 육신을 자유자대로 하는 도인(道人)으로 등장하여 조사가 되었다.

* 제2조 조사혜가(慧可, 487~593)

선사는 달마대사가 소림굴에서 9년간 선정에 있을 때 신광이라는 젊은 스님이 무섭게 몰아치는 눈보라도 무릅쓰고 석굴 어귀에 꿇어 앉아 대사를 뵙기를 위해 한밤을 지새웠다.

신광의 뜨거운 구도의 열기는 추호도 흔들리지 않는 것을 보고는 달마대사가 돌아앉아 굽어보니 신광스님은 반색하며 큰절을 올리고 나서 스승님이 어리석은 제자가 법을 구하고자 왔습니다. 불쌍히 여기시어 거두어 주십시오 하자 달마대사는 오랜 침묵을 깨뜨리고 위 없는 대도(大道)는 엷은 지혜와 가벼운 덕으로는 얻을 수 없는 것이니라. 이 말이 떨어지자마자 신광스님은 비장한 마음으로 허리춤에서 차고 있던 칼을 빼어 단숨에 왼팔을 잘라 달마대사에게 바쳤다.

그러나 신광스님은 마음이 안정을 얻을 수가 없어서 스승 앞에 나아가 "스승님, 저의 마음은 아직도 편안하지 않습니다.

자비를 베푸시어 제 마음을 다스려 주십시오." "그러면 편안치 못한 그대 마음을 가져오너라. 내가 편안하게 하여 주리라."

이 말을 듣고 신광스님은 당혹하여 어리둥절하였다.

"본래의 마음이란 아예 형상화시킬 수 없는 것이 아닌가, 스승님 마음이란 모양이 없사옵기에 드러내 보일 수도 잡을 수도 없지 않사옵니까?" "그렇다, 마음이란 필경 잡을 수 없는 자취가 없는 것이니라. 그것을 분명히 깨달았다면 그대 마음은 이미 편안해졌느니라." 이리하여 어두운 무명에 갇혔던 신광스님의 불안한 마음은 활짝 열리고 맑은 하늘같이 넓은 마음으로 정진을 거듭하여 마침내 대도(大道)를 성취하여 제2대 조사가 되었다.

* 제3조 조사승찬(僧粲, ?~606)

선사는 혜가선사의 화상에 오랜 병마에 찌들어 몹시도 초췌한 젊은 수행자가 찾아와서 말하기를 "스승님, 저는 죄업이 무거워서 불치의 풍병으로 오랜 세월을 앓는 몸입니다. 아무쪼록 불쌍히 여기시어 저의 죄업을 소멸하여주시고 가엾은 목숨을 구제하여주십시오." "정 그렇다면 그대의 죄업을 이리 내놔보게. 내가 바로 소멸시켜주지." 이에 말문이 막혀 젊은이는 잠시 생각에 잠겼다.

마음이란 그 자취가 없거니와 죄업인들 어디 흔적이나 있을 수 있겠는가 하고 생각이 들자 젊은이는 다시 말하였다. "죄업을 아무리 찾으려 해도 도무지 그 형상이 없사옵니다." "진정 그러하니라, 마음이란 본래 비어 있어 형체가 없고 이름붙일 수도 없는 것이니 그대를 괴롭히는 죄업 또한 그 뿌리가 없느니라. 그대가 정녕 그러한 도리를 깨달았으면 이미 그대는 죄업을 참하여 소멸해 버렸느니라."

이와 같은 말씀에 총명한 젊은이는 확연히 마음이 열렸다. 그래서 다시 혜가스님에게 "스승님, 저는 앞으로 스승님을 섬기려 합니다." "그대 같은 풍병 환자가 나를 따른들 무슨 소용이 있겠는가" 하고 거절하였다.

젊은이는 다시 "몸은 비록 병에 있사오나 제 마음은 스승님의 마음과 조금도 다르지 않습니다." 하고 간절하게 청을 하니 혜가선사는 그를 대견하게 받아들였다. 젊은이는 차차 건강도 회복하고 더욱 정진하여 제3조 조사선이 되었다.

* 제4조 조사도신(道信, 580~651)

승찬대사가 황공산에 머물 때 19세의 영특한 사미동자가 찾아와서 큰절을 하고 대뜸 하는 말이 스승님 자비를 베푸시어 저에게 번뇌를 해탈하는 길을 일러주십시오.

승찬대사가 기특하게 여긴 나머지 "누가 너를 속박하였기에 풀어달라고 하느냐." 하자 동자는 잠시 생각하다가 "스승님 말씀대로 그 누가 그 무엇이 내 마음을 구속했단 말인가, 그저 마음 안에서 공연히 일고 쓰러지는 번뇌망상이 아닌가, 마음

자체가 형상이 없으니 대체 번뇌 망상이 그 어디에 존재할 수 있단 말인가" 이렇게 깨닫고 "스승님, 아무것도 마음을 속박하는 것이 없사옵니다." "속박하는 것이 없다면 다시 해탈 구할 필요가 있겠느냐" 이 한마디에 갸륵한 동자는 문득 본래 비어 있는 허공같이 장애 없는 마음자리를 훤히 깨달았다. 그리하여 조사가 되었으며 그 뒤 육십여년간이나 밤낮을 가리지않고 정진하여 아예 자리에 눕는 일이 없었다고 한다.

* 제5조 조사홍인(弘忍, 594~674)

대사는 자비도승(慈悲道僧)이신 도신대사를 찾아가서 법을 달라 청했으나 너무 늙었다고 괄시하면서 쫓아냈다. 사문(寺門) 밖으로 쫓겨 나오다가 고목나무가 버틸 힘이 모자라서 쓰러져 있는 모습을 보고 자기 신세와 같은지라 이 늙은이의 심정은 고목이 알고 너의 심정은 내가 알겠다 하면서 고목을 부둥켜안고 통곡한 지 칠일만에 견성대어(見性大悟)했다.

그러나 몸이 너무 늙어서 이 몸 돌볼 집을 찾던 중 규중처녀(閨中處女)들이 동네 우물로 물 길러오고 가는 것을 바라보다가 한 처녀에게 "집 좀 빌려주오" 하고 애원했으나 본척 만척했다. 그러나 그 처녀가 물을 길러 올 때마다 집을 빌려 달라고 하도 애원을 하기에 보기에도 너무나 딱해서 "집에 가서 아버님께 물어보고 빌려드리지요" 하자마자 그 늙은이는 쓰러져 죽고 말았다.

동네에서 늙은이의 초상을 잘 치러 주었다. 그리고 난 뒤 몇 달이 지나자 이 처녀의 배가 불러오니 부모의 근심은 커지고 집안은 물론이요 좋은 가문 전체에 망신살이 들게 되었다.

집안에서는 의논하여 죽이기로 했다. 그러나 어머니는 아무리 생각해봐도 자기 딸이 잘못을 저질렀을 것 같지는 않았을 것이다 하는 생각이 들어 어머니는 살려주기로 마음먹고 야간 도주를 시켰다. 이 처녀는 한동안 유리걸식(遊離乞食; 정한 직업없이 정처없이 떠돌아다니며 밥을 얻어먹는 일)하고 돌아다니다가 옥동자를 낳았다.

이 놈으로 인해서 집에서 쫓겨나고 갖은 고생을 다했다. 또 앞으로 어떻게 살아가나 걱정하면서 부처님께 하소연하며 기원하는데 세 살먹은 아들이 부처님을 모신 신성한 법당 안에서 똥을 싸니 이를 본 스님들은 "이 못난 거지야, 왜 아이를 돌보지 않고 법당에서 똥을 싸게 하느냐" 하고 어머니를 야단쳤다. 그러자 똥을 싼 아이는 어머니의 입장이 난처하게 된 것을 모면하기 위해서 "이 중들아, 불신 충만한 법계(法界)라 했는데 부처님이 안 계신 곳을 일려주면 그 곳에 가서 똥을 싸마" 세 살먹은 아이의 말을 듣고 노덕스님을 위시해서 중들이 모두 나왔다. 세 살배기 어린 거지 아이에게 통곡하면서 참회의 절을 하고 고개를 들지 못했다.

한 노승이 어린 거지 아이를 등에 없고 도신대사를 찾아가서 범상한 아이니 수제자를 삼으라고 아뢰었다.

도신사께서 자세히 바라보고 하는 말이 너무 어리니 어머니가 좀 더 키워서 달라하는 말이 떨어지자 마자. "이 중아, 언제는 너무 늙어서 안 된다고 하고 이제는 너무 어리다 미루면 언제 내게 법을 전할 것이오"하고 야단을 친다. 듣고 있던 도신대사가 얼른 일어나서 꼼짝없이 수상좌를 맞아들였다.

그리고 십년을 하루같이 대도(大道)를 닦게 하여 힘을 얻게 하였다.

* 제6조 조사혜능(惠能, 638~713)

중국 남해 출신 노도령은 일찍이 아버지가 3살 때 돌아가시어 늙으신 80노모 어머니와 가난하게 살다보니 공부를 하지 못하고 나무를 시장에 팔며 생활을 꾸려나가는 효자 나무꾼이었다.

나무를 팔고 집으로 오는 길가에서 금강경을 설법하는 법사 안도성의 법문을 듣게 되었다. 그 법사는 한낱 문자법사에 불과했다. 노도령은 글자는 한 자도 모르지만 법사의 응무소주이생기심(應無所住而生其心)이라는 법문을 듣고 깨쳤다. 이것은 어디에도 마음을 집착하지 말고 오직 마음 그대로 쓰라는 가르침이다.

노도령은 22살 때 어머니와 작별하고 홍인선사가 계시는 호북성 황매현 빙무산에 있는 동선자 절로 들어가 홍인선사에게 인사를 하면서 "공부하러 왔습니다" 하니 선사께서 "어디에서 왔느냐" "네, 남방부에서 왔습니다." 대답하니 "오랑캐가 아니냐" "네, 사람은 달라도 부처님은 같습니다" 한다. 이 말을 듣고는 선사가 생각하기에 보통사람이 아닌 줄 아시고 제자로 받아들였다.

노도령은 디딜방아를 8개월이나 수행하면서 홍인선사로부터 깨달음을 671년에 법을 인가받았다. 하지만 갓 출가한 행자로서 깨달음을 인정받았다는 점과 기존 제도권 밖의 사람이기 때문에 기득권을 가진 사람들로부터 해가 미칠 것을 우려하여 깊은 밤에 도주하듯 절을 빠져나갔다. 이를 눈치 채고 많은 이들이 혜능선사를 추적해왔다. 그것은 혜능선사가 깨달음의 정표로 받은 가사와 발우를 뺏기위해였다. 그리고 생명까지 빼앗아갈 요량이었다.

그 스님중에 혜명이라는 스님이 높고 험난한 대유령까지 혜능선사를 찾아왔다. 그러자 혜능선사는 가사와 발우를 바위에다 놓고 "이 옷은 믿음을 상징하는 것이니 힘으로 다룰 수 있겠는가 그대에게 맡길 것이니 가지고 가거라" 하고 바위뒤에 숨어서 보니 혜명스님은 천하장사였던 힘으로 가사를 들려고 했지만 꿈적도 하지 않는다.

혜명스님은 두려움에 떨며 혜능스님에게 "저는 진리를 구하려 왔지 가사와 발우 때문에 온 것이 아닙니다. 원컨대 행자께서는 깨달음을 열어 보여 주십시오" 한다. 이 소리를 듣고 혜능선사는 마음을 안정시키고 나서 말한다.

"불사선(不捨善)도 생각하지 말고 불사악(不捨惡)도 생각하지 않을 때 너의 본래면목은 어디에 있는가" 이 말을 듣자마자 혜명스님은 그 자리에서 크게 깨달았다. 여기서 선(善)과 악(惡)의 중도를 제시한 화두를 말하였다.

오조 홍인대사로부터 혜능대사라는 명호를 받고 혜능스님으로부터 스승의 금란가사와 바리때를 제자에게 직접 전하는 법을 없애고 심인(心印)으로 법(法)을 전하게 되었다고 합니다.

그리고 혜능(惠能)선사는 전생에서 불교에 통달할 위치까지 가신 분이라 잠재의식에 의해서 무식한 노도령이지만 응무소주이생기심(應無所住而生其心)이란 말을 듣자마자 깨쳤다고 합니다.

※ 서기 1895년에 인도 고고학자 훼라박사는 네팔 타리이의 한쪽 구석에서 카나카무니불의 연고가 담긴 유적의 소재를 기록한 아쇼카왕 건립의 석주를 발견하였다.

또 이듬해인 서기 1896년에는 석존의 탄생지인 룸비니에서도 아쇼카왕의 석주가 발견되어 룸비니의 위치가 확정되었다.

※ 한국전쟁 때 군사작전 계획에 해인사를 폭격하라는 명령을 김영한 대령이 직접 받았으나 여기에 팔만대장경이 있으며 돌아가신 할머니의 말이 들려와 폭파를 하지 못하고 뒤돌아와 명령불복종으로 군사재판에 회부되었다고 합니다.

※ 선요(禪要)는 고봉대사(高峰大師)의 속가 제자인 홍교조(洪喬租)가 고봉(高峰)의 설법을 모아서 서기 1294년에 간행한

설법집이라고 합니다.

　※ 영국 엘리자베스 여왕은 72세 생일을 맞이하여 봉정사까지 와서 자신이 180년 전에 서방 정토 극락세계로 가기 위해 기도하던 곳이며 그 당시 비구니 스님이었다고 본인이 말을 하였다고 합니다.

의상조사(義湘祖師)

　서기 625년 출생하여 29세, 서기 661년 신라 문무왕 1년에 당나라 사신으로 가 종남산(宗南山)에 지상사(至相寺)의 지엄조사(智儼祖師) 화상(和尙; 수계를 행하는 승려)에서 수행하여 조사의 인가를 득하여 대를 이었으니 불조정맥(佛祖靜脈)이 되었으며, 지엄조사(智儼祖師)가 입적 후 서기 671년 문무왕 11년에 귀국하여 왕의 명으로 서기 676년 태백산 영주에 부석사(浮石寺)를 창건하셨고, 화엄종(華嚴宗) 개조로 전국에 화엄종 십찰(十刹)을 창건하고 화엄종 10덕을 배출하고 법성게(法性揭)를 지어 소소영령(疎疎英靈; 죽은 사람 혼을 섬기는 것) 천도재를 지니게 하고 서기 702년 9월 23일 78세로 입적(入寂)하셨다.

이차돈(異次頓, 506~527)

　신라 최초의 불교 순교자라 그의 성은 박씨이며 태어난 해가 501년이란 설도 있다. 신라에서 불교가 국법으로 허용되지 않음을 한탄했다. 이차돈은 불교의 홍포(紅袍; 임금이 조회때 입던 예복)를 위해 허락해줄 것을 간청하였으나 백성들과 왕은 반대하였다. 이차돈은 천경림에 절을 짓기 시작했는데 왕의 명령도 없이 단독으로 시작한 것이 밝혀져 신하들의 반대가 커졌다.

처음 이차돈과 약속한 대로 법흥왕은 하리(下吏; 이전)를 불러 이차돈의 목을 베도록 했다. 이차돈은 내가 불법을 위해 형벌을 받사오니 불법이 신령하다면 내가 죽은 뒤에 반드시 이적(異蹟; 기이한 행적)이 있을 것이라고 믿고 하늘을 향해 기도했다. 하리가 이차돈의 목을 베자 머리는 멀리 날아가 경주 금강산 꼭대기에 떨어졌고, 잘린 목에서는 흰 젖이 수십장이나 솟아올랐다. 또 갑자기 캄캄해진 하늘에서는 아름다운 꽃이 떨어지고 땅이 크게 진동했다.

왕과 군신들은 자기들의 어리석음을 깨닫고 불교를 공인하니 그의 나이 22세 또는 26세였다.

수년 후 534년 청경림에 신라 최소로 절이 세워졌고 법흥왕도 왕위를 진흥왕에게 물려주고 스스로 승려가 되어 법공이라 불렀다. 이 절을 대항륜사라 불렀으며 그가 순교한 뒤 그의 기일에는 많은 사람들이 흥륜사에서 모여 이 절을 더욱 확장하였다고 한다.

여신[汝信; 서산대사(西山大師)의 생애(生涯)]
아국조사(我國祖師) 63상(相) 청허휴정(淸虛休靜)

　서산대사는 조선 중종(中宗) 15년 서기 1520년에 평안도 안주(安州)에서 아버지와 어머니는 40살 동갑으로 4남매 중 셋째 아들로 태어났다.
　속성(俗姓)은 완산 최씨, 속명(俗名)은 여신(汝信)이며, 아홉 살에 어머니를 여의고 열 살에 아버지마저 돌아가시고 어린 나이에 인생무상함을 느꼈다. 여신은 자라나면서 보통 아이들과 달리 총명함이 있는 아이였다. 당시 안주 목사로 와 있던 이사증(李思曾)의 눈에 띄어 여신 나이 12살 때 서울로 데리고 와 성균관에 입학시켰다. 그 3년 뒤 15살 되던 해 동학들과 함께 지리산을 유람하게 되었는데 그때 쌍계사 숭인장로(崇仁長老)를 만나 이야기 끝에 출가의 인연을 맺게 된다. 숭인장로는 여신에게 경전을 가르쳐주었다. 얼마 후 당시의 최고 선지식이었던 부용영관(芙蓉靈觀) 대사에게 여신을 보내어 선(禪) 참선하는 방법 과정을 배우게 하고 18세가 되어 정식으로 스님이 되어 법명을 휴정(休靜)이라 지었다. 그 후 5년이 지난 어느 날 벗을 방문하기 위하여 용성(龍城; 남원지방)을 갔다 오다가 역성촌(歷星村)이란 마을에서 한낮에 닭 우는 소리를 듣고 오도송(悟道頌)을 지었다.

발백심비백(髮白心非白) : 머리털은 희어지지만 마음은 늙지 않는다고
고인증누설(古人曾漏洩) : 옛 사람이 일찍이 말하더니
금문일계성(今聞一鷄聲) : 지금 닭 우는 소리 한번 듣고
장부능사필(丈夫能事畢) : 장부의 할 일 마쳐 버렸네
홀문두우제창외(忽聞杜宇啼窓外) : 홀연히 창밖의 두견새 우는 소리 들리더니
만목춘산진고향(滿目春山盡故鄕) : 눈에 가득 들어온 청산이 모두가 고향이네.

대사는 승과(僧科)에 장원급제하여 교종판사도대사(敎宗判事都大師)가 되었다. 명종(明宗) 12년 서기 1875년에 금강산으로, 다시 지리산으로 돌아와 6년간 지내다 묘향산에서 오래도록 주석(主席; 주장되는 자리 즉 윗자리)하였다 하여 서산대사(西山大師)라고 불리게 되었으며 서산이란 묘향산이라는 뜻이며 자신은 백화도인(白華道人)이라고 자칭한 것은 금강산에 있는 백화암에 오래 주석한 인연으로 쓴 호이다.

대사 나이 73세 때 임진왜란 선조(宣祖) 25년 서기 1592년 4월 12일에 부산동래에 일본장수 소서행장(小西行長), 가등청정(加藤淸正), 흑전장정(黑田長政) 등이 15만 대군을 이끌고 우리나라를 침범한 날이며 전세가 크게 불리하자 선조는 평안도 의주로 피난을 가게 되자 대사는 의승군(義僧軍)을 조직하여 팔도십육종도총섭(八道十六宗都摠攝)이 되어 왜병을 물리치

고 서울을 수복한 후 선조 27년 서기 1594년 75세가 되자 도총섭(都摠攝)의 중책을 제자인 유정(惟政; 사명대사)에게 맡길 것을 선조에게 상소하여 유정(사명대사)에게 맡기고 묘향산으로 들어갔다.

선조는 대사의 공을 크게 치하하고 국일도대선사선교도총섭부종수교보제등계존자(國一都大禪師禪敎都總攝扶宗樹敎普濟登階尊者)라는 존호를 내리고 정이품(正二品) 당상직(堂上職)을 제수하였으나 대사는 받지 않았다. 그 후 묘향산에서 주석(主席)하던 대사는 선조 37년 서기 1604년 정월 23일에 원적암(圓寂庵)에서 대중을 모아놓고 마지막 설법을 하신다.

팔십년전거시아(八十年前渠是我) : 팔십년전 네가 나이더니 팔십년후아시거(八十年後我是渠) : 팔십년전 내가 너로구나 하시고 가부좌를 튼채 입적하시었다.

당시 세수 85세였고 법랍(法臘; 중이 된 뒤로부터 치는 나이) 67세였다. 그 뒤 선가귀감(禪家龜鑑)은 제자 사명대사가 일본에 전해 일본 임제종의 지침서가 되어 일본에서는 판본이 무려 180여종에 달하였으며 청허당집(淸虛堂集)에서 서산대사의 업적을 전하고 있다.

사명대사
속명 임응규 자는 / 송운(松雲)
법명 유정(惟政) / 법호 사명대사

경남밀양에서 중종원년(1544)에 출생.

임진왜란 당시 승병장으로 나라를 구하는 데 앞장선 사명대사에게는 한 일화가 전해지고 있다.

하루는 스님이 냇가에 이르자 다리를 놓아두고 바지를 걷어붙이고 물속으로 들어가는 것을 보고는 수행하던 사미(沙彌)가 이상하게 여겨 물었습니다.

"스님께서는 어째서 다리를 놓아두고 물로 건너가십니까?"
"너는 모를 것이다." 이 다리를 만든 회주가 많은 보시를 받아 사사로이 써버리고 적은 재물로 이 다리를 만들었기 때문에 그 업보를 받아 이물이 되어 이 다리를 지키고 있다. 네가 이 사실을 보려고 한다면 그 본 모습을 보여주겠다.

그리고 스님이 한차례 능엄경을 외자 큰 이무기 한 마리가 서서히 다리 아래에서 나와 다리 위로 기어오니 그 곁에 머리를 함께 모아 있으며 사미가 스님에게 "저 작은 뱀들은 무엇입니까" 묻자 스님이 "저 놈들은 보시로 받은 돈과 곡식을 운반할 때 거기에서 남몰래 도적질한 사람들이므로 그 응보를 받은 것이다." 사미가 스님의 말씀을 듣고 놀라 스님에게 물었습니다.

"저것들을 제도할 수 있는 방법이 뭡니까?" 사명대사가 일러줬습니다. 만일 이 냇가에서 수륙재(水陸齋)를 베풀어 그 현신들을 불태운다면 제도할 수 있을 것이다. 사미가 정성을 다하여 재(齋)를 준비하여 3일 낮밤 동안 다리 난간에서 재를 지내며 쌓아둔 장작에 불을 지피자 이무기가 스스로 나와 불속으로 들어가 꼿꼿이 섰으며 다른 뱀들도 따라서 스스로 불속으로 들어간다. 다리를 에워싸고 구경하던 이들이 감탄하며 입을 다물지 못했다고 합니다. 사명대사가 얼마나 깊은 혜안을 지니고 있었는지를 잘 대변해주며, 전설로 내려오고 있습니다.

＊ 사명대사가 서산대사의 제자된 이유

어느 명당의 절에 가면서 무거운 짐을 사명대사에게 짊어지게 하고 산 고개를 넘어가는데 서산대사가 앞에 가면서 사명대사에게 빨리 안 온다고 재촉을 하니 사명대사는 무거운 짐을 지고 땀을 흘리면서 숨이 차게 따라가고 있는데 빨리 안 온다고 재촉을 하니 화가 머리끝까지 나서 뒤로 돌아 다른 곳으로 도망을 갈까 생각하다가 아니다 다시 마음을 바로잡고 어느덧 명당의 절에 도착하였다.

사명대사는 화가 나서 저 서산대사를 골탕을 먹여야지 하는 생각을 하고 있는 찰나 파리 한 마리가 사명대사의 앞을 날아가는 것을 한손으로 파리를 잡아 서산대사에게 가서 "내 손 안에 파리가 한 마리 있는데 이 파리가 죽었습니까? 살았습니까?" 질문을 하니 서산대사가 질문을 받고 생각하여 보니 살았다하면 죽일 것이고 죽었다하면 살릴 것이고 생각 끝에 서산대사가 문지방에 걸치고는 "내가 나갈 것이냐 들어갈 것이냐?" 대답하니 사명대사가 "과연 스승이십니다." 하고는 서산대사의 제자가 되었다.

어느 날 서산대사와 사명대사가 길을 가는데 서산대사 스승이 앞에 가는 것을 보니 키가 작고 사명대사는 군인 출신으로 몸이 장대하다. 사명대사가 서산대사를 보고 '저것이 스승이라고 어떻게 스승으로 모시고 다니나' 하는 생각을 하고 있는 순간 밑으로 흐르던 폭포수가 갑자기 거꾸로 올라가는 것을 보고 사명대사는 놀라 "스승님, 어떻게 폭포수가 거꾸로 올라갑니까?" 하고 물으니 "네 마음을 닮았는가보다." 하니 사명대사는 할 말이 없어졌다.

그로부터 폭포수는 정상으로 떨어지기 시작하니 사명대사는 크게 참회하고 스승을 극진하게 모셨으며 그로부터 며칠 후 사명대사는 일본 사신으로 가게 되어 일본에 도착하니 구리로 만든 집에 들어가 그날 저녁 자고 있을 때 사명대사는 방바닥이 뜨거운 것을 알고 '이 사람들이 나를 골탕 먹여 고생을 시킬까' 하고 구리 방에 모셨던 것이다. 이 생각을 하고 벽에다 냉(冷)자를 써서 붙이고 방바닥에도 붙여놓고 사명대사는 얼음수염을 하고 앉아 있는데 일본 신하들은 사명대사가 죽은 줄 알고 송장을 치우려고 방문을 열고 보니 얼음 수염을 하고 앉아 있는 것을 보고 덕천가강을 놀라게 하여 극진한 대우를 받았다고 전하고 있다.

원효대사(元曉大師)

속명(俗名)은 설서당(薛誓幢)이며 신라 617-686년에 경산군 자인면에서 태어나 29세 출가하여 당나라로 유학을 가던 중에 날이 저물어 잘 장소를 찾는 중 서해안 당하성 부근 동굴에서 자다가 목이 말라 옆에 있는 물을 마시고 아침에 일어나 옆을 보니 해골바가지가 놓여 있는 것을 보고 어제 저녁에 물을 마신 것이 해골바가지에 담긴 물을 먹었구나 생각하니 뱃속에 있는 물을 확 토하고 싶은 마음이 들어 토하고 나서 생각을 하여 보니 여기에서 일체유심조(一切唯心造)라는 것을 깨달음을 얻어 당나라 유학을 포기하였다고 합니다.

* 원효대사의 사상 화쟁

첫째 : 화쟁(和諍; 화해와 화통의 논리 체계를 이르는 말) 불법을 설명하는 기본 사유방식으로 공(空)과 색(色)은 실로 천짜기를 하고 있는 것과 같다.

둘째 : 공(空)은 눈에 보이지 않은 진여(眞如; 사물이 있는 그대로의 모습)의 진리요, 색(色)은 눈에 보이는 세속의 진리이다.

셋째 : 불교의 상징하는 만(卍)자는 바로 천짜기의 법칙을 형상화한 것이다.

* **일체유심조**(一切唯心造)**란**

모든 것은 마음으로부터 이루어졌다.

예) 산도 마음이요, 물도 마음이요, 들도 마음이다.

(1) 원효대사가 지나가는 행상(行喪)을 보고 하는 말이

영가(靈駕)야 서러워하려면 태어나지 말아야지

죽기가 괴롭거든 죽지를 말라.

나가기 괴롭거든 괴로우니 죽지를 말라.

(2) 사람들아 길을 두고 뫼로 가지 말라.

섶을 지고 불로 들어가지 말라(그릇된 짓을 해서 화를 더 취하다는 뜻).

(3) 신라 태조 무열왕의 딸 요석공주(瑤石公主)와 원효대사 사이에서 설총(薛聰)을 얻어 파계승이 되어 일체유심조라는 것을 알고 스스로 복성거사(卜性居士; 첩을 얻음)라고 본인이 불렀으며 파계승이라고 불렀다고 한다.

팔만 사천 대장경

대장경은 경(經)·율(律)·논(論)의 삼장(三藏)을 말하며 불교경전의 총서(叢書; 계속 출판)를 가리킨다. 이 대장경은 송나라 971년부터 목판에 새겨지기 시작하여 고려 현종때 초조대장경을 만들어 15회까지 수정을 거쳐 고려 고종 24~35년(1237~1248)에 강행되었다. 이것은 고려시대에 간행(刊行; 도서를 인쇄하여 널리 폄)되었다고 해서 고려 대장경이라고도 하고 판수가 8만 여개의 달하고 8만 4천 번뇌에 해당하는 법문을 실었다고 하여 8만 대장경이라고도 불려 오고 있다. 이것을 만든 동기는 고려 현종때 새긴 초조대장경이 고종 19년(1232)에 몽고의 침입으로 불타 없어지자 다시 대장경을 만들었으며 그래서 재조 대장경이라고도 한다.

몽고군의 침입을 불교의 힘으로 막아보고자 하는 뜻으로 국가적인 차원에서 대장도감이라는 임시 기구를 설치하여 새긴 것이다.

새긴 곳은 경상남도 남해에 설치한 분사 대장도감에서 담당하였다. 원래는 강화도성 성문 밖의 대장경 판당에 보관되었던 것을 선원사를 거쳐 지금의 서울 시청자리에 지친사라는 절로 옮기고 난 다음 태조는 사찰 8천개의 절을 태우고 정도전은 종교가 없는 나라로 세우고자 하였으며 그 당시 스님들은 절을 태우지만 부처님의 법문은 태울 수 없다고 하여 지친사로 옮겼다가 태조 7년(1398년) 5월에 지금의 해인사로 옮겨 오늘까지 이어 오고 있다.

현재 합천 해인사 법보전과 수다라 장에 보관되어 있는데 일제 강점기에 조사한 숫자를 보면 81,258장이지만 여기에는 조선시대에 다시 새긴 경판도 포함되어 있다. 크기는 가로 70cm 내외 세로 24cm 내외 두께 2.6~4cm로 되어 있으며 국보 32호로 지정되어 있다.

* 대장전(大藏殿)

대장경을 보관하기 위해 축조한 전각을 말하며 예천 용문사에는 인도 고승이 대장경을 용궁에 소장하였다가 고사(古寺; 오래된 절)와 용이 나타나 창건 설화에 의해 이곳에다 대장전을 짓고 부처님의 힘으로 호국 축원 조성한 정각이며 김제 금산사에도 있다.

통도사

자장율사(慈藏律師, 590~658)는 신라고승으로 속성은 김이며 무림의 아들이다. 무림은 진골출신으로 신라17관등 중 제3위에 해당하는 소판의 관직에 있었다. 늦게까지 아들이 없었던 그는 불교에 귀의해 아들을 낳으면 시주해 법해(法海)의 진량(津梁)이 되게 할 것을 축원하면서 천부관음(天部觀音)을 조성하고 큰 별이 떨어져 어머니의 품안으로 드는 태몽을 꾸어 자장율사를 잉태 음력 4월 8일 태어나 선종랑(善宗郎)이란 이름이 붙여졌다. 양친을 여윈 뒤 인생의 무상함을 실감하고 처자와 이별하고 원년사를 지어 고골관(枯骨觀)을 닦았다.

작은 방을 만들어 주위는 가시로 막고 맨몸으로 그 안에 앉아 움직이면 가시에 찌르도록 만들어 놓고 지독한 고행을 하였다. 그때 조정의 재상자리가 비어 관례대로 자장이 문벌로서 결정되어 여러 차례 부름을 받았으나 응하지 않았다. 이에 왕이 조칙을 내려 취임하지 않으면 목을 베라고 영이 내렸다. 그는 칭명을 듣고 내 차라리 계(戒)를 지키고 하루를 살지언정 계를 깨뜨리고 백년 살기를 원하지 않는다고 하였다. 이 말을 듣고 왕도 어쩔 수 없이 출가를 허락했다. 명을 받고는 당나라 청량산 문수보살상 앞에서 기도하였다. 기도한 지 7일 만에 문수대성을 친견했고 다음날 어떤 승려로부터 가사와 발우 불두골

(진신사리) 한 조각을 받았다. 그 뒤 당태종의 후한 대접을 받았으며 장님이 그의 설법을 듣고 눈을 뜬 뒤 많은 사람들이 계를 받기 위해 몰려들었다. 선덕여왕의 청에 의해 643년 경장 일부와 불 구 등을 가지고 돌아와 분황사에 머물렀다.

그 뒤 대국통에 임명했다. 자장율사가 당나라 유학에 있을 때 태화지(太和地)에서 홀연히 신인(神人)이 나타나 "지금 너의 나라는 여자 임금이다. 덕은 있으되 위엄이 없어 인국이 다시 침범하려는 것이니 빨리 본국으로 돌아가서 황룡사 호법룡(護法龍)은 나의 장자로 인도왕의 명을 받아 보호하고 있으니 그 절에 9층 탑을 이룩하라" 하고는 사라졌다.

자장율사는 곧바로 귀국한 뒤 선덕여왕에게 사실대로 말하여 황룡사 9층탑을 짓게 하였다. 여기서 1층 일본, 2층 중화, 3층 오월(지금 인도지나), 4층 탁라(乇羅), 5층 응유(鷹遊), 6층 말갈, 7층 단국(丹國), 8층 여적(女狄), 9층 여맥철반(鐵盤) 이상의 높이는 42자, 철판 이하의 높이는 183자로 만들었다. 645년 황룡사 9층탑을 세우고 주지가 되어 보살계본을 강의도 하였다.

또 통도사를 646년에 세우고 금강계단을 설치해 가사와 사리를 모시고 사부대중을 교화했다. 자장율사는 입적 후 신라 10성의 한 사람으로 황룡사 금당에 모셔져 있다. 그 뒤로 황룡사가 목조이기 때문에 몽고병란 때 불타고 주춧돌만 지금까지 남아 있다.

눈 속에 핀 오동꽃 동화사

신라 41대 현덕왕의 아들로 태어나 15세에 출가한 심지스님이 대구 팔공산에서 수도하고 있을 때였다.

심지스님은 살을 에는 듯한 추위에도 아랑곳하지 않고 속리산 길상사(지금의 법주사)로 걸음을 재촉하여 걸어갔다.

영심스님의 스승이신 진표율사로부터 불고간자(佛骨; 부처님의 사리)를 전해 받는 점찰법회(占察法會)에 참석하기 위해 빨리 갔으나 길이 멀어 길상사에 당도했을 때는 이미 법회가 시작되어 단에 올라가 참석할 수가 없어 신도와 함께 마당에 앉아 예배하며 참회했다. 법회는 7일간 계속되는 날 눈이 많이 내렸는데도 이상하게도 심지스님이 서 있는 사방 10척 가량에는 눈이 내리지 아니하여 신기한 현상에 갑자기 법회장이 술렁이기 시작하였다.

이 사실을 안 법당 안에서는 심지스님을 안으로 들어오도록 청하였으나 스님은 거짓으로 병을 빙자하여 사양하고는 마당에 신도들과 같이 앉아 법당을 향해 간곡히 예배하였다. 스님은 기도하면서 매일같이 지장보살의 위문을 받았다.

법회가 끝나고 다시 팔공산으로 돌아가던 심지스님은 양쪽 옷소매에 2개의 간자가 끼어 있는 것을 발견하고 참으로 괴이한 것이로구나 생각하여 심지스님은 다시 길상사로 되돌아가

영심스님 앞에 간자를 내놓았다. '간자는 함 속에 있는데 그럴 리가 없다' 하는 생각을 하면서 영신스님이 봉해진 간자함을 열어보니 이게 웬일인가 함 안에는 텅 비어 있었다. 이상히 여긴 영산스님은 간자를 겹겹이 싸서 잘 간직했다.

심지스님이 다시 팔공산으로 돌아가는데 간자가 먼저와 같이 소매 깃에서 발견하여 또 다시 길상사로 돌아온 스님을 보고 영심스님은 말했다. 이것은 부처님의 뜻이니 그대에게 마음이 있으니 간자는 그대가 받들어 모시도록 하게 했다.

심지스님은 영심스님으로부터 간자를 소중히 머리에 이고 팔공산에 돌아오니 산신(山神)이 선자(仙子) 두 명을 데리고 영접하였다. 심지스님은 이제는 좋은 땅을 골라 간자를 모시려 하니 이는 나 혼자 정할 일이 아니니 "그대들과 함께 높은 곳에 올라가 간자를 던져 자리를 점치도록 하자" 하시고 심지스님은 신들과 함께 산마루로 올라가서 서쪽을 향해 간자를 던졌다.

간자는 바람에 날아가니 신이 노래를 불렀다. 노래를 다 부른 뒤 간자는 숲속샘(지금의 동화사 참당 뒤 우물)에서 찾았다. 샘 주위에는 때 아닌 오동꽃이 눈송이 속에서 아름답게 피어났다.

심지스님은 이곳에다 절을 세워 간자를 모시고는 절 이름을 '동화사'라 지어 공포하시었다고 전설로 내려오고 있다.

범어사(梵魚寺)

신라 문무왕 18년(678) 의상(義湘) 대사가 창건하였으며 금정산(金井山) 산마루에 세 길 정도 높이의 바위 위에 우물이 있어 크기는 둘레가 10여척이며 깊이는 약 7촌 정도에 항상 물이 가득 차 있어서 가뭄에도 마르지 않으며 물빛은 황금색이었고 한 마리의 금빛나는 물고기가 오색구름을 타고 하늘[梵夫]에서 내려와 그 물속에서 놀았다고 하여 금샘[金井]이라는 이름과 산 이름과 하늘나라의 고기[梵魚]라고 하여 절 이름을 범어사(梵魚寺)라고 하는 전설이 내려오고 있다.

지금은 금정산 바위 위에는 우물이 있어 항상 물이 가득하다고 한다.

경주 석굴암

석굴암은 신라 경덕왕 10년(751)에 당시 재상이었던 김대성이 창건을 시작하여 혜공왕 10년(774)에 완성하였다.

건립 당시는 석불사라고 불렀다고 한다.

대구 팔공산 갓바위

원광법사의 수제자인 익현대사가 돌아가신 어머니의 넋을 위로하기 위하여 신라 선덕여왕 7년(638)에 약사여래부처님을 조성하였는데 지금도 불교 신자들은 큰 행사가 있을 때 와서 기도하면 소원이 이루어진다고 합니다.

아름다운 사찰 불국사(佛國寺)

세계에서 가장 아름다운 사찰은 경주 불국사다.
불국사에서 가장 아름다운 건축물은 다보탑이다. 대웅전을 바라보면 오른쪽은 석가탑이고 왼쪽의 다보탑은 마음의 근본이다. 다보탑의 다보여래는 석가여래의 진리의 가르침을 증명하기 위해서 나타난 부처님이지만 또한 석가여래는 진리의 화신이며 부처님의 실상인 다보여래를 설명하고 있다.
그러므로 서로서로 주인이 되고 벗이 되면서 참 부처님인 사람의 지고(地庫; 잡물을 넣어두는 움)한 가치를 드러내고 있다. 금, 은, 칠보와 보석으로 만들어졌다는 다보탑은 인간의 본래 갖추고 있는 위대함을 표현한 말이다.
수많은 보석으로 장엄한 아름다운 탑, 그것은 곧 사람이 본래대로 갖추고 있는 미묘불가사의(美妙不可思議; 아름다움을 생각해도 도저히 알 수 없게 이상야릇함)하면서 무한한 능력을 뜻한다.

한량없는 공덕과 지혜와 자비를 뜻하며 온갖 신통묘용(神通妙用; 기억에 무분별의 경지에 일어나는 작용)을 뜻한다. 그래서 중생이 부처님이며 다보탑은 살아 있는 사람이며 유정불(有情佛; 인정이 있는 부처님)을 상징한 것이다. 그래서 세계에서 가장 아름다운 사찰이라고 지었다.

불국사란 세상에서 가장 아름답고 고귀한 존재의 사람이란 뜻이다.

경주 불국사 창건 전설

경주 큰 부잣집에서 일어난 이야기이다. 어느 날 큰 부잣집에 스님이 시주하러 왔는데 주인마님이 하인에게 쌀을 주며 시주하라 하여 하인은 스님에게 시주를 하며 스님에게 하는 말이 '내가 죽어서 큰 부잣집 아들로 태어나게 해달라' 고 부탁을 하였다.

하인은 스님에게 부탁을 하고 난 뒤부터는 항상 마음속으로 부처님께 기도를 하면서 큰 원을 세웠다. 그러자 며칠 뒤에 하인은 병이 들어 죽자 주인집 마님은 기다리고 고대하던 아기를 잉태하게 되어 집안이 경사가 났다.

세월이 지나 귀염둥이 아들을 보게 되고 하인은 죽어 부처님의 가피를 받아 원대로 자기가 하인으로 있던 부잣집 아들로 태어나게 되었다. 아무런 탈없이 무럭무럭 귀엽게 잘 자라면서 머리가 영리하여 공부도 잘하고 건강한 체질이며 키도 크고 잘생긴 미남으로 태어나 남다르게 힘도 세고 민첩하여 말 타기와 활쏘기를 좋아하여 여러 사람들의 귀여움과 부러워하는 청년이 되어 칭찬이 입에 오르내리기까지 한다.

어느 날 따뜻한 봄날에 하인을 데리고 사냥을 갔는데 그날따라 가자마자 곰 한 마리가 나타났다. 이 청년은 활을 쏴 곰을 잡아 집으로 와 잔치를 치르고 잠을 자는데 오늘 잡은 곰이 꿈에 나타나 청년을 보고 원망스러운 눈빛으로 '나는 너를 해치지 않았는데 왜 너는 나를 죽였느냐' 하며 곰이 원망하는 것을 보고는 미안한 마음이 들어 너를 위하여 좋은 곳으로 왕생하게 절을 지어 기도하여 주마 하였더니 곰은 고맙다는 인사를 하고는 사라졌다.

경덕왕 10년(751년) 창건 통일 신라 전설이야기는 김대성(金大城)은 아기로 태어나서도 손을 펴지 않고 있다가 일주일만에 폈는데 손바닥에 김대성이라고 쓰여 있는 전생의 이름을 그대로 불렀다고 하며 현재 부모님을 위하여 불국사를 짓고 전생의 부모님을 위하여 석굴암(石窟庵)을 지었다고 한다.

금산 보리암(錦山 菩提庵)

우리나라 3대 기도처인 한 곳으로 알려진 남해 보리암은 인도 아유타국 허황옥(許黃玉) 공주는 당시 16세 여인이 인도 월지국에서 관세음보살상을 모시고 아요디아 항구에서 배를 타고 주포항에 도착하여 지금의 금산 보리암에다 관세음보살 상을 모시고 좌측에는 남수동자, 우측에는 해상용왕을 거느리고 있다. 김수로왕과 허황옥 공주와 결혼하여 황후가 되었다. 전국의 유서 깊은 사찰(寺刹)은 대부분 울창한 심산유곡 산림속에 세워져 있음에 비하여 보리암은 오직 신선들만 내려와 쉬었다가 간 곳으로 느껴질 정도로 높은 영봉 위에 자리잡고 있음이 특징이며 자랑거리이다.

이 장소에 단군의 둘째 아들 부소가 삼년간 수도했다고 하는 부소대는 한 사람이 겨우 통과할 수 있는 바위틈이 있어 반드시 이곳을 지나야 정상을 밟을 수 있으며 원효대사가 좌선하였다는 자리에는 바위가 파여져 있는 곳을 좌선대라고 불리어 오고 있으며 이 산에서 이성계가 백일기도한 끝에 조선왕조를 개국할 수 있었다고 하며, 그 영험에 보답하는 뜻에서 보광산(普光山)이라고 불리어 오다가 지금의 금산(錦山)이라고 고쳐 지금까지 불리어 오고 있다.

칠불암(七佛庵)

김수로왕(金首露王)은 9형제를 두었는데 장남은 김해 김씨, 둘째는 김해 허씨, 7형제는 스님이 되어 도(道)를 통달하여 칠불암이라고 지금까지 불려 오고 있다.

* 우리나라 5대 적멸보궁
석가모니 부처님의 진신사리를 봉안한 불전을 지칭하여 적멸보궁(寂滅寶宮)이라 한다. 불단만 있는 곳이 다른 불전과의 차이점이다. 신라 선덕여왕 13년에 자장율사가 적멸보궁을 만들었으며 온갖 번뇌 망상이 적멸한 보배로운 궁이라는 뜻이다.

* 봉안장소
양산(통도사), 오대산(월정사, 상원사), 사자산(법흥사), 태백산(정암사), 설악산(봉정암) 5대궁에 봉안하고 있다.

* 구화산
지장도량으로 신라 김교각스님(693~794)이 당나라 갔다가 80년간을 구화산에서 있다가 입적하기 전에 상자스님에게 내가 죽거든 나의 육신이 부패되지 않고 앉아 있거든 그냥 두어라 하는 유언을 남기고 99세에 입적했다고 한다. 스님을 며칠 간 두고 보니 부패되지 아니하여 그냥 두고 볼 수가 없어 시체 위에다 금으로 포장하여 지금까지 모신 절이라 하여 육신전이라고도 하다. 신도들은 지장도량에 영험이 있다하여 많은 신도들이 찾는 절이기도 하며 서기 2004년에 중국 장쩌민 주석이 방문하여 월신보전을 시찰하고 호국월신보전이라는 편액(扁額; 방문 위에 가로로 다는 형판)을 써주고 갔다고 합니다.

불교상식(佛敎常識)

(1) 나발 : 부처님의 꼬불꼬불한 머리카락.
(2) 스님 : 남자는 비구(比丘)라 하며 20세 이상 자격.
여자는 비구니(比丘尼)라 한다.
(3) 결혼한 스님 : 남자는 우바새(優婆塞)라 하며, 여자는 우바이(優婆夷)라 한다.
(4) 어린 스님 : 남자는 사미(沙彌)라 하며, 20세 이하 자격 여자는 사미니(沙彌尼)이라 한다.
(5) 동자(童子) : 동진(童眞)이라고도 하며 보살이란 뜻이다.
동진(童眞) : 한평생 여자와 관계하지 아니함(천진난만한 동자를 가리키는 말) 4-8세 이상 20세 미만 출가한 자.
(6) 불교 입문 : 남자는 거사(居士 ; 집에서 사는 선비)라고 부른다. 여자는 보살(菩薩)이라고 부른다.
(7) 삭발 이유 : 번뇌(煩惱)를 없애기 위함이다.
(8) 사부대중(四部大衆) 비구(比丘), 비구니(比丘尼), 우바새(優婆塞), 우바이(優婆夷).
(9) 고두례 : 마지막 절을 하고 나서 반배하는 것.
(10) 항심(恒心) : 늘 지니고 있어 변하지 않은 마음, 언제나 품고 있는 마음.

(11) 적심시불(寂心是佛) : 너의 마음은 부처이다.
(12) 번(幡) : 부처님 이름이나 부처의 말씀이 적힌 깃발.
(13) 불이문(不二門) : 해탈(解脫)의 문(門)을 말함.
(14) 도반(道伴) : 같이 진리를 향하여 나가는 보살.
(15) 교시불어(校是佛語) : 경전은 부처님의 말씀이다.
(16) 선시불심(禪是佛心) : 선(禪)은 바로 부처의 마음이다.
(17) 사자후(師子吼) : 부처님의 설법 소리가 사자 울음소리와 같다.
(18) 근기(根器) : 마음의 중심.
(19) 지족(知足) : 수행 생활에 만족하는 것[수행 생활에 만족하다는 것을 알지 못하는 사람은 항상 오욕(五慾)에 끌려 만족을 아는 수행자들이 불쌍하게 여기는 것].
(20) 성성적적(惺惺寂寂) : 화두삼매 들면 화두와 내가 일치되어 또렷또렷하고 고요하다는 뜻이며 번뇌가 일어나지 않는 마음.
(21) 주력(呪力) : 명호나 다라니를 계속적으로 믿음을 갖고 염송하면 신비한 힘을 일으켜 주는 진언이다.
(22) 기도 : 불자는 자비로운 마음, 용서하는 마음, 참회하는 마음을 갖추어야 한다.
(23) 정근(精勤) : 선법(善法)을 더욱 잘하게 하고 악법(惡法)을 멀리 여의려고 부지런히 쉬지 않고 수행한다는 뜻이며 염불과 같이 한 마음 한 뜻으로 불보살님의 지혜와

공덕을 찬탄하면서 그 명호를 부르며 정진하되 다른 생각을 다 내려놓고 오직 평온한 마음으로 부처님의 한량없는 공덕을 보고 일념으로 정진해야 한다.

(24) 수행(修行) : 부처님의 교법에 있는 대로 몸소 행하며 실천하는 것이며 진리를 깨치기 위해 탐욕에 찌든 자신의 잘못된 습관을 좋은 습성으로 바꾸어 깨닫는 과정이다.

(25) 제상(諸相) : 모든 상을 말하며 석가세존의 몸뚱이를 포함하여 외양으로 나타나 있는 모든 상은 물론 자기 마음속에 있는 모든 생각을 말함.

(26) 유위세계(有爲世界) : 중생의 세계.

(27) 무위세계(無爲世界) : 부처님의 세계.

(28) 정각(正覺) : 부처님의 진정한 깨달음.

(29) 주련(柱聯) : 법당 기둥에 써 붙은 글을 말함.

(30) 시다림(尸茶林) : 초상집에 가서 스님과 신도들이 염불하고 마지막 설법해주는 것.

(31) 서원(誓願) : 중생을 구제하겠다는 맹세.

(32) 대오(大悟) : 번뇌가 없어지고 진리를 깨달음. 도통(道通)을 말함.

(34) 권속(眷屬) : 부처님이나 보살 등 존경할 만한 사람을 믿고 따르는 사람들.

(35) 자구불료(自求不了) : 남의 말에 의존하여 깨달음을 얻으려고 하면 결국 자기 자신을 스스로 구제할 수 없다는 말.

(36) 선근(善根) : 좋은 과보(果報)를 가져오게 하는 원인이 되는 행위.

(37) 과보(果報) : 인과응보(선인과 선인, 악인과 악인)를 말함

(38) 자작자수(自作自受) : 자신이 지은 죄를 되돌려 받는 것을 피할 도리가 없다.

(39) 가람(伽藍) : 출가자들이 모여 청정하고 조용히 수행하는 공간.

(40) 각행(覺行) : 스스로 깨닫고 다른 중생을 깨닫게 하는 보살의 불도 수행, 보리행 등을 말함.

(41) 무연(無緣) : 과거 전생에 지은 복.

(42) 혼침(昏沈) : 마음이 어둡고 답답하게 하는 정신작용(잠이 쏟아짐).

(43) 대비심(大悲心) : 모든 중생의 괴로움을 없애려는 마음.

(44) 진여(眞如) : 사물이 있는 그대로의 모습.

(45) 보체(保體) : 몸을 보호한다는 뜻으로 축원문의 성명 뒤에 쓰는 말.

(46) 세간(世間) : 번뇌가 지배하는 세계(중생이 사는 세계).

(47) 출세간(出世間) : 삼계의 번뇌를 벗어나는 세계, 생사의 괴로움을 버리고 석가여래 부처님이 무위적멸(無爲寂滅; 조작 없는 열반의 경계)로 들어감(깨달음의 세계).

(48) 비구(比丘) : 탁발하는 사람이란 뜻인데 호칭이 수행자에게 적합하지 아니함으로 그 대신 비구라고 불리게 되

었다고 한다.

(49) 무상보리(無相菩提) : 무상 적멸보리 보살이 등각(等覺) 묘각위(妙覺位)에 이르러 온갖 번뇌를 끊고 불과 원만한 증오를 이룬 것(아뇩다라삼먁삼보리를 부처가 증득한 것).

(50) 벽관(壁觀) : 벽을 향하여 좌선을 하는 것.

(51) 불가설(不可說) : 말로 이야기할 수 없다는 뜻.
성자(聖者)는 덕이 높고 정리(正理)를 깨달은 사람.

(52) 찰간(刹竿) : 하나의 법을 깨달으면 깃발을 세워 멀리까지 알림.

(53) 조문도석사가(朝聞道夕死可) : 아침에 도를 듣고 저녁에 죽어도 유한이 없다.

(54) 삼일수심천재보(三日修心千載寶) : 삼일 동안 닦은 마음이 천년의 보물이다.

(55) 벽지불(僻支佛) : 홀로 수행하면서 깨달음을 얻으면 소승불교의 성자, 독각, 연각이다.

 - 독각(獨覺); 스승 없이 자기혼자 수행을 통해서 깨달은 이를 말함.

 - 연각(緣覺); 꽃이 피고 잎이 지는 따위의 외연(外緣)에 의해 혼자 모든 사물의 생멸을 깨달았다는 뜻.

(56) 인도 바라나시에서 제일 큰 부자로 살든 야사의 아버지가 최초로 신도가 되었다.

(57) 불교 교단에 처음으로 귀의한 여성은 야사의 어머니와 부처님의 처였다.

(58) 석존의 이모인 고타마 황후가 최초의 여성으로 출가자가 되었다.

(59) 최초 여성의 집단모임 교단에 파타챠라니가 대표 지도자가 되었다.

(60) 헌식(獻食) : 불가에서 공양할 때 배고픈 중생(산짐승) 몫으로 따로 떠놓았다가 베푸는 일을 말함.

(61) 간탐죄(慳貪罪) : 불법을 알면서 남에게 전하지 않고 혼자만 간직하고 있는 것을 말하며 불법을 배웠으면 적시 회향하여야 한다.

(62) 할(喝) : 선가에서 꾸짖고 책망할 때 고함치는 말.
말로 표현할 수 없는 마음의 작용을 나타낼 때 하는 말.

(63) 인도에서는 수미산을 카일라스라고 한다.

(64) 제일 좋은 법당은 자기 몸속에 있는 마음자리 법당.

(65) 근행(勤行) : 불보살전에서 독경 예배 등을 부지런히 닦는 것.

(66) 개불(開佛) : 야외에서 행사할 때 부처님을 모시지 못하니까 큰 천에다 부처님의 환상을 그려 행사장에 세워놓고 행사하는 것.

(67) 칠정(七情) : 희(喜; 기쁨), 노(怒; 분노), 애(哀; 슬픔), 락(樂; 즐거움), 애(愛; 사랑), 악(惡; 증오), 욕(欲; 욕심).

(68) 번뇌를 끊는다 함은 : 자성(自性)의 지혜로 허망한 생각을 없앤다는 것.

(69) 불교를 바로 알고 바로 믿고 행하여야 하며, 스님을 비방하지 말며, 스님간의 비교를 하지 말아야 한다.

(70) 어리석은 사람은 겉모양에 집착하지만 슬기로운 사람은 마음자리에 관심을 둔다.

(71) 경전을 읽을 때는 공경하는 마음을 갖고 정성을 다하고 몸을 단정히 하라.

(72) 다른 사람 생각하면 업(業)이 생기고 나만을 생각하면 근심 걱정이 없어진다.

(73) 상대방이 나의 마음에 맞도록 해주기를 바라지 말고 내가 상대방의 마음을 맞추어 주어라. 그리하면 마음이 편안하여진다.

(74) 그릇이 커야 좋은 말, 나쁜 말, 다 담을 수가 있겠지만 그릇이 작으면 나쁜 말이 가득 차 있어 좋은 말은 담을 수가 없다.

(75) 입은 화(禍)의 문이요, 혀(舌)는 몸을 베는 칼이니 입을 닫고 혀를 깊이 숨기면 몸이 편안하고 마음은 평화롭다.

(76) 무심코 던진 한 마디가 한(恨)으로 맺힐 수 있다.
말 한 마디라도 조심하여야 한다.

(77) 내 몸에 병이 오거든 짜증을 내지 말고 올 것이 왔구나 하고 인연으로 생각하고 마음을 편안하게 가져야 병이

빨리 낫는다고 한다.

(78) 밉다, 예쁘다, 좋다, 싫다 하는 것은 자신의 마음에 달려 있다.

(79) 한 마음에서 삶과 죽음의 꽃이 피고 한 마음에서 행복과 불행의 열매가 맺는다.

(80) 가는 사람 잡지마라, 아무리 필요한 사람이라도 꼭 있어야 할 사람이라도 편안한 마음으로 보내주어야 한다. 가지 못하게 하면 꼭 가야할 사람은 얼마나 마음이 괴로울까 하는 마음을 알아야 한다.

(81) 오는 것을 마다하지 말고 사랑하는 마음으로 반갑게 다 받아 주어야 한다. 잘 나고, 못나고, 더럽고, 깨끗하고, 돈이 많고, 돈이 없고 가리지 말고 반가운 마음으로 받아 주어야 한다. 이것이 부처님의 가르침이며 불자들의 마음가짐이요, 지켜야 할 의무이기도 하다.

(82) 마음 밭에 잡초의 씨를 뿌린 사람은 무성한 잡초들과 씨름을 하게 되고 아름다운 꽃씨를 뿌린 사람은 아름다운 꽃과 열매를 수확하게 된다.

(83) 나이가 들수록 책을 읽고, 절에 가서 부처님께 절도 하고 참선과 염불도 하여 보고 짧은 문장을 외워보세요. 그렇게 하다보면 정신 건강에도 좋고 지혜도 생기고 노환에 좋고 치매예방에도 큰 도움이 된다고 하다.

(84) 상대방의 허물이 보이면 내게도 똑같은 허물이 있어서

상대방의 허물을 스승으로 삼아야 한다.
(85) 염불 한 마디 소리에 천마가 간담이 서늘해지고 저승의 명부에 이름이 빠지며 금빛 못에 연꽃이 피어나온다고 하였습니다.

* **중생을 건지오리다**
내가 그대들을 건진다는 뜻이 아니고 나의 마음속에 중생이란 삿되고 어두운 망령이 되고 진실하지 못한 생각, 착하지 못한 생각, 질투하는 생각, 악독한 생각, 이와 같은 생각은 중생의 생각이니 하는 생각을 버리라는 뜻.

* **인도에서는**
산스크리트어를 범어라고 하고, 팔리어는 부처님 당시에 사용하던 언어이다.

* **한글 반야심경 공포**
불기 2555년 (음) 9월 9일 서기 2011년 10월 5일 세계한인의 날 대한불교조계종에서 종단표준 한글본 반야심경 공식 공포함.

* **한글본 천수경 공포**
2011년부터 한글화 작업시작.
2012년 10월 14개월 초본 완성.
2013년 12월 19일 종무회의를 거쳐 공포함.

시

어머니의 마음꽃

(1)
어머니의 예쁜 손이
오물오물 움직일 때
된장찌개 보글보글
향기냄새 가는 곳은
자식들의 입과 코로.

(2)
우리 건강 지켜주는
어머니의 귀한 손맛
고추장에 콩나물에
참기름 살짝 발라
우리 입맛 지켜주는
어머니의 향기라네.

(3)
먹지 않고 배 부르는
어머니의 마음이네
자식 생각 짚어지고
향을 찾아다니면서
땀의 향기 어머니네.

(4)
꽃 중에 꽃은
향기 있는 꽃이 제일이고
보이지 않는 마음꽃은
아름답고 향기 많은
어머니의 예쁜 마음
향기 중에 향기로다.

사 경

(1)
한 자 쓰고 절을 하고
땀방울도 하나 내고
반야심경 사백칠십녁자
학습을 토해내고
자식 생각 한 자 쓰고
손자 생각 한 자 쓰고
관세음보살 그리면서
애원하며 글씨 쓰네.

(2)
내가 갈 길 찾는 마음
청정한 길 되었으면
한 자 한 자 쓰는 마음
정성이 담겨 있네
부처님께 보여줄까
관세음보살님께 보여줄까

오직 자식 손자 손녀
모두 건강 비는구나.

(3)
한 자 쓰고 절을 하고
부처님께 알려주고
또 한 번 절을 하고
조상님께 알려주고
우리 조상 어른들은
지장보살님께 부탁하여
극락왕생 바라오며
가족 건강 비옵니다.

인생길

한세상 바람같이 물같이 살다보니
세월은 말 없어 가는 줄도 모르고
가시밭길 지나 꽃길에 오고 보니
꽃다운 청춘은 간 곳이 없고
하얀 백화꽃이 활짝 피어 있네
마음의 청춘은 가까이 있으나
멀고 먼 청춘이 되고 말았네
이제 다시 청춘이 되돌아온다면
화려한 청춘을 만들고 있네.

비지땀

오늘도 비지땀을 흘리는구나
삶의 비지땀은 보약이라 하지만
유수(流水) 같은 세월
꿈같이 흘러가니
자고 나면 청년이요
자고 나면 노인이라
오늘 내일 비지땀
과보(果報)만 업고 갈 운명
구슬 같은 비지땀 놓아버리고
가벼운 마음으로
극락세계로 가세.

님의 소리

(1)
울적할 때 님의 소리
기다리는 나의 마음
길어졌다 짧아졌다
바람 타고 오는 소리
울렁이는 나의 마음
파고드는 노랫소리
자장가가 되어주네.

(2)
타는 가슴 님의 소리
어찌 그리 반가운가
밤이 되면 님의 소리
자장가가 되어주고
낮이 되면 님의 소리
살아가는 힘이 되네
님의 소리 장단 맞춰
살아가는 사람이네.

(3)
꾀꼬리가 울고 가는
님의 소리 귀에 쟁쟁
피리소리 비할손가
가야금에 비할손가
데굴데굴 굴러오는
님의 소리 방울 같네
아름다운 님의 소리
사시사철 들려주오.

참 선

(1)
몸뚱이는 상관없이
머리 정신 참선이요
있는 곳이 참선자리
행동이 참선이네
업이 쌓여 뭉친 마음
한 생각 참선으로
지옥 극락 찾는 마음
피가 솟듯 깊은 마음
우리 중생 참선하여
본래 자리 찾아가세.

(2)
하나만 생각하여
벽만 보고 앉은 보살
무엇을 찾으려고
화두들고 앉아 있나
님 그리워 앉아 있나
참 나를 찾음인가

앉아 있는 뒷모습
가을산에 단풍 같고
눈 덮인 겨울산에
일편단심 소나무네
어서 빨리 나를 찾아
광명 천지 나가보세.

(3)
경을 읽고 염불하여
목탁소리 산천 울려
가는 길을 찾으려고
마음 닦고 정신 닦아
나를 찾아가는 길이
험난하고 굴곡 많아
가시밭길 알면서도
몸부림치며 가는 중생
산새들도 안타까워
소곤소곤 지저귀네
우리 중생 모두모여
화두들고 참선하여
극락세계 같이 가세.

운명(殞命)

애달픈 숨소리는 운명을 재촉하는데
우리 님 소리인가 고동(鼓動)의 소리인가
고요한 한밤중에 구슬프게 들려오네
영혼의 황천길은 쉬어갈 집도 없다는데
오늘밤은 어디에서 단꿈을 꾸어볼까.

오 늘

어제는 이승에서 누워 있더니
오늘은 저승으로 가고 있네
오색 이불 어디 가고
흙이불 덥고 누워 있으니
찾아오는 이는 한 사람도 없지만
스쳐가는 솔솔바람 악귀(餓鬼)를 몰아내지
별님 달님 모여 앉아 외로움을 달래주네.

낙엽(落葉)

산수좋고 경치 좋은 심심산천(深深山川)
푸른 숲속 동물들의 낙원인데
단풍꽃이 찾아오니 파랑새가 울고 가네
헐벗은 마른나무 바람친구 지나가니
가지가지 울음소리
마른 나무 울지 말아
내년 봄에 다시 와서
너를 반겨주련만은
우리 인생 한번 가면
기약 없는 세월이네.

극락 가는 길

꽃가마 타고 바람 타고
구름도 타고
황천길 극락세계
멀다 하지만
반야선 타고 가면
걱정이 없다네
어둠캄캄 세상에는
업에 따라 가는 세상
낯선 세상 낯선 길에
혼자 가기 외로운데
과거 전생 작은 공덕
아미타불 가피 바다
극락왕생 가는 길에
불법 정신 동행하고
무량 광명 밝혀주니
목탁소리 반갑게도
길잡이가 되어주네.

행복의 열쇠

부처님의 덕택으로
나만이 열 수 있는
행복의 열쇠는
나의 보배
우리 인연은 천생연분
주위의 칭찬으로
사랑의 씨앗을 뿌려놓고
너와 나는 그날을 기다리고 있네.

가야 할 길

(1)
숨을 쉬는 중생들아
아낌없이 보시하며
가는 세상 불국토에
향기 나는 청정한 길
정신 차려 숨을 쉬고
조심하여 행동하며
황천길 밝은 광명
정토길이 되게 하자.

(2)
가는 길이 두렵구나
업을 많이 쌓았으니
눈을 감고 가는 길이
험난하고 굴곡 많아
가는 곳이 어디인지
아는 이는 누구인가
심중육도 가려내어

가는 곳이 좋았으면
지은 업이 너무 많아
참선하고 반성하여
광명 찾아 극락으로 가게 하자.

(3)
어둡고 캄캄한 길
생각하니 무섭구나
움직이고 숨을 쉴 때
참된 성품 다시 찾아
참회하고 참회하면
육바라밀 실천하고
팔정도를 거울삼아
업보중생 청정하게
닦아내어 극락정토
들어가게 하옵소서.

불법 찾아

불법 찾아 헤매면서
온갖 고생하였건만
꿈같이 마음같이
관세음보살
환상이 나타나
보일 듯 보일 듯 사라지고
불지혜 들게 하여
법비 내려 그득하게 하옵소서
기도 정진 부족인가
정성이 부족인가
부처님 상 앞에 정신 차려
무릎 꿇어
기도 정진하였으나
불보살님이 간절한
내 마음 태워 버렸네.

마 음

극락이 어디 있나
지옥이 어디 있나
마음의 몸뚱이에
극락 지옥 모여 있네
전생 금생 내생
모두가 마음 안에 있다네.

니리골

하늘 밑에 첫동네
매봉산 등에 업고
옹기종기 모여 사는
살기 좋은 니리골
바람도 쉬어가고
구름도 쉬어가는
명당의 샘터에는
청량수가 솟아올라
산수 좋고 경치 좋아
선녀들의 낙원이요
신선들이 놀고가는
아름다운 니리골
동네앞 유리산
억센 비바람 막아주는
수호신이 되어주고
동네 앞 들녘에는
포도향기 진동하네.

이어진 사랑

초가집 지붕밑에
무명꽃 한 송이 피더니
천리만리 온 누리에
향기가 가득하네
못다한 사랑이
그리움에 사무쳐
이승까지 찾아와서
남아 있는 사랑을
마음껏 누리다가
세월이 모자라면
꽃이 피고 새가 우는
청산에 둥지 만들어
우리 인연
다할 때까지
영원한 보금자리
만들어보세.

정토로 가는 길

엮은이 | 허 영

초판발행 2023년 5월 26일

펴낸이 | 길명수
펴낸곳 | 배문사
출판등록 1989년 3월 23일, 제10-312호
주소 서울시 서대문구 경기대로 76(충정로2가)
전화 (02)393-7997
팩스 (02)313-2788
e-mail pmsa526@empas.com

편집 인쇄 삼중문화사

ⓒ 허영 2023

ISBN 979-11-978676-5-1(03810)

값 18,000원

* 낙장 및 파본은 교환하여 드립니다.